客运专线运输组织技术

聂 磊　赵 鹏　贾利民　周磊山　编著

北京交通大学出版社
·北京·

内 容 简 介

本书系统地介绍了近年来世界各国有关高速铁路运营管理的先进技术与方法，并结合我国客运专线的运营特点进行论述，内容主要包括客运专线发展概况、建设及运营管理体制、运输组织、动车组及乘务员运用、安全保障、社会经济效益、技术设备、信息系统等，并比较了轮轨技术与磁浮技术，涉及了近年来世界各国高速铁路一系列先进技术与方法。

本书可供相关技术人员参考，可用于交通运输专业学生的教学、铁路运营管理人员的继续教育及培训。

版权所有，侵权必究。

图书在版编目（CIP）数据

客运专线运输组织技术/聂磊等编著. —北京：北京交通大学出版社，2008.4（2017.8 重印）
ISBN 978 – 7 – 81123 – 220 – 2

Ⅰ. 客… Ⅱ. 聂… Ⅲ. ① 铁路运输：旅客运输 – 组织工作 ② 铁路运输：旅客运输 – 技术管理 Ⅳ. U293.1

中国版本图书馆 CIP 数据核字（2008）第 003705 号

责任编辑：高振宇
出版发行：北京交通大学出版社　　电话：010 – 51686414　　http://press.bjtu.edu.cn
　　　　　北京市海淀区高梁桥斜街 44 号　邮编：100044
印　刷　者：北京交大印刷厂
经　　　销：全国新华书店
开　　　本：185 × 260　　印张：13.75　　字数：332 千字
版　　　次：2008 年 4 月第 1 版　　2017 年 8 月第 2 次印刷
书　　　号：ISBN 978 – 7 – 81123 – 220 – 2/U · 19
定　　　价：26.00 元

本书如有质量问题，请向北京交通大学出版社质监组反映。对您的意见和批评，我们表示欢迎和感谢。
投诉电话：010-51686043，51686008；传真：010-62225406；E-mail：press@bjtu.edu.cn。

前　言

高速铁路在国外成功运营了多年,其先进的运营管理经验值得我们借鉴,但我国客运专线具有自身的特点,不仅网络规模较大,而且运营条件复杂;因此必须建立一套适合我国铁路特点的运营管理技术。基于这样的背景,本书在借鉴国外经验的同时,总结国内已有的研究成果,并结合我国客运专线的运营特点进行论述。主要内容包括国外高速铁路发展概况和我国客运专线网的规划、客运专线运营管理体制、客运专线客流特点及客流组织、动车组及乘务员运用、客运专线通过能力计算、客运专线日常运输组织、客运专线安全保障系统、客运专线社会经济效益、客运专线技术设备、客运专线信息系统等,并比较了轮轨技术与磁浮技术的运营特点。

全书共分为11章,其中第1、2、3、5、6章由北京交通大学聂磊编写,第4、8、9章由北京交通大学赵鹏编写,第7、10章由北京交通大学贾利民编写,第11章由北京交通大学周磊山编写,全书由聂磊统稿。

本书的主要内容已多次用于铁路有关培训,得到有关部门和培训学员的肯定,如第6次大提速"客运服务人员"的培训、铁道部客运专线"客运组织"培训、铁道部客运专线"运营调度"培训,同时也用于研究生"现代旅客运输"等课程的教学。

编写中参考了大量的文献资料,在此对这些资料的编写者表示衷心的感谢。

本书的出版得到国家自然基金项目(60674006)的支持,也得到了北京交通大学"轨道交通安全与控制国家重点实验室"、北京交通大学学术专著出版基金和校基金项目(2005KZ006)的支持,在此一并表示感谢。

由于编写时间紧促,错误和疏漏在所难免,热诚欢迎各位专家和同行批评指正,以便修改完善。

编　者
2008年4月

目 录

第1章 概述 ·········· 1
1.1 高速铁路的速度规定 ·········· 1
1.2 高速铁路的技术经济优势 ·········· 1
1.2.1 速度快、旅行时间短 ·········· 1
1.2.2 行车密度高、运量大 ·········· 2
1.2.3 高速列车乘坐舒适性好 ·········· 2
1.2.4 土地占用面积小 ·········· 2
1.2.5 能耗低 ·········· 2
1.2.6 环境污染小 ·········· 3
1.2.7 外部运输成本低 ·········· 3
1.2.8 列车运行正点率高 ·········· 4
1.2.9 安全可靠 ·········· 4
1.2.10 不受气候影响,全天候运行 ·········· 4
1.2.11 经济效益好 ·········· 5
1.3 世界高速铁路的发展概况及发展趋势 ·········· 5
1.4 我国修建客运专线的意义 ·········· 8
1.4.1 修建客运专线便于提升客运服务质量 ·········· 8
1.4.2 修建客运专线适合我国的国情 ·········· 8
1.4.3 修建客运专线有利于促进我国铁路装备水平的提高和科学技术的进步 ·········· 9
1.5 我国客运专线网的建设规划 ·········· 10
1.5.1 国内客运专线总体规划 ·········· 10
1.5.2 几条客运专线基本情况 ·········· 10

第2章 客运专线运营管理体制 ·········· 15
2.1 世界高速铁路的运营管理模式 ·········· 15
2.1.1 法国TGV模式 ·········· 15
2.1.2 德国ICE模式 ·········· 17
2.1.3 英国APT模式 ·········· 18
2.1.4 日本新干线模式 ·········· 19
2.2 我国客运专线的运营管理模式 ·········· 21
2.2.1 我国客运专线采用的建设模式 ·········· 21
2.2.2 我国客运专线修建原则 ·········· 22
2.2.3 客运专线与既有线的分工方案 ·········· 22
2.2.4 客运专线的速度目标值 ·········· 24
2.2.5 列车运行时间参数 ·········· 25

第3章 客运专线客运需求分析及客流组织 ········· 26
3.1 客运专线客运需求分析 ········· 26
3.1.1 旅客运输市场需求分析 ········· 26
3.1.2 客运专线客流特点 ········· 31
3.2 国外高速铁路客流组织 ········· 34
3.2.1 日本高速铁路客流组织 ········· 34
3.2.2 法国高速铁路客流组织 ········· 35
3.2.3 德国高速铁路客流组织 ········· 35
3.3 客运专线旅客列车开行方案设计及优化 ········· 36
3.3.1 国外列车开行方案的特点 ········· 36
3.3.2 客流预测与列车开行方案设计一体化 ········· 38
3.3.3 客运专线列车开行方案的优化 ········· 39
3.4 客运专线列车运行图编制 ········· 41
3.4.1 客运专线列车运行图的特点分析 ········· 41
3.4.2 国外高速铁路列车运行图的编制 ········· 42
3.4.3 周期性列车运行图的编制 ········· 47
3.4.4 客运专线列车运行图结构优化设计 ········· 48
3.5 客运专线与其他运输方式的联合运输 ········· 53
3.5.1 客运专线联合运输的概念 ········· 53
3.5.2 综合换乘枢纽建设 ········· 53
3.5.3 客运专线联合运输组织方案 ········· 54
3.5.4 客运专线联合运输的票制 ········· 54
3.5.5 联合运输体系中的信息 ········· 55

第4章 客运专线动车组与乘务员运用 ········· 57
4.1 动车组与乘务员运用的意义 ········· 57
4.2 动车组运用 ········· 57
4.2.1 动车组的运用与管理特点 ········· 57
4.2.2 客运专线动车组的运用方案 ········· 61
4.2.3 动车组运用计划的编制 ········· 62
4.3 乘务员运用 ········· 66
4.3.1 乘务运用计划的基本概念 ········· 66
4.3.2 乘务运用计划的编制 ········· 67
4.3.3 乘务计划的计算机编制 ········· 72

第5章 客运专线通过能力计算 ········· 74
5.1 客运专线通过能力的影响因素 ········· 74
5.2 客运专线通过能力利用的特点 ········· 75
5.3 客运专线通过能力计算的方法 ········· 76
5.3.1 客运专线区间通过能力计算方法综述 ········· 76
5.3.2 计算客运专线区间通过能力的统计分析法 ········· 77

  5.3.3 计算机模拟法 ······ 86

第6章 客运专线日常运输组织 ······ 87

6.1 客运专线行车组织的特点 ······ 87
  6.1.1 高速度 ······ 87
  6.1.2 高密度 ······ 87
  6.1.3 高正点率 ······ 87

6.2 高中混行条件下的行车组织 ······ 88
  6.2.1 客运专线列车运行干扰分析 ······ 88
  6.2.2 客运专线列车运行调整的特点 ······ 89
  6.2.3 客运专线列车运行调整的基本方式 ······ 90

6.3 客运专线调度指挥系统 ······ 90
  6.3.1 客运专线调度指挥系统的类型 ······ 90
  6.3.2 客运专线调度指挥组织原则 ······ 91
  6.3.3 客运专线行车指挥自动化系统 ······ 91

6.4 客运专线综合维修 ······ 96
  6.4.1 综合维修天窗及综合维修体系 ······ 96
  6.4.2 综合维修调度系统 ······ 96

第7章 高速铁路安全保障系统 ······ 98

7.1 高速铁路安全面临的主要问题 ······ 98
7.2 高速铁路安全保障系统的特点 ······ 100
7.3 国内外现状 ······ 101
7.4 高速铁路安全保障系统的构成 ······ 101
  7.4.1 高速铁路安全监控预警系统 ······ 102
  7.4.2 高速铁路风险评估系统 ······ 105
  7.4.3 高速铁路应急救援系统 ······ 108
  7.4.4 高速铁路安全保障系统技术标准体系 ······ 109

7.5 高速铁路安全管理 ······ 109
  7.5.1 铁路运输业安全管理的主要影响因素 ······ 109
  7.5.2 铁路运输业安全管理探讨 ······ 111
  7.5.3 将ISO质量管理体系应用在铁路运输业的几点理由 ······ 111
  7.5.4 建立ISO质量管理体系所要考虑的主要问题 ······ 111
  7.5.5 有效的安全管理方法 ······ 112

第8章 高速铁路的外部性及社会成本 ······ 114

8.1 外部性的含义及产生原因 ······ 114
  8.1.1 外部性的含义 ······ 114
  8.1.2 外部性产生的原因 ······ 116

8.2 交通运输外部性的主要构成 ······ 116
8.3 交通运输外部成本的估算与比较 ······ 117
8.4 高速铁路的社会成本 ······ 120

第9章 高速铁路的技术设备 …… 122
9.1 高速铁路的线路 …… 122
9.1.1 概述 …… 122
9.1.2 线路的平面与纵断面 …… 122
9.1.3 路基与桥梁 …… 124
9.1.4 轨道 …… 125
9.1.5 轨道技术检测与维修管理 …… 127
9.2 高速铁路的牵引动力 …… 129
9.2.1 概述 …… 129
9.2.2 受电弓与传动装置 …… 131
9.2.3 动力车车体及走行部 …… 132
9.2.4 制动技术 …… 133
9.3 高速铁路的车辆 …… 134
9.3.1 概述 …… 134
9.3.2 车体和车内设施 …… 135
9.3.3 转向架 …… 136
9.3.4 牵引缓冲装置 …… 139
9.3.5 摆式车体列车 …… 140
9.4 高速铁路的信号与控制系统 …… 143
9.4.1 概述 …… 143
9.4.2 行车指挥自动化 …… 146
9.4.3 列车运行自动化 …… 146
9.5 高速铁路的通信系统 …… 149
9.5.1 概述 …… 149
9.5.2 高速铁路的通信特点 …… 149
9.5.3 国外通信系统 …… 150

第10章 客运专线信息系统 …… 155
10.1 概述 …… 155
10.2 客运专线信息系统体系框架 …… 155
10.2.1 系统体系结构 …… 155
10.2.2 系统功能结构 …… 155
10.2.3 系统设备及网络构成 …… 156
10.3 综合调度系统 …… 157
10.3.1 客运专线综合调度系统的特点 …… 157
10.3.2 客运专线调度系统的建设目标 …… 158
10.3.3 客运专线综合调度系统的建设原则 …… 158
10.3.4 综合调度系统体系框架 …… 159
10.3.5 系统总体功能要求及功能构成 …… 163
10.3.6 综合调度系统设备总体构成 …… 173

10.3.7	与既有调度系统的结合	175
10.4	客票售检系统	175
10.5	客运专线客运营销及企业经营管理信息系统	175
10.5.1	体系结构	175
10.5.2	系统总体功能构成	176
10.5.3	系统设备总体构成	176
10.6	行车安全监控保障子系统	177
10.6.1	行车安全监控保障子系统设计原则	177
10.6.2	行车安全监控保障子系统的构成	178
10.6.3	系统功能	179
10.6.4	行车安全监控保障子系统网络结构	180
10.7	综合信息共享与处理平台系统	181
10.8	信息系统网络安全管理措施	183
10.8.1	网络及信息安全	183
10.8.2	其他措施	183

第11章 轮轨技术与磁浮技术的比较 185

11.1	磁悬浮技术概述	185
11.1.1	磁悬浮列车原理及分类	185
11.1.2	磁悬浮列车的特点	186
11.1.3	磁悬浮列车的发展与现状	186
11.2	轮轨技术和磁浮技术适应性比较分析	186
11.2.1	与既有铁路技术的兼容性	186
11.2.2	与既有运输设备的衔接	187
11.2.3	对地质、地形、天气的要求	187
11.3	轮轨技术和磁浮技术的技术经济特征比较分析	188
11.3.1	速度	188
11.3.2	节能性	188
11.3.3	最初投资及成本计算	189
11.3.4	土地使用量	190
11.4	轮轨技术和磁浮技术控制模式比较分析	190
11.4.1	列车定位和测速	191
11.4.2	车地间的信息传输	191
11.4.3	列车追踪间隔控制及速度防护	192
11.5	轮轨技术和磁浮技术动力系统比较分析	193
11.5.1	轮轨技术的动力系统	193
11.5.2	磁浮技术的动力系统	193
11.6	轮轨技术和磁浮技术制动系统比较分析	195
11.6.1	轮轨技术的制动系统	195
11.6.2	磁浮技术的制动系统	195

  11.6.3 制动效果比较 …………………………………………………………… 196
  11.6.4 制动与舒适性 …………………………………………………………… 196
 11.7 轮轨技术和磁浮技术运行组织模式比较分析 ………………………………… 196
  11.7.1 运营管理经验及技术成熟度 …………………………………………… 196
  11.7.2 高速轮轨运输组织模式 ………………………………………………… 197
  11.7.3 磁悬浮高速铁路运输组织模式 ………………………………………… 198
  11.7.4 列车开行方案的确定 …………………………………………………… 198
  11.7.5 运行图编制方法 ………………………………………………………… 199
 11.8 轮轨技术和磁浮技术维护比较分析 …………………………………………… 199
  11.8.1 高速轮轨的维护 ………………………………………………………… 199
  11.8.2 磁浮技术的维护 ………………………………………………………… 201
 11.9 安全性、舒适性及对环境的影响比较分析 …………………………………… 201
  11.9.1 安全性 …………………………………………………………………… 201
  11.9.2 舒适性 …………………………………………………………………… 202
  11.9.3 对环境的影响 …………………………………………………………… 202
 11.10 轮轨技术和磁浮技术发展前景比较分析 …………………………………… 203
 11.11 上海磁悬浮示范线概况 ……………………………………………………… 205
  11.11.1 立项背景 ………………………………………………………………… 205
  11.11.2 工程简介 ………………………………………………………………… 205
  11.11.3 速度目标值 ……………………………………………………………… 206
  11.11.4 运输能力 ………………………………………………………………… 206
  11.11.5 线路设计 ………………………………………………………………… 206
  11.11.6 安全设施 ………………………………………………………………… 207
参考文献 …………………………………………………………………………………… 208

第1章 概 述

1.1 高速铁路的速度规定

关于高速铁路界定的标准,20世纪60年代日本把新干线速度定为200 km/h以上。随着高速铁路技术的发展,欧洲铁路联盟于1996年9月发布的互通运营指导文件(96/0048/EC)对高速铁路有了更确切的规定:新建铁路运行速度达到或超过250 km/h;既有线通过改造使基础设施适应速度200 km/h,线路能够适应高速,在某些地形困难、山区或城市环境下,速度可以根据实际情况进行调整。铁道部《中长期铁路网规划》中将我国客运专线的速度目标值确定为200 km/h及以上。

1.2 高速铁路的技术经济优势

高速铁路技术是当代世界铁路的一项重大技术成就,它集中地反映了一个国家铁路牵引动力、线路结构、运行控制、运输组织和经营管理等方面的技术进步,也体现了一个国家的科技和工业水平。高速铁路在经济发达、人口密集的地区经济效益和社会效益突出。

高速铁路与公路、航空相比,其主要技术经济优势表现在:①速度快、旅行时间短;②列车密度高、运量大;③高速列车乘座舒适性好;④土地占用面积小;⑤能耗低;⑥环境污染小;⑦外部运输成本低;⑧列车运行正点率高;⑨安全可靠;⑩不受气候影响,全天候运行;⑪社会、经济效益好。

1.2.1 速度快、旅行时间短

速度是高速铁路技术水平的最主要标志,各国都在不断提高列车的运行速度。法国、日本、德国、西班牙和意大利高速列车的最高运行时速分别达到了300 km、300 km、300 km、270 km和250 km。如果作进一步改善,运行时速可以达到350~400 km。除最高运行速度外,旅客更关心的是旅行时间,而旅行时间是由旅行速度决定的。日本、法国、德国、西班牙和意大利个别高速列车在一些区段上的旅行速度分别达到了每小时242.5 km、245.6 km、192.4 km、217.9 km和163.7 km。由于速度高,可以大大缩短全程旅行时间。以北京至上海为例,在正常天气情况下,乘飞机的旅行全程时间(含市区至机场、候检等全部时间)为5 h左右,如果乘高速铁路的直达列车,全程旅行时间则为5~6 h,与飞机相当;如果乘既有铁路列车,则需要15~16 h。若与高速公路比较,以上海到南京为例,沪宁高速公路长为274 km,汽车平均时速为83 km/h,行车时间为3.3 h,加上进出沪、宁两市区一般需1.7 h,旅行全程时间为5 h,而乘高速列车,仅需1.15 h。

分析表明,运营速度为250 km/h和300 km/h的高速铁路,与公路(100 km/h)、航空

(700 km/h)的旅行时间相比,分别在运距 250~600 km 和 200~800 km 的范围内具有明显优势。如果考虑高速列车的安全、方便、舒适,票价等优点,其优势运距还可延伸。

1.2.2　行车密度高、运量大

输送能力大是高速铁路的主要技术优势之一。目前,各国高速铁路几乎都能满足最小行车间隔 4 min(日本可达 3 min)的要求。日本东海道新干线高峰期发车间隔为 3.5 min,平均每小时发车达 11 列,在东京与新大阪间两个半小时的运行路程中,开行"希望"号 1 列、只停大站的"光"号 7 列及各站都停的"回声"号 3 列,每列车可载客 1 200~1 300 人,年均输送旅客达 1.2 亿人次,品川站建成后,东京站每小时可发车 15 列。东海道新干线目前每天旅客发送人数是开通之初的 6 倍多,最高达到 37 万人/日(在 1991 年)。其他国家由于铁路客运量比日本要少,高速铁路日行车量一般在 100 对以内。目前最大的飞机可乘坐 300~400 人/架,两地飞行按单向每天 20 架计算,每天单向输送旅客仅 7 000~8 000 人。

1.2.3　高速列车乘坐舒适性好

高速铁路列车开行频率大,旅客候车时间短。西欧、日本等国的高速列车还采取规律化运行、站台按车次固定化等措施,进一步方便了旅客乘车。高速列车不仅设施先进,运行平稳,而且有飞机和汽车上无法比拟的个人活动空间,甚至可以提供会议、娱乐、观光等条件。

1.2.4　土地占用面积小

双线铁路用地宽度为 13.7 m。6 车道高速公路用地宽度为 37.5 m。要完成一条高速铁路相同的运量,高速公路需要 8 车道。

1.2.5　能耗低

根据日本近年来的统计,各种交通运输工具平均每一人公里的能耗,高速铁路为 571.2 J,普通铁路为 403.2 J,高速公路公共汽车为 583.8 J,小轿车为 3 309.6 J,飞机为 2 998.8 J。如以普通铁路每一人公里的能耗为 1.0,则高速铁路为 1.42,公共汽车为 1.45,小汽车为 8.2,飞机为 7.44,这也是在当今石油能源紧张的情况下,选择发展高速铁路的原因之一。另外,在一般情况下,运价率是与能耗成正比的。图 1-1 为一人使用 1 kW·h(3.6 MJ)的能源,乘坐不同交通工具旅行的最长距离。

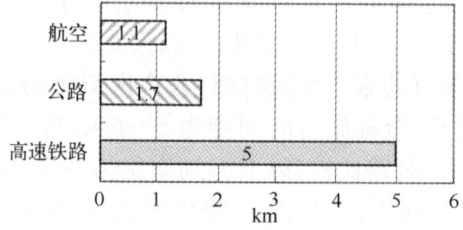

图 1-1　一人使用 1 kW·h 的能源,乘坐不同交通工具旅行的最长距离

1.2.6 环境污染小

在旅客运输中,各种交通工具有害物质(一氧化碳)的换算排放量,公路每一人公里为 0.902 kg,铁路为 0.109 kg,公路为铁路的 8 倍。铁路的噪声污染也是最低的,日本以航空运输每千人公里产生的噪声为 1,则小轿车为 1,大轿车为 0.2,高速铁路仅为 0.1。高速电气化铁路基本上消除了粉尘、油烟和其他废气污染,噪声比高速公路低 5~10 dB。一架喷气式客机平均每小时排放 46.8 kg 二氧化碳、635 kg 一氧化碳、15 kg 三氧化硫,这些物质在大气中要停留约 2 年以上,是造成大面积酸雨、使植被生态遭到破坏和建筑物遭到侵蚀的主要原因。现今发达国家普遍认为,发展交通运输应注意环境生态问题。现在的交通运输,特别是汽车运输造成的环境污染日益严重,汽车排出的废气及噪声对生态环境和人民健康的影响越来越大。如噪声达 60 dB,会使人心神不安;达 80 dB,会使人烦躁痛苦;达 100 dB 以上,会使人发生头晕耳鸣、食欲不振、心律不齐等音响综合症;长期生活在噪声环境中,会使人听觉器官受到损害,听力下降,甚至耳聋。因此,法、日等国都在高速铁路两侧修建隔音墙。有识之士建议,为防止地球上臭氧层被破坏而造成的气候异常现象,除应力争使汽车排放的废气减 25% 和控制高速公路的发展之外,还应力争以高速铁路网逐步替代国内和国际大城市间的航空运输。

1.2.7 外部运输成本低

任何一种现代交通运输方式的负面影响都包括以下几个方面:
(1) 对不可再生资源(如金属、石油和煤等)的大量消耗;
(2) 对环境的严重污染;
(3) 对生态环境的破坏;
(4) 交通事故的增加。

日本东海道、山阳新干线的环境保护,交通事故,能量节约效果换算成日元的结果如表 1-1 所示。计算时,先假定没有新干线,其运量由其他交通工具按一定比例分摊,再算出有新干线时的数额,其差额即为表中的数值。

表 1-1　东海道、山阳新干线社会效果　　　　单位:亿日元

	$NOx + SOx$	COx	噪声	交通事故	节能	总计
1995 年度	163	124	34	361	322	1 004
开业以来累计	3 800	2 800	800	8 400	7 500	23 300

根据国际铁盟对 1991 年欧洲 17 个国家用于交通对环境影响所花费的费用统计资料表明,航空、汽车、火车等不同形式运输工具,除本身的能源、材料消耗外,为环境保护和交通事故所花费的额外的社会运输成本为 2 724 亿欧洲货币单位(ECU),相当于这些国家当年国内生产总产值的 4.6%。对各种运输模式治理环境污染所花费的费用(亿 ECU)及比例如表 1-2 所示。

表 1-2　欧洲 17 国各种运输模式治理环境污染所花费的费用及比例

	汽车	航空	高速铁路
费用/亿 ECU	1942	124	28
比例	92%	6%	1.7%

1.2.8　列车运行正点率高

从国外实际运营情况看,高速线上运行列车普遍具有很高的正点率,终到误差时间小于 5 min 的概率都在 90% 以上,见表 1-3。其中,法国高速线路目前达到平均晚点时间为 30 s,特别是行车密度很高的日本仍能达到 98.5% 的正点率,平均晚点时间不超过 1 min。1997 年新干线列车平均晚点只有 0.6 min,其中东海道新干线只有 0.3 min。

表 1-3　各国高速铁路正点率比较

晚点时分/min	≤1	≤3	≤5	≤10
日本	92.5%	98.1%	98.5%	99.1%
法国		90%		
德国			90%	

西班牙 AVE 高速列车承诺晚点 5 min 退赔全部票款。自从这一庄严的许诺宣布后,正点率大大提高,从马德里发往塞维利亚的列车次数由 1992 年通车时的 8 次增加到 2000 年的 18 次,除去每天凌晨的几小时外,在马德里阿道恰火车站每隔 1 h 准时开出一班列车,列车速度大大加快,经济效益也逐步改善。运营 7 年的统计数据显示,7 年里共发出列车 10.5 万次,运送旅客 2 700 万人,其中共发生 254 次列车晚点超过 5 min,6.5 万名旅客受到影响,火车正点率为 99.5%。7 年里,公司收入为 1 420 亿比赛塔(180 比赛塔约合 1 美元),因晚点赔偿旅客的车票费为 3.44 亿比赛塔,损失与收入数字相比微乎其微。

1.2.9　安全可靠

高速铁路由于在全封闭环境中运行,又有一系列完善的安全保障系统,其安全程度是任何交通工具无法比拟的。高速铁路问世 35 年以来,日、德、法三国共运送了 50 亿人次旅客,除德国 ICE 高速列车行驶在改建线上发生过事故外,各国高速铁路都未发生过重大行车事故,也没有因事故而引起人员伤亡。这是各种现代交通运输方式所罕见的。几个主要高速铁路国家,一天要发出上千对的高速列车,即使计入德国发生的事故,其事故率及人员伤亡率也远远低于其他现代交通运输方式。因此,高速铁路被认为是最安全的。与此成对比的是,据统计全世界由于公路交通伤亡事故每年约死亡 25 万~30 万人;1994 年全球民用航空交通中有 47 架飞机坠毁,1 385 人丧生,死亡人数比前一年增加 25%,比过去 10 年的平均数高出 20%。每 10 亿人公里的平均死亡数高达 140 人。

1.2.10　不受气候颖响,全天候运行

高速铁路全部采用自动化控制,可以全天候运营,除非发生地震。据日本新干线风速限制

的规范,若装设挡风墙,即使在大风情况下,高速列车也只要减速行驶,如风速达到 25~30 m/s,列车限速为 160 km/h;风速达到 30~35 m/s(类似 11、12 级大风),列车限速为 70 km/h,而无须停运。飞机机场和高速公路等,在浓雾、暴雨和冰雪等恶劣天气情况下,则必须关闭停运。

1.2.11 经济效益好

高速铁路投入运行以来,备受旅客青睐,其经济效益也十分可观。日本东海道新干线开通后仅 7 年就收回了全部建设资金,自 1985 年以后,每年纯利润达 2 000 亿日元。东海道新干线营业里程为 JR 整个营业里程的 1/4,但收入却占 85%。德国 ICE 城市间高速列车每年纯利润达 10.7 亿马克。法国 TGV 年纯利润达 19.44 亿法郎。

因旅行时间缩短,沿线经济发展加快,车站所在各城市的进一步发展,都会带来重大的经济效益。

高速铁路的技术经济优势使其在一定距离范围内成为一种更为经济、有效的运输方式。据法国 TGV 东南线(巴黎—里昂,430 km)、西班牙高速铁路(马德里—塞维利亚,471 km)和日本东海道新干线(东京—新大阪,515 km)的运营统计资料表明,以旅客周转量计算,铁路和航空相比,巴黎—里昂间为 90∶10,马德里—塞维利亚间为 82∶18,东京—新大阪间为 85∶15。在全球范围内,必将有更多的国家修建高速铁路,这是解决交通运输所面临的一系列问题的有效途径。

1.3 世界高速铁路的发展概况及发展趋势

1825 年英国修建了世界上第一条铁路。由于当时在速度上大大高于轮船和马车,以及具有运量大、可靠性高等优点,使铁路在 19 世纪后半叶和 20 世纪初迅速发展,成为各国的交通运输骨干,形成了铁路的"第一个新时代",对推动社会和经济的发展与繁荣发挥了重要作用。但是,社会和经济的发展与繁荣,又对交通运输提出了更高的需求。从 20 世纪 50 年代开始,进入了交通运输工具现代化、多样化的时期,铁路开始受到汽车和航空运输兴起的竞争。高速公路和喷气式客机的出现,使铁路在速度上居于劣势,长途客运受航空运输排挤,短途客运被汽车运输取代,铁路陷入了"夕阳产业"的被动局面。迫使人们重新认识提高铁路行车速度的重要性。

提高列车速度是铁路赖以生存和适应社会发展的唯一出路。为此,从 20 世纪初至 50 年代,德、法、日等国都开展了大量的有关高速列车的理论研究和试验工作。1953 年 10 月 27 日,德国用电动车首创了试验速度达 210 km/h 的历史记录;1955 年 3 月 28 日,法国用两台电力机车牵引三辆客车试验速度达到了 331 km,刷新了世界高速铁路的记录。铁路高速技术,自 20 世纪 60 年代开始,进入实用阶段,80 年代至 90 年代又取得了一系列新成就、新突破,使铁路进入了"第二个新时代"。

1964 年 10 月 1 日,世界上第一条高速铁路——日本的东海道新干线正式投入运营,时速达到 210 km/h,突破了保持多年的铁路运行速度的世界记录,从东京至大阪只需运行 3 h 10 min(后来又缩短到 2 h 56 min)。由于其旅行速度比原有铁路提高一倍,票价较飞机便宜,从而吸引了大量旅客,使东京至名古屋间的飞机航班不得不因此而停运。这是世界上铁路与航空竞争中首次取胜的实例。继东海道新干线之后,日本又陆续建成山阳、东北、上越等新干线。目前,日本高速铁路的营业里程已达 2 321.4 km,并计划再修建 5 000 km 高速铁路,成为日本陆地交通运输网的支柱。高速铁路的运营成绩和取得的巨大经济效益和社会效益,扭转了过去虽然通过理论研究和试验证明铁路具有大幅度提高速度的潜力,但受到安全、造价等认识的困扰,长期给人们以可望不可即之感;纠正了人们对铁路已不适应经济快速发展、工作节奏快和高流动社会需要的错觉,给各国铁路带来了新的生机。法国在1981年建成了它的第一条高速铁路(TGV 东南线),列车时速达到 270 km/h;后来又建成了 TGV 大西洋线,时速达到300 km/h;1990 年 5 月 13 日试验的最高速度已达 515.3 km/h,可使运营速度达到 400 km/h。1993 年 TGV 北线(也称北欧线)开通运营,全长 333 km。它可由巴黎经里尔,穿过英吉利海峡隧道通往伦敦,并经欧洲北部比利时的布鲁塞尔,东连德国的科隆,北通荷兰的阿姆斯特丹,成为一条重要的国际通道。被称为"欧洲之星"的高速列车于 1994 年 11 月在法、英、比三国首都间正式投入运营。1997 年 12 月以巴黎、布鲁塞尔、科隆、阿姆斯特丹 4 个城市首字命名的 TGV-PBKA 高速列车开始运行。1994 年 5 月大巴黎区外环线建成后,北线、东南线和大西洋线可绕过巴黎相对连接成为一个高速铁路网系统。法国的高速铁路后来居上,在一些技术、经济指标上超过日本而居世界领先地位,现在已有高速铁路 1 500 多公里,而且由于 TGV 列车可以延伸到既有线上运行,因此 TGV 的总通车里程已达 7 500 km,覆盖了大半个法国国土。2007 年 4 月 3 日,法国"V150"高速试验列车运行时速达到 574.8 km,创造了有轨铁路运行速度的世界记录。

在日本、法国修建高速铁路取得成效的基础上,世界上许多国家掀起了建设高速铁路的热潮,意大利、德国、英国、前苏联、西班牙、韩国和我国的台湾地区也先后新建或改建了高速铁路。现在,世界铁路总长度约 1.3×10^6 km,其中运行时速达 200 km 以上的新建高速铁路约有 4 500 km,如包括运行时速 200 km 的既有线路,总共已达 15 000 多公里,约占总长度的 1.1%;但却承担着各拥有国相当一部分客运量。如日本的 4 条新干线,约占其铁路总营业里程的 9%,却承担着约 1/3 的旅客周转量;法国 3 条新建高速铁路和 TGV 通行网络分别占其总营业里程的 4% 和 18%,却承担着 50% 以上的旅客周转量。德国运营的高速线路里程只占总营业里程的 1%,却担负着 10% 以上的旅客周转量。世界各国高速铁路运营里程情况见表 1-4。

表 1-4 世界各国高速铁路运营情况表

国 别	线路名称	线路运营年份	运营区间及其里程/km	运营方式	牵引方式	车 型
日本	东海道新干线	1964.10	东京—新大阪 (515.4)	客运专线	电动车组	0 系
						300 系
	山阳新干线	1975.3	新大阪—博多 (553.7)	客运专线	电动车组	0 系
						100 系
						500 系
						700 系
	东北新干线	1982.6	上野—盛冈 (492.9)	客运专线	电动车组	200 系
	上越新干线	1982.11	大宫—新泻 (269.5)	客运专线	电动车组	200 系
	长野(北陆)新干线	1997	高崎—长野 (117.4)	客运专线	电动车组	

续表

国别	线路名称	线路运营年份	运营区间及其里程/km	运营方式	牵引方式	车型
日本	山形小型新干线	1992.7	福岛—新庄(148.6)	客运专线	电动车组	400系
	秋田小型新干线	1997.3	盛冈—秋田(127.3)	客运专线	电动车组	E3系
	东北新干线(延伸线)	2002.12	盛冈—八户(96.6)	客运专线	电动车组	E2系
法国	TGV巴黎东南线	1983.9 1994.7	巴黎—里昂—瓦朗斯(530)	客运专线	电动车组	TGV-PSE
	大巴黎区外环线	1994.5	大巴黎区外环(104)	客运专线	电动车组	
	TGV大西洋线	1989.11	巴黎—勒芒、图尔(308+12)	客运专线	电动车组	TGV-A
	TGV北(欧)线	1993.6	伦敦—巴黎—布鲁塞尔(333)	客运专线	电动车组	TGV-TMST
	地中海线	2001	瓦朗斯—马赛(295)	客运专线	电动车组	TGV-2N
德国		1991	汉诺威—维尔茨堡(327) 曼海姆—斯图加特(105)	客货混用	电力机车或电动车组	ICEI ICE-M
		1998	汉诺威—柏林(264)	客货混用	电动车组	ICE2
		2002	科隆—法兰克福(219)	客运专线	电动车组	ICE3
意大利		1988.5	罗马—佛罗伦萨(262)	客货混用	电动车组	ETR450(摆式车体) ETR500
瑞典		1990.4	斯德哥尔摩—歌德堡	客货混用	电动车组	X2型(摆式车体) X2000型(摆式车体)
西班牙		1989.9	巴塞罗那—米兰	客货混用	内燃机车	TALGO(摆式车体)
		1992.4	马德里—塞维利亚(471)	高、中速混跑	内燃机车 电动车组	TALGO(摆式车体) AVE
英车		1989	伦敦—利兹(300) 伦敦—爱丁堡(633)	客货混用	电力机车	IC225
前苏联		1984.3	莫斯科—列宁格勒(650)	客货混用	电动车组	3P200

1989 年初,欧共体 14 国提出在欧洲大陆修建高速铁路网的规划。1990 年底,欧洲 12 国的运输部长在布鲁塞尔举行的高级会议上通过了"2010 年欧洲高速列车路网规划"。根据这项规划,整个路网将达到 3 万多公里。其中,包括 9 000 km 新线、改造 10 000 km 既有线路,

以及 11 000 km 的联络线和支线。过去曾因铁路不景气拆掉一部分线路而被称为"汽车工国"的美国,也在重视并着手高速铁路的建设。

目前,高速铁路技术在世界上已经成熟,高速化已经成为当今世界铁路发展的共同趋势。高速铁路进一步的发展趋势,是联线成网。目前,欧洲各国已经建成和正在修建的高速铁路,原来都是各自独立的,现已在几个国家间沟通,今后将进一步发展成国内、国际间的高速铁路网,并与既有线相衔接。欧洲各国提出了"速度比小汽车快一倍,票价比飞机便宜一半"的目标,以充分发挥其优势。由于这将涉及欧洲共同体等十几个国家,因此在轨距、信号、供电、机车车辆等技术设备方面都制定了统一的标准,使欧洲的高速铁路网不仅是各国高速铁路的总和,而且能形成一个综合性整体。计划分别于 1995 年、2005 年和 2015 年分 3 个阶段竣工,新建或改建 1.9×10^4 km,可满足时速 250 km 以上的高速铁路;新建或改建 1.1×10^4 km 的时速 160~200 km 的联络线和支线,以便连接欧洲所有的主要城市。届时欧洲将出现世界上最方便、最经济的地面高速运输系统,欧洲各大城市间都可通过高速铁路连接起来,并还将向亚洲延伸,形成洲际的高速铁路网。

1.4 我国修建客运专线的意义

1.4.1 修建客运专线便于提升客运服务质量

随着我国改革开放的深入,市场经济迅速发展,人口城镇化进程加速,国际交往急剧增加,旅游事业日趋兴旺,诱发了大量的客运需求。人民生活水平的提高和时间价值观念的增强,对缩短旅行时间、提高服务质量的愿望也日益强烈,从客观上提出了发展高速铁路客运系统的社会需求。由于我国的人均收入较低,飞机的票价显得昂贵,汽车又不适应于大量的中长途旅客运输,高速铁路这种运价相对较低的公共快速交通工具既能适应人们的经济承受能力,又能满足人们旅行的时代需求,必然是最佳选择。法国 TGV 东南线通车后,使国内航班的乘客年减少 200 万人,并有 150 万人由乘坐公共汽车和私人小汽车转乘 TGV 高速列车,就是最好的证明。

我国现在常速铁路的平均旅行速度约为 70~80 km/h,旅客的平均行程约为 300 km,即旅客每次纯乘车时间约为 3.8~4.3 h。如将速度提高 1~2 倍,同样的时间可将旅客的行程扩展到 600~900 km,人们可以用更短的时间,在更广阔的空间里从事各项活动。因此,在我国修建高速铁路是为了满足人们对客运服务质量日益增长的需要。

1.4.2 修建客运专线适合我国的国情

我国幅员辽阔,人口众多,经济尚不发达,能源相对紧缺,必须发展运力大,占地省,能耗低,污染轻,安全可靠,经济舒适的交通运输工具来解决大量客流的快速输送问题。高速铁路在这些方面具有明显的优势,完全适合我国的国情和运输发展的需要。特别是我国人多地少,人均耕地仅有 1.4 亩,节约建设用地显得十分重要;我国石油资源比较紧缺,公路和航空运输耗油量大,每万人公里平均耗油 600 kg 左右,目前供应已感十分紧张;同时,公路和航空不仅成本高而且运力有限。美国由于大力发展高速公路和私人汽车,导致资金和土地的极大浪费,它用于交通运输的轻质油约合我国原油产量的 3.8 倍，是我国轻质油产量的 9.4 倍。因此，采用美国模式大力发展高速公路和民航运输来解决大量的国内中长途旅客运输问题，将是我国国情所不允许的。

我国各地区的经济发展很不平衡，沿海工农业发达地区的人均收入约为全国平均数的 2 倍，在运量集中的经济发达地带，如京沪线、京广线、京哈、哈大线所经地带，修建高速铁路不仅是必须的，而且与地区的经济发展水平也是相适应的。

1.4.3 修建客运专线有利于促进我国铁路装备水平的提高和科学技术的进步

铁路是我国国民经济的大动脉，在我国交通运输体系中居于主导的骨干地位。但我国铁路的现状是路网不发达，技术装备落后，客货共线运行而以货运为主，运量与运能的矛盾十分尖锐，长期以来"行"的问题始终未能很好解决，"乘车难，运货难"的状况依然存在。一些主要干线的能力利用程度已经饱和，如京沪、京广、京哈 3 条铁路只占全国铁路营业里程的 10%，却承担了全国铁路旅客周转量的 43% 和货物周转量的 37%，在各大经济区之间的客货交流中具有举足轻重的作用。在这 3 条干线的繁忙区段中，客、货运密度分别达到全路平均数的 5.2 倍及 3.6 倍、2.5 倍及 2.8 倍、4.3 倍及 4.4 倍，旅客列车平均已达 40 对以上，单方向的货运量已接近 7 000 万吨/年，铁路负荷水平居世界首位。现在，我国人均铁路乘车率还很低，每年只有 1.1 次，不仅大大低于发达国家，也低于亚洲的邻国印度（7 次）。随着对外开放、对内搞活的深入发展，人民物质和文化生活水平的不断提高，客运量必将大幅度增长。而我国客流集中的地带，往往都是经济发达地区，货运也很繁重。在这些地区的铁路线上，客货列车混跑，互争能力的现象非常严重。虽然可以采取扩大旅客列车编组、采用双层客车等措施，但都不能从根本上改变客运紧张的局面。修建客运专线，实行客货列车分线运行，是一种较常规方法技术层次更高，扩能幅度更大的手段。在沿主要干线修建客运专线之后，既有线的大部分旅客列车可转移到客运专线上运行，腾出的能力即可用于完成货物运输任务，结合发展重载技术，既有线单方向年通过能力可达 1 亿吨以上，基本上可以满足 2020 年以前货运量发展阶段的需要。

长期以来，由于建设资金短缺等原因，我国铁路技术发展严重滞后，列车速度长时间徘徊在 20 世纪 50 年代和 60 年代的水平，与技术先进国家的差距达 30 年以上。有的线路为了增加运输能力，往往只偏重于增加列车重量和行车密度，忽视了列车速度的提高，甚至采取压制旅客列车运行速度使其与货物列车运行线平行铺画等不利于旅客的办法。只是到了 1997 年，全国铁路的旅客列车才开始普遍地提高速度。为了改变铁路的落后、被动局面，根本出路在于依靠科技进步，大力发展重载和高速技术，特别是高速技术。它是一个涉及多学科、多专业的综合性先进技术，集中反映了新型牵引动力、高性能轻型车辆、高速线路结构、高速度高密度列车运行控制、高速度旅客运输组织等方面的技术进步，关系到电子、信息、控制、机械、能源、环保、原材料、土木建筑等的科学技术和工业发展水平。抓住高速化这一主题，不仅将有力地推动我国铁路技术装备现代化的进程，促进运输组织水平和服务质量的提高，彻底改变我国铁路技术落后的局面，还可带动我国多项高科技的进步与发展，缩小与技术先进国家的差距，为我国国民经济的腾飞和社会进步创造更好的条件。

1.5 我国客运专线网的建设规划

1997年1月我国在北京环形试验线上,实现了最高速度212.6 km/h;1998年6月在京广线郑州至许昌间,创造了240 km/h的最高试验速度,标志着我国已具备制造速度为200 km/h的机车车辆的能力,具有配置速度200 km/h的线路机车和供电设备的技术。秦沈客运专线(秦皇岛至沈阳北站的客运专线),全长为404.6 km,于1999年开工建设,设计速度为高速列车200 km/h、准高速列车160 km/h,试验速度达到321 km/h,已于2003年建成通车。

高速铁路一般适宜担当主要大城市间中长距离大量客流的输送,普通铁路适宜担当中长距离的客货运输和工业运输,公路适宜担当短距离的客货运输,航空适宜担当长距离和国际间的旅客运输,水运则主要担当港口间的运输。铁路、公路、航空、水运、管道都是国家不可缺少的交通运输工具,应该统筹规划,合理分工,互助互补,协调配合,因时因地制宜地综合发展。

1.5.1 国内客运专线总体规划

"八五"以来,在党中央、国务院的正确领导下,铁路建设速度加快,路网规模扩大,截至2004年底,全国铁路营业里程达到7.44×10^4 km,其中复线里程为2.51×10^4 km,电气化里程为1.91×10^4 km,但仍不适应国民经济和社会发展的需要。目前,我国主要铁路干线能力紧张,京沪、京广、京哈、京九、陇海、浙赣6大铁路干线平均运输密度已达8.1×10^7换算吨公里/公里,是全路平均值的3倍,而且能力利用处于饱和。随着国民经济的增长和人民生活水平的提高,旅客对运输快捷舒适、经济便利、安全正点等方面的质量要求越来越高,未来建设重点是在能力紧张的繁忙干线建设客运专线,实现客货分线运输。特别是在京沪、京广、京哈、京九、陇海、浙赣等干线上,修建客运专线无论从社会利益还是经济利益来说都具有重大的意义。

2004年初国务院常务会议原则通过的《中长期铁路网规划》中明确了全国铁路客运专线网的宏伟蓝图,到2020年将建成1.2×10^4 km的客运专线和4 000 km的城际客运线路,形成联结30多个大城市(包括4个直辖市、18个省会城市和8个沿海城市)的客运专线网。届时将建立"四纵四横"的客运专线("四纵"是指北京—上海客运专线、北京—武汉—广州—深圳客运专线、北京—沈阳—哈尔滨(大连)客运专线、杭州—宁波—福州—深圳客运专线。"四横"客运专线分别是徐州—郑州—兰州客运专线、杭州—南昌—长沙客运专线、青岛—石家庄—太原客运专线、南京—武汉—重庆—成都客运专线)和环渤海、长江三角洲、珠江三角洲地区为重点的城际快速客运系统。武广、郑西、石太、京津、合宁、武合、温福、福厦、甬温9条客运专线将先期开工建设。

1.5.2 几条客运专线基本情况

1. 广深准高速铁路

一般来讲,一个国家建设高速铁路,应先建设准高速进行过度,我国建设广深高速铁路带有科研性质,其目的是为发展我国高速铁路进行探索和实验。一是我国当时已具备建设准高速的相关科学技术;二是广深线穿越珠江三角洲,连接香港、九龙,客货运量大,经济效益好,政治意义深远;三是广深准高速铁路建设在既有线上进行,可以积累边改造、边运营的经验。

广州—深圳准高速铁路全长147 km,1990年立项,1991年12月28日全线动工,1994年12月22日正式开始运营。旅客列车运行速度1994年已达160 km/h的准高速水平,引进瑞典X 2000摆式车体列车后,列车运行时速可达200 km/h。

2. 京沈快速客运通道

秦沈客运专线全长409.59 km,西起河北省的港口城市秦皇岛,途经辽宁省的葫芦岛市、锦州市,止于沈阳市的沈阳北站,为高等级客运专线。根据设计方案,在秦沈客运专线上运行的旅客列车按200 km/h、160 km/h、140 km/h 3种速度方案组织运行,采用电力机车牵引,牵引定数为860 t,到发线有效长度为650 m,全线自动闭塞。

根据设计,秦沈客运专线初期按准高速、中速和普速3种速度方案组织列车运行,并主要为直通旅客列车服务。考虑我国现有车辆技术水平和选型的可能,准高速采用国产动车组,主要配属给秦沈客运专线;中速和普速列车为分流到秦沈客运专线上的直通旅客列车,车辆配属关系不变,根据既有线已经运行列车车辆的构造速度标准,主要有提速列车和非提速列车两类,构造速度分别为160 km/h和120 km/h,秦沈客运专线初期运行列车的速度定为200 km/h、160 km/h、120 km/h。由于中速以下列车不改变车辆的配属关系,仍由现车辆段负责管理,故只有配属给秦沈客运专线的旅客列车影响准高速列车动车段和维修基地的设置。

以京秦线的北京—狼窝铺和京山线的狼窝铺—秦皇岛间既有线为基础,进行提速改造。京秦通道的改造与秦沈线建设同步进行,在2003年京沈快速客运通道全线投入运营。

3. 京津城际客运专线

京津城际客运专线全长118 km,线路起于北京南站,沿既有铁路京山线南侧前行,下穿北京二环路玉蜓桥后折向南,沿京津第二通道经亦庄工业区、永乐新城至杨村,后沿京山线北侧向东至天津站。

全线由京津城际轨道交通公司统一管辖。单独成立调度指挥中心,负责全线调度指挥工作。

1) 主要技术标准

铁路等级:客运专线。

正线数目:双线。

最小曲线半径:一般为7 000 m,困难条件下为5 500 m。

限制坡度:12‰。

牵引种类:电力。

机车类型:动车组。

到发线有效长度:暂定520 m。

列车运行控制方式:自动控制。

列车指挥方式:综合调度集中。

2) 区段客流密度

设计年度的最大区段客流密度:近期为2 320万人,远期为3 280万人。

3) 客车开行原则

列车交路:北京南—天津。

采用夜间综合维修。

最小行车间隔为3 min。

列车编组和定员:最大列车编组为 12 辆,列车定员为 900 人。

根据调整的各区段客流量及旅客在各时段的出行分布特点,考虑满足旅客出行需求及动车组利用效率等因素,优化分时段的客车开行方案。

4) 京津间铁路运输分工

京山线京津段:以货运为主,客运方面承担少量北京及以远与京山沿线、京沪线及以远与京山沿线、京沪线及以远与北京及以远的旅客交通。

京津城际轨道交通:承担京津塘间的绝大部分城际旅客运输任务。

京沪客运专线:承担北京及以远与京沪线及以远的旅客运输任务,并承担京津间少量城际旅客运输的任务。

5) 预测运量

客流预测采用与城市轨道项目相类似的"四阶段"预测技术进行。在对项目所在区铁路、公路的客流现状和经济现状及规划充分调查的基础上,拟定吸引区未来的经济结构和交通路网,研究预测全社会客流的产生与吸引,进行项目客流的合理分担预测如表 1-5 所示。

表 1-5 京津城际轨道交通运量预测

区 段	2020 年			2030 年		
	全日/(人/d)	高峰小时/(人/h)	全年/(万人/y)	全日/(人/d)	高峰小时/(人/h)	全年/(万人/y)
北京—亦庄	71 318	7 488	2 603	94 707	9 384	3 457
亦庄—永乐	76 536	7 991	2 794	102 211	10 078	3 731
永乐—天津	67 986	7 099	2 481	88 340	8 779	3 224

6) 远景年输送能力

京津城际轨道交通远景旅客年输送能力为 6 000 万人(单向)。

4. 郑州至西安客运专线

全长 484.518 km,东起郑州市,向西经洛阳市、三门峡市、渭南市,西止西安市。经过郑州、洛阳、西安铁路枢纽,分别连接京广通道(包括京广客运专线)、大湛通道、包柳通道。向东延至商丘、徐州,可与京九通道、京沪通道(包括京沪高速铁路)相连;向西延伸至宝鸡、兰州,可与兰昆通道、京兰通道及兰新线相接。

由郑西铁路客运专线公司统一建设运营管理,其管辖范围为郑州(不含)至西安北段。

1) 主要技术标准

铁路等级:客运专线。

正线数目:双线。

最小曲线半径:一般为 9 000 m,困难条件下为 7 000 m。

限制坡度:12‰,不宜超过 20‰。

牵引种类:电力。

到发线有效长度:700 m。

列车运行控制方式:自动控制。

列车指挥方式:综合调度集中。

2) 郑州至西安段既有线与客运专线的分工

客运专线:主要承担本线客运列车和跨区域的中速客运列车,承担的客流为西北地区各省大中城市与中、东部地区各省大中城市之间的客流,以及本线主要城市与其他大中城市之间的城际客流。

既有线:主要以货运为主,承担沿线小站之间的旅客交流,开行速度等级比较低的旅客列车。

3) 运量预测

运量预测如表1-6所示。

表1-6　郑州至西安客运专线各区段客流密度及客车对数

区　段	2010年		2018年		2028年	
	客流密度/万人	客车对数/对	客流密度/万人	客车对数/对	客流密度/万人	客车对数/对
郑州—洛阳	1 750	59	3 700	125	5 300	177
洛阳—三门峡	1 690	56	3 340	110	4 710	156
三门峡—华山	1 590	54	3 190	107	4 610	152
华山—西安	1 680	56	3 320	111	4 660	158

4) 远景年输送能力

郑州至西安客运专线远景年输送能力为单向8 000万人/年。

5. 石家庄至太原客运专线

全长190.278 km,东端始自河北省石家庄,西端连接山西太原。沿线途经河北省石家庄市、鹿泉市、阳泉市盂县、晋中地区寿阳县、阳曲县、太原市。

单独成立运营管理公司,负责全线调度指挥工作。

1) 主要技术标准

铁路等级:客运专线,近期兼顾货运。

正线数目:双线。

限制坡度:13‰。

最小曲线半径:5 000 m。

到发线有效长:1 050 m(双机为1 080 m)。

牵引种类:电力。

机车类型:快速列车为动车组;中速列车为SS9机车;货运为SS4B。

列车运行方式:自动控制。

行车指挥方式:调度集中。

2) 石家庄至太原段既有线与客运专线的分工

由于既有线线路条件差,允许速度仅为60~70 km/h,所以在修建客运专线后,既有线不再承担客运任务。为了服务沿线职工和兼顾既有线小站客流的要求,设计年度既有线考虑沿线客流要求,适当开行旅客列车,其余全部由客运专线承担。

3) 运量预测

运量预测如表1-7所示。

表 1-7　石太线客流预测　　　　　　　　　　　　单位:万人

年　度	区　段	合　计	客运专线				既　有　线
			小计	铁路转移	其他转移	诱增客流	
2002	太原—石家庄	390					390
2015	太原—阳泉	1 193	1 125	798	188	139	68
	阳泉—石家庄	1 235	1 185	854	176	155	50
2020	太原—阳泉	1 515	1 445	865	405	175	70
	阳泉—石家庄	1 550	1 500	910	398	192	50
2030	太原—阳泉	2 513	2 441	1 180	873	388	72
	阳泉—石家庄	2 564	2 512	1 228	834	450	52

4) 远景年输送能力

石太客运专线远景年输送能力为单向 5 000 万人。

通过上面的介绍,可以看出我国客运专线有如下特点:

(1) 我国客运专线的线网规模庞大,其规模将远远超过日本的 2 321 km 和法国的 1 582 km;

(2) 各条客运专线的规划定位不同,速度目标值、基础设施和技术装备水平存在差异,在路网中发挥的功能不同;

(3) 运输组织与调度模式不同,我国地域辽阔,客运专线与既有线的联系与发达国家高速铁路相比较为紧密,客运专线运营初期存在着高中速混跑甚至部分存在客货混跑的特点,组织的难度和协调的联动性较大,这些问题也是国外高速铁路运营中所遇到的难题;

(4) 3 个城际轨道交通系统的运输组织模式将不同于客运专线网,基本采用系统内部封闭运营的模式,不存在与客运专线和既有线的跨线运输,调度指挥独立性较强;

(5) 客运专线采用总体规划、分期建设的实施方式,整个网络的形成将经历较长的过渡期,其间需要因地制宜建立起过渡期的运输组织和调度方案;

(6) 由于国内对于客运专线的建设和运营缺乏经验,大量设备需要从国外进口,我们必须走引进、消化、吸收、创新的道路,自主研发的任务巨大。

第 2 章 客运专线运营管理体制

2.1 世界高速铁路的运营管理模式

高速铁路经过 40 多年的发展,已经在近 10 个国家投入运营。总结各国运营管理情况,主要有下列 4 种模式。

2.1.1 法国 TGV 模式

法国 TGV 模式,即部分修建新线、部分旧线改造、旅客列车专用、动力集中。

法国修建高速铁路的基本原则是:在大运量的干线上修建;保证高速铁路与既有铁路网的联网互通,使 TGV 列车通过既有线开行到人口密集的地区;高速铁路系统建立在大运量和少换乘的基础上。

法国铁路公司组织管理体系是在网运分离的模式下重组而成的。网运分离后,法铁公司是法国独家铁路运营商,委托路网公司对路网基础设施进行管理和维护。路网公司拥有铁路正线(包括桥隧)、接触网、信号和电讯设施,车站到发线、停留线(不包括动车段内线路),与基础设施管理有关的工房(如信号楼房等)、站台(站台上座椅、客运服务设施等除外)、旅客通道、相关土地及露天雨篷等。其他设施属法铁公司所有。法铁公司实施法铁总部、铁路分局(23个)、段和车站 4 级管理。法铁总部设有 4 个产业部门、4 个职能部门。公共运输部、法国欧洲客运部、货运部和运营基础部 4 大产业部门为经济独立核算单位,拥有自己的财务管理部,实行事业部制管理制度。各地区局基础部内设立地区调度指挥中心(CRO)。1999 年之前,法国铁路所有列车运行指挥权均归属 CRO,1999 年之后,法铁总部办公室创立国家调度指挥中心(CNO),与 CRO 共同担当运输指挥工作。CNO 人员来自不同的产业部门,受法铁总部运输生产部监督管理。在法铁总部,没有独立的高速铁路专门管理机构来统一管理高速铁路的各项业务,高速铁路的运营管理主要与法国欧洲客运部、运营基础部和运输生产部的业务密切相关。

法国拥有东南及其延长线、大西洋线、北方线和地中海线等几条高速客运专线,全长 1 582 km,运输组织模式采用高速列车(TGV 列车)下既有线运行方式,TGV 列车通达范围 7 500 km 以上。

高速铁路网以巴黎为中心,呈放射状,高速铁路线路如图 2-1 所示。

法国高速铁路线路别主要技术条件和装备水平数据见表 2-1。

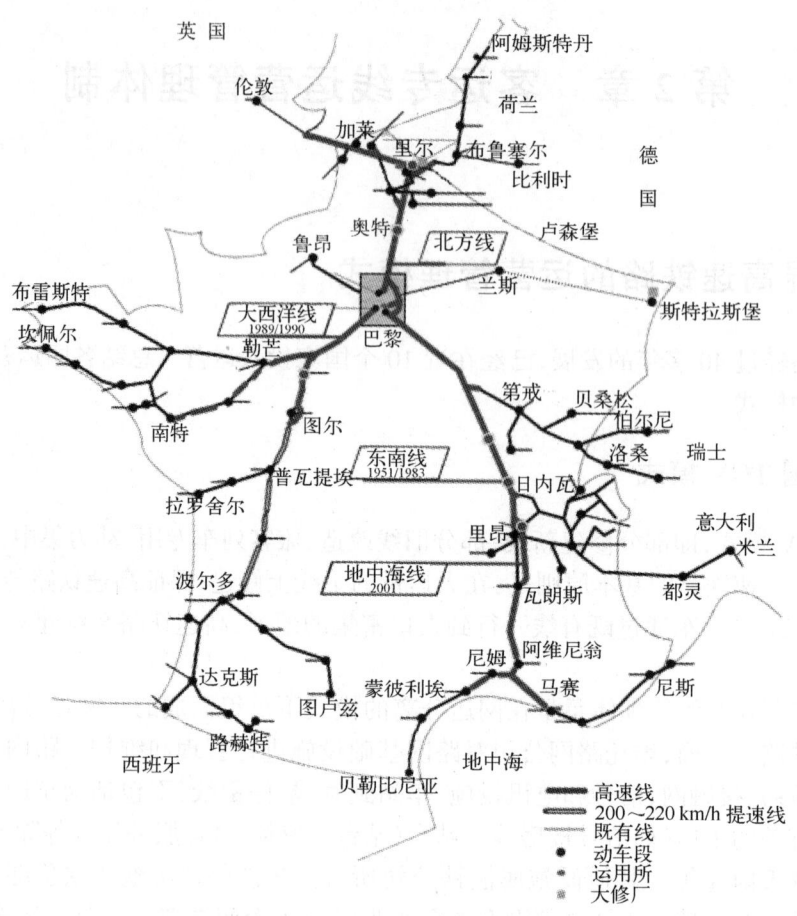

图 2-1 法国高速铁路路网图

表 2-1 法国高速铁路线路别主要技术条件和装备水平

线　别	东南线及延长线	大西洋线	北　方　线	地中海线
投入运营时间	1981 年	1989 年	1993 年	2001 年
运输方式	客运专线			
线路长度＊/km	530	320	333	295
最高运行速度/(km·h^{-1})	270	300	300	350
高速列车轴重/t	17			
最大坡度/‰	35	25	25	35
最小曲线半径/m	4 000	4 000	6 000	7 000
道岔最高允许速度	区间道岔侧向通过速度 230 km/h，渡线道岔为 170 km/h，车站与库线道岔为 80 km/h			
列车种类	TGV-PSE	TGV-A	TGV-TMST	TGV-2N
列车定员/人	368	485	794	545
列控方式	TVM 300	TVM 300 A	TVM 430	TVM 430
自动闭塞方式	固定闭塞，UM 71 型无绝缘轨道电路			

注：＊巴黎高速环线 92 km。

2.1.2 德国 ICE 模式

采用新线建设和既有线改造方式,旅客列车及货物列车分时混用,客车高中混跑,采用动力集中的电动高速列车(ICE),分区域的集中控制和基于轨道电缆的列车运行控制系统(LZB)。德国经济发达,国土较宽,城市的密集程度不是很大,ICE 模式主要用于运能紧张的干线高速化。

德国高速铁路的发展面向 3 个方面的需要:
(1) 实现国内的一体化联络;
(2) 实现德国高速铁路网与欧洲高速走廊的联系;
(3) 保证国际货运的快速通道的构建。

德国铁路高速化,首先从经济发达的南北长距离干线开始,并从提高路网能力考虑来建设高速铁路和对既有线进行改造。1970 年制订了修建高速铁路的计划,从 1973 年开始修建慕尼黑—斯图加特和汉诺威—维尔茨堡的高速铁路,1991 年 5 月竣工开通。到目前为止,在德国新建并投入运营的高速线路为 915 km,线路允许的最高运行速度为 330 km/h;既有线改造后可允许列车以 200 km/h 速度运行的线路达到 650 km;新建线和改造线的总长为 1 565 km。高速列车可在既有线运行,使高速列车 ICE 可提供服务的路网范围达到了 4 000 km。根据 1992 年通过的联邦运输基础设施计划,德国还将建设多条高速铁路,包括斯图加特—奥格斯堡、纽伦堡—因戈尔施塔特、纽伦堡—埃尔富特—莱比锡铁路,扩建计划还将包括"泛欧铁路网"等。

德国的高速铁路在路网中起着主要通道的作用,德国高速铁路路网见图 2-2,其线路别技术数据见表 2-2。

表 2-2 德国高速铁路线路别技术数据

线 别	汉诺威—维尔茨堡 曼海姆—斯图加特	汉诺威—柏林	科隆—法兰克福	泛欧高速铁路网	既 有 线
投入运营日期	1991	1998	2002	2000	
列车类型	ICE1	ICE2	ICE3	ICEM	ICT
运输模式	客货混运	客货混运	客货	客运	客货
线路设计速度/(km/h)	客 250 货 80	客 250 货 80	客 300	客 300	客 230 货 80
最高运行速度/(km/h)	280	280	330	330/220	230
席座数/个	759	391	415(441)	404(431)	381

表 2-2 中,既有线包括斯图加特—苏黎世、慕尼黑—加米施/纽伦堡/斯图加特、法兰克福—埃尔富特—德累斯顿、卡尔斯鲁厄—慕尼黑—萨尔茨堡、杜塞尔多夫—哈姆—埃尔富特和法兰克福—维尔茨堡—慕尼黑。

另外,除了轮轨高速铁路以外,以日本和德国为代表,正在致力于磁悬浮高速铁路的研究开发,并取得一定的成效。磁悬浮列车的最高实验速度已经达到 515 km/h,其速度快,能耗小,污染低,受到人们的青睐。据专家预言,磁悬浮高速铁路将来可能发展成为重要的中短途运输工具。

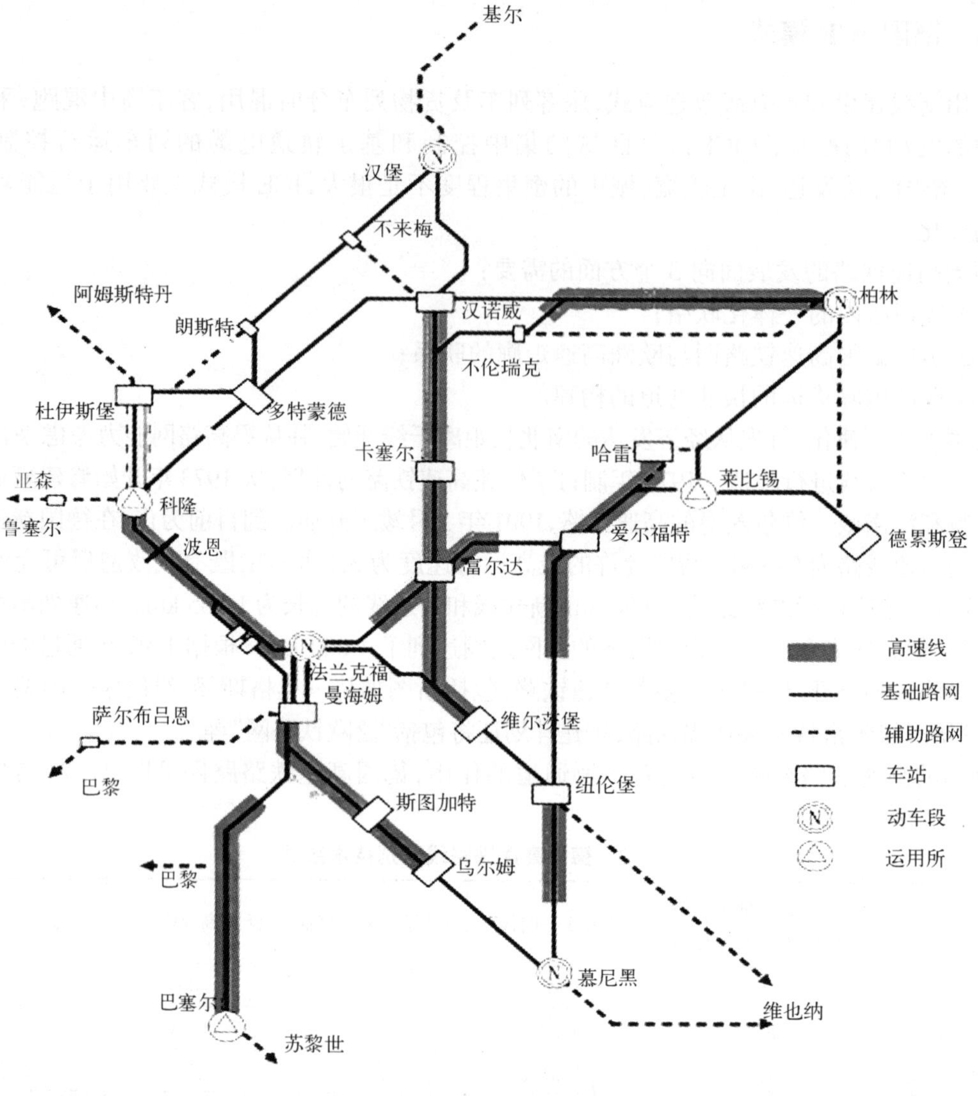

图 2-2 德国高速铁路路网图

2.1.3 英国 APT 模式

既不修建新线,也不对既有线进行大量改造,主要靠采用由摆式车体的车辆组成的动车组;旅客列车及货物列车混用。这种模式多在欧洲和美国一些客流密度不大的国家中采用。

英国的高速铁路起始于英法英吉利海峡隧道的建设。1994 年英法海峡隧道开通,英法之间列车可以直达;但在海峡隧道英国一方从福尔克斯到伦敦仍然是 750 V 直流供电的既有线路,列车速度只能限制在 140 km/h 以下。自 2002 年 7 月开始,东海岸线上开始运行 Virgin 390 级摆式电动车组,使在既有线上列车最高速度可以达到 250 km/h。

瑞典高速铁路的技术特点是利用既有线加以适当改造(包括信号系统、平交道口、接触网及站场),并采用 X 2000 型高速摆式列车在曲线区段将列车通过速度提高 30%~40%,最高速度达到 200 km/h。车体倾摆抵消了旅客所感受到的全部离心力的 70%,使旅客感到较舒适。

瑞典高速铁路主要技术特征见表 2-3。

表 2-3 瑞典高速铁路主要技术特征

运输模式	最高运行速度/(km/h)	线路最大坡度	最小曲线半径/m	供电方式	编组方式	列车自动控制方式
客货混行	210	10‰	400	分散式直接供电	倾摆车体	ATP

在既有线上运营 X2000 型高速摆式列车，必然与普通客车及货物列车共线运行；因此实现这种模式的首要条件是线路上运量不大，能力较充裕，不至于因为开行了高速列车而增加扣除系数，影响其他旅客列车及货物列车的开行。另外线路必须具备较好的条件，轨道结构比较坚固，小半径曲线不多，更重要的是曲线区段的缓和曲线长度必须足够，否则将因过短的缓和曲线长度，造成摆式车体倾摆时过渡时间太短，摆动角度无法到位，达不到抵消旅客感受到的离心力的目的。

瑞典铁路采用高速摆式列车技术带来一系列的效益，包括如下几个方面：

(1) 最高运行速度从 160 km/h 提高到 200 km/h；

(2) 旅行速度从 115 km/h 提高到 155 km/h；

(3) 提高旅客的旅行舒适度；

(4) 线路的磨损、剥离及维修量减少；

(5) 由于适量的投资(线路改造、机车车辆)导致旅客运量的大量增加，铁路的经济效益较快地增加；

(6) X2000 型列车的单位能耗比飞机小 5 倍，旅行安全性比汽车高 100 倍，污染排放量比飞机、汽车低很多，社会效益大大提高。

美国对既有铁路包括电气牵引或内燃牵引进行适当改造升级后采用先进的摆式列车技术，最高速度达 240 km/h。美国采用的"美国飞人号"高速摆式动车组主要参数见表 2-4。

表 2-4 "美国飞人号"高速摆式动车组主要参数

定员/人	最高运行速度/(km/h)	额定功率/kN	列车长度/m	列车总质量/t	最大轴重/t
304	240	9 200	200	550	22

2.1.4 日本新干线模式

日本是世界上首先拥有高速铁路的国家。其国家属于狭长型岛国，人口密度大，经济非常发达。日本的高速铁路是以新干线模式来发展的，即全部修建新线、旅客列车专用，并且尽量组织高速列车下高速线运行，以减少旅客换乘，改善服务。

日本第一条高速铁路是 1964 年竣工开通的东京—新大阪的东海道新干线。以后又相继修建开通了山阳(1975 年 3 月)、东北(1982 年 6 月)、上越(1982 年 11 月)和北陆(1997 年 10 月)新干线。同时日本铁路也加强对既有线路的改造，实现高速列车下高速线运行。对既有线改造采取的办法是，在既有线的窄轨外增加第 3 轨以使高、普速列车均可运行(如山形新干线)，或将窄轨线路改为标准轨(如秋田新干线)以扩大高速列车的服务范围，减少旅客换乘。从 1992 年开始，东日本公司、西日本公司及东海道铁路公司均投入巨资，开发和试验能在新干线上以 300~350 km/h 速度运行的 21 世纪新一代列车，试验主要针对当运行速度达到

350 km/h以上时,高速列车系统及控制所出现的各种问题和解决对策。

目前日本高速铁路的营业里程已达2 321 km,并计划再修建大量的高速铁路,高速铁路将构成日本陆地交通运输网的支柱。高速铁路的运营取得了巨大经济效益和社会效益。

日本高速铁路线路为标准轨距,由三家公司经营,高速铁路路网见图2-3,线路技术特征见表2-5。东海公司、西日本公司共同经营东海道山阳新干线。东海道山阳新干线为独立封闭系统,不与其他任何线路连轨,只运行高速列车,列车分为"回声号"、"光号"和"希望号"3种类型,列车固定编组。东日本公司拥有多条线路,列车分为"翼号"、"小町号"、"浅间号"、"MAX号",部分列车下到既有线运行(既有线改造),部分列车在中间站有"分解"及"合并"作业。东京站是东日本公司的新干线和东海道新干线的重要车站,但两条线路没有联络线,不能相互跨线运行。

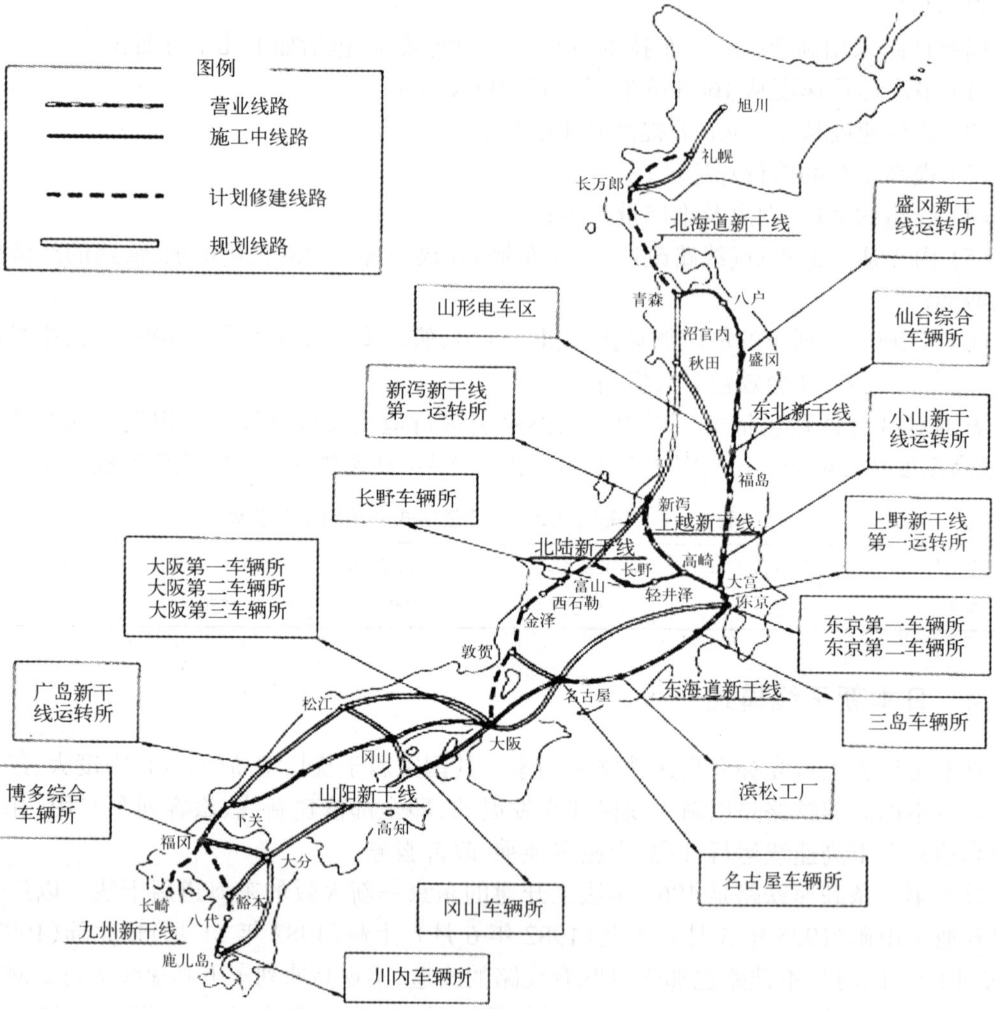

图2-3 日本高速铁路线

表 2-5 日本新干线线路别技术特征

项 目	东海道新干线	山阳新干线	东北新干线	上越新干线	长野（北陆）新干线	山形小型新干线	秋田小型新干线	东北新干线（延伸线）
营业里程	东京—新大阪，515.4 km	新大阪—博多，553.7 km	东京—盛冈，496.5 km	大宫—新泻，269.5 km	高崎—长野，117.4 km	福岛—新庄，148.6 km	盛冈—秋田，127.3 km	盛冈—八户，96.6 km
运营开始日期	1964.10	新大阪—冈山，1972.3；冈山—博多，1975.3	大宫—盛冈，1982.6；上野—大宫，1985.3；东京—上野，1991.6	1982.11	1997.10.1	福岛—山形，1992.7；山形—新庄，1999.12	1997.3	2002.12
车站数量	15	18	18	9	6	6	6	4
站间均距/km	36.8	32.6	29.2	33.7	23.5	17.4	25.4	32.2
最高速度 km/h	270	300	275	240	260	130	130	275

日本铁路 1987 年民营化时将旧国铁划分为 6 个客运公司和 1 个货运公司。6 个客运公司是按照区域划分的，拥有运营线路及其他固定设备、活动设备，进行独立经营；货运公司无运营线路，采用购买列车运行线的方式进行经营。

既有线列车主要承担市内、市郊及近距离的城市间的运输，平均运送距离为 28 km，新干线承担中远城市间的运输。新干线的平均运送距离（2002 年）分别为东海山阳 283 km、东北 153 km、上越 126 km、北陆 85 km。东京是日本政治、文化的中心，全国人口的 30%（3 200 万）居住在以东京为中心半径 50 km 的范围内（第二大城市大阪的人口为 260 万人）。因此，东京是旅客运输需求的发生地，过境旅客的比例相对较少，高速列车的设置方案特别重视东京的客流。

总之，日本高速铁路主要有以下几个运营特点：
(1) 高速铁路采用与既有线不同的线路标准（既有线为窄轨）；
(2) 绝大部分列车在本线内运行，列车运行密度大，列车运行距离短；
(3) 不同区域间的旅客主要采用换乘的方式，其列车运行组织也非常重视列车间的衔接；
(4) 为方便旅客，通过改造既有线使部分高速列车延伸到既有线运行；
(5) 非常重视列车运行秩序，保障列车正点运行。

2.2 我国客运专线的运营管理模式

2.2.1 我国客运专线采用的建设模式

1. 改造既有线

改造既有线，可以提高客车速度，同时需要进行加大曲线半径、桥梁加固、更换道岔、本站增加跨线设备等。而目前我国铁路在经历了6次全国性的大提速之后,速度在 120 km/h 的线路里程已达 2.2×10^4 km。

2. 新建高速客货混跑线

关于新建高速客运专线,由于客货混跑扣除系数大,不能充分发挥新建线路的能力。而且由于客货混跑,既要考虑高速客车在欠超高时旅客的舒适性,又要考虑货车由于过超高而引起的钢轨不均匀磨耗,其建设标准将提高。

3. 新建客运专线

我国几大干线基本处于东部,经济较发达,人民对运输的要求高,客运需求量大,同时地处平原,地势平坦,有利于修建新线。新建客运专线可以大大提高旅客列车的速度,缩短旅行时间。但我国几条干线本线客流不多,跨线客流占多数,跨线列车运行距离长,为提高客运专线利用率,要尽可能将既有线的客车分流到客运专线运行,通过提高既有线客车机车车辆性能,提高旅行速度,实现部分通道客货分离,大大扩充既有线的货运能力。

我国现有铁路网基本成熟,各大城市之间、重要工农业基地都有铁路相通;因此要通过对既有线进行适当改造,使客运专线与既有线有机结合,使客运专线融入路网(既有线上速度要求降低),使旅客在新线终点不用换乘,加大客运专线上运行的高速列车的通达范围。

客运专线运营初期速度难以达到最大值,可以考虑现有一些受欢迎的客运产品,如夕发朝至列车。随着速度的提高,白天应全部开行旅客列车,夜间进行维修。随着养护技术的提高和天窗内运行列车技术的成熟,在夜间可以缩短维护时间,这样可以组织适当数量的货车在客运专线上运行,以充分利用其高速性,开办一些货物快递业务,增加运输收入。

2.2.2 我国客运专线修建原则

考虑我国的国情路情,高速客运专线的修建应该遵循以下原则。

(1) 从整个国民经济、交通运输体系和铁路发展全局出发,将客运专线作为路网建设的一部分,统一规划,从运输最繁忙处着手。

(2) 客运专线的建设必须保证安全、技术可行、经济有利,并且能够提升旅客服务质量。

(3) 根据技术先进、适用、经济合理的原则,确定速度目标值。客运专线线路作为固定设施应按确定的最高速度目标值一步到位。

(4) 由于主要繁忙干线上本线到发的客流只占总数的 1/3,所以新建客运专线不能远离路网,自成系统。否则,从既有线分出的客流只有 1/3,对货运能力提高有限,而客运专线的能力也不能充分利用。因此,客运专线不仅开行本线到发的高速旅客列车,必要时还应开行部分通过本线但在途中停站较少的中速列车,既有线以货运为主,同时需要开行一部分停站次数较多的旅客快车及慢车。

(5) 客运专线宜沿既有线修建,并尽可能与既有线大站衔接,以便充分利用既有线的设备及城市原有的交通工具,节省投资,方便本线或区段内旅客换乘,吸引更多客流。

2.2.3 客运专线与既有线的分工方案

由于我国铁路运能与运量的矛盾十分突出,发展客运专线势必与扩大运能紧密结合,并与提高行车速度、提高铁路现代化水平及管理水平、实现优质服务融为一体;同时要满足高速度、大密度、大能力的要求;在与其他快速交通工具(高速公路、航空)的竞争过程中立于不败之地。因此,客运专线应与既有铁路网相衔接,成为整个路网的重要组成部分,并统一安排生产过程。客运专线与既有线应进行合理分工以提高总体效率与效益为目的,要求在客运专线上"高中结合",在既有线上"货中有客"。

对一个国家而言,客运专线始终只是铁路网中一小部分。这必然产生高速客流(由本线高速列车运输)、跨线客流和沿线客流(由既有线普通列车运输)3种客流,跨线客流是仍由既有线承担还是上客运专线,如果上客运专线又以什么方式输送,是客运专线运营管理中必须面对的问题。跨线客流组织方式通常有换乘方式、下高速线方式、上高速线方式3种。换乘方式旅客不方便,同时还必须有足够的换乘设备和合理的运输组织方案。下高速线方式是国际上普遍采用的一种方式,对扩大高速铁路的服务范围、吸引更多的客流效果显著。但要求既有线有运行高速列车的条件。上高速线方式可以减少旅客的换乘,在高速机车车辆不足的情况下便于充分利用高速线的能力,但高中速列车速差不能太大,否则会影响高速线的通过能力。

综合3种客流的组织方式,高速线和既有线之间概括起来有5种可能的分工方案,即单一方案、换乘方案、下高速线方案、上高速线方案、综合方案。

(1) 单一方案:在高速线上只运行高速列车,在既有线上运行其他列车。

(2) 换乘方案:长途客流由高速线和既有线联合承担,旅客在换乘站进行换乘。

(3) 上高速线方案:高速线除运行本线到发的高速列车外,还运行部分通过本线的旅客列车。通过本线的长途客流由普通列车输送,在通过高速线时按机车车辆构造速度运行,而旅客慢车、部分快车及货物列车仍走既有线。

(4) 下高速线方案:高速列车除在高速线上运行外,可通过既有线运送长途客流,在既有线上降低速度运行。

(5) 综合分工方案:高速线除运行本线到发的高速列车外,通过本线的长途客流,部分由高速列车输送,部分由普通列车输送,即部分高速列车下高速线,部分中速列车上高速线。

各条客运专线与既有线的分工方案需要根据不同的实际情况(地理位置、技术条件、与既有线衔接情况)分别确定,可能是单一的一种方式,也可能是不同的时期采取不同的方式。下面将举例介绍。

(1) 秦沈客运专线。

秦沈客运专线需最大限度地分流既有沈山线直通旅客列车,运行120 km/h、160 km/h、200 km/h不同速度的旅客列车,既有沈山线除了承担为满足地方客流需要开行的部分旅客列车外,由于秦沈线与沈山线间暂不修建联络线,还担当发往沟海、大郑等支线的客流运输任务和全部货物列车的运输任务。

(2) 京沪高速铁路。

对于京沪高速铁路与既有京沪线,根据两线能力的平衡及从合理利用两线的运力资源出发,大部分跨线客流应由高速线承担;只有那些必须保留且又不宜上高速线的跨线列车,仍留在既有线上。这样,高速线为客运专线,以输送高速客流为主,兼顾跨线客流;既有线仍为客货混跑线路,以货运为主,兼顾客运。

(3) 京津城际轨道交通。

京津客运专线可采用单一方案,即高速线上只运行高速列车。

京津城际轨道交通:承担京津塘间的绝大部分城际旅客运输任务。

京山线京津段：以货运为主，客运方面承担少量北京及以远与京山沿线、京沪线及以远与京山沿线、京沪线及以远与北京及以远的旅客交通。

京沪客运专线：承担北京及以远与京沪线及以远的旅客运输任务，并承担京津间少量城际旅客运输的任务。

（4）郑州至西安客运专线。

郑州至西安客运专线可采用综合方案。

客运专线：主要承担本线客运列车和跨区域的中速客运列车，承担的客流为西北地区各省大中城市与中、东部地区各省大中城市之间的交流，以及本线主要城市与其他大中城市之间的城际旅客交流。

既有线：主要以货运为主，承担沿线小站之间的旅客交流，开行速度等级比较低的旅客列车。

（5）石家庄至太原客运专线。

石家庄至太原客运专线在不同时期采用不同的分工方案，运营初期可采用综合方案，随着时间推移将逐步过渡到单一方案。

由于既有线线路条件差，设计年度既有线只考虑适当开行少量服务于沿线职工和既有线小站客流的旅客列车，其余全部由客运专线承担。

2.2.4 客运专线的速度目标值

1．选择客运专线速度目标值的原则

（1）既要满足当前的需求，又要顾及未来的发展。

（2）既要技术先进，又要切合国情。

（3）既要能最大限度地吸引客流，又要谋求最佳的经济和社会效益。

（4）要处理好基础设施设计速度、移动设备构造速度和最高运营速度三者间的关系。

2．决定高速铁路速度目标值的主要因素

（1）吸引客流的范围。

旅客时间价值的约束，根据"旅行时间"最短的法则，在主要优势为短途运输的公路和主要优势为长途运输的航空之间，仍然为铁路留有宽广的发展空间。日本客运市场的统计资料表明，新干线铁路运输在运距 400~1 000 km 的范围内，客运市场占有率在 50% 以上，显示其强大的优势和生命力。在运距 200~400 km 和运距 1 000~1 500 km 的范围内，分别与公路和航空互有竞争。

（2）国内工业发展水平的制约。

（3）工程造价的约束。

我国不同的客运专线，由于技术条件的不同，速度目标值也不同，举例如下：

（1）京津城际轨道交通：300 km/h。

（2）郑州至西安客运专线：200 km/h 以上。

（3）石家庄至太原客运专线：200 km/h 以上。

2.2.5 列车运行时间参数

各条线路最小列车运行间隔时间一般在 3~5 min 之间。
京津城际轨道交通：最小行车间隔为 3 min。
石家庄至太原客运专线：客车为 4 min，货车为 5 min。

第3章 客运专线客运需求分析及客流组织

3.1 客运专线客运需求分析

3.1.1 旅客运输市场需求分析

旅客运输需求构成按出行目的可以分为公务性旅行、个人旅行两大类,主要包括出差、通勤、经商、打工、探亲、上学和旅游等。其中以出差、通勤、经商、打工为目的的旅客运输需求来源于生产领域,是与人类生产、交换、分配等活动有关的需求,可称为生产性旅行需求,这种需求是生产活动在运输领域的继续,其运输费用进入产品或劳务成本。以探亲、旅游为目的的旅客运输需求来源于消费领域,可称为消费性旅行需求,其运输费用来源于个人收入。

影响旅客运输需求的主要因素包括经济发展水平、居民消费水平、人口数量、运输服务价格、运输服务质量等。

1. 经济增长对旅客运输市场需求的影响

市场经济条件下居民的消费动机受到政府宏观政策、调控约束的影响日益减小,更趋于符合满足人的自然需求。因此,对旅客运输市场需求的研究应从旅客主观出行动机出发进行分析,这样得到的旅客运输市场需求分析结论才能指导客运企业准确设计出适销对路的客运产品,以满足居民出行的需要。

消费者行为理论是西方经济学中用于研究消费者在市场上如何做出购买决策的理论。在研究居民出行需求方面,可以引用3组曲线(恩格尔曲线)予以分析说明,见图3-1。

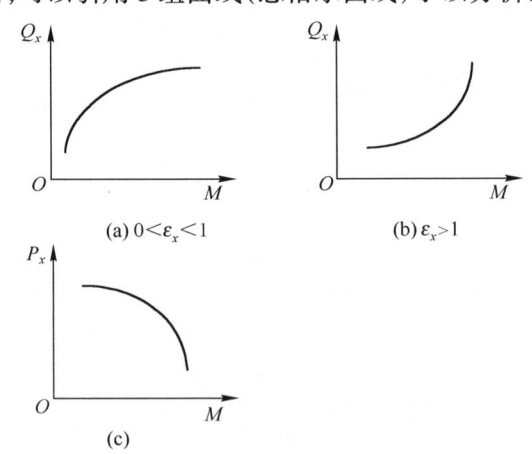

图3-1 恩格尔曲线

Q_x—x 商品的购买量;M—居民的收入水平;P_x—用于购买 x 商品的支出占总支出的比例;ε_x—商品 x 的需求弹性

图 3-1(a)中的曲线缓慢地由左下方向右上方倾斜,它表明商品 x 的购买量(Q_x)随收入(M)的增加而增加,但是购买量增加的速度越来越慢于收入的增加速度,这时商品 x 的需求弹性小于 1,但大于 0。一般生活必需品属于此类。图 3-1(b)中的曲线陡峭地由左下方向右上方倾斜,它表明商品 x 的购买量(Q_x)随收入(M)的增加而增加,并且购买量增加的速度快于收入的增加速度,这时商品 x 的需求弹性大于 1。一般用于满足精神需求方面的消费属于此类。图 3-1(c)主要反映食物消费随收入变化而变化的基本规律,该规律又被称为"恩格尔定律"。它的内容可以简单描述为:一个家庭越穷,家庭总支出中用于购买食物的支出所占比例越大;随着家庭收入的增加,食物开支所占总支出比重越来越小,而用于其他方面的开支(如通信、交通工具、娱乐、教育等)所占比重趋于上升。恩格尔定律可以用恩格尔系数来表示,即

$$恩格尔系数 = 食物支出/总支出。 \qquad (3-1)$$

恩格尔系数可以用于反映一个地区、国家的生活水平和贫富程度,同时可以反映其消费结构变动的趋势。旅客出行消费应当取决于居民的收入水平。由于旅客出行消费的产生动机高于满足生活必需品的消费需求并且包含满足精神消费方面的需求成分较大,如旅游观光、探亲访友、会议度假等。因此,其恩格尔曲线描述应近似于图 3-1(b),即随着居民消费水平的提高,居民出行需求显著增长。这里应当指出的是,此种情形是以符合消费者行为自然需求为基本前提的。

众所周知,居民的收入水平直接受制于地区或国家的整体经济发达水平。因此,经济发达程度从某种意义上说是影响旅客出行需求变化的根本原因。客运量是衡量旅客出行需求整体水平的一个重要指标,图 3-2 显示了我国 1990—2004 年的人均消费水平指数、人口数和客运量的增长趋势,从中可以看出客运量的增长与人均消费水平增长的幅度基本一致,并且明显大于人口增长幅度。

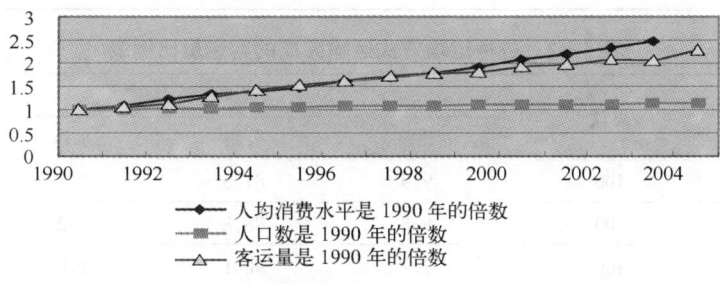

图 3-2 人均消费水平指数、人口数、客运量分析比较图

由此可见,随着我国国民经济持续稳定地发展,居民的交通消费占总消费比重将有快速的增长,表 3-1 对比了中国与日本、原联邦德国、前苏联年人均 GDP 和人均出行次数指标,从中可以看到我们与发达国家之间的差距,同时也意味着随着我国经济快速稳定增长,未来必将拥有极具潜力的客运市场。以表 3-1 中其他国家发展经验为先例,到 21 世纪中叶我国经济预计达到世界中等发达国家水平时我国的人均出行次数将是现在的几倍、十几倍甚至几十倍。

2. 各种运输方式客运分担率

从前面的介绍可以看出,随着我国经济的快速发展,客运需求也将快速增长。但是,受旅客(消费者)交通行为选择的影响,各种运输方式的需求并不是同比增长。近年来的统计数据显示,公路、民航的客运量和旅客周转量分担率有很强的上升趋势,而铁路、水运的客运量和旅客周转量分担率在下降,见表 3-2 和表 3-3。这表明多种客运方式的竞争发展为旅客提供

了选择余地,而旅客本身经济实力的提高也使选择交通方式成为可能。

表3-1 人均GDP和人均出行次数统计分析表

国别	年份	人均GDP/美元	人均出行次数/次年	其中			
				铁路	公路	水运	航空
中国	1994	660	9.12	0.91	7.96	0.22	0.03
	1998	751	11.05	0.75	10.08	0.17	0.04
	1999	780	11.09	0.78	10.08	0.18	0.03
	2000	844	11.67	0.80	10.63	0.15	0.06
	2001	911	12.02	0.82	10.99	0.14	0.06
	2002	978	12.52	0.82	11.48	0.15	0.06
	2003	1 081	12.28	0.75	11.32	0.14	0.07
日本	1966	1 000	321.56	159.57	160.64	1.3	0.05
	1971	2 000	397.45	156.04	239.56	1.68	0.15
	1974	4 000	409.22	159.67	247.92	1.41	0.23
原联邦德国	1960	1 000	143.57	24.07	119.41	缺	0.09
	1965	2 000	131.68	20.50	111.01	缺	0.18
	1972	4 000	125.92	17.67	107.8	缺	0.45
前苏联	1960	1 000	63.96	10.41	52.8	0.68	0.07
	1970	2 000	127.5	13.82	112.64	0.76	0.29
	1976	4 000	162.63	13.81	148.01	0.76	0.39

表3-2 各种运输方式运输完成的客运量比例表 单位:%

年份	总计	其中			
		铁路	公路	水运	航空
1994	100	9.9	87.3	2.4	0.4
1995	100	8.8	88.8	2.2	0.4
1996	100	7.7	90.1	1.8	0.4
1997	100	7.1	90.8	1.7	0.4
1998	100	6.9	91.2	1.5	0.4
1999	100	7.1	90.9	1.7	0.3
2000	100	6.9	91.2	1.4	0.5
2001	100	6.8	91.5	1.2	0.5
2002	100	6.6	91.7	1.2	0.5
2003	100	6.1	92.2	1.2	0.5
2004	100	6.3	91.9	1.1	0.7

表 3-3　各种运输方式完成的旅客周转量比例表　　　　　单位：%

年份	总计	其中			
		铁路	公路	水运	航空
1994	100	42.32	49.12	2.14	6.42
1995	100	39.39	51.13	1.19	7.57
1996	100	36.53	53.56	1.75	8.16
1997	100	35.65	55.11	1.55	7.69
1998	100	35.48	55.87	1.13	7.52
1999	100	36.60	54.86	0.95	7.59
2000	100	36.97	54.30	0.82	7.92
2001	100	36.24	54.79	0.68	8.30
2002	100	35.18	55.26	0.58	8.98
2003	100	34.68	55.72	0.46	9.14
2004	100	35.02	53.64	0.4	10.9

由表 3-2 和表 3-3 可以看出，近十多年来铁路和水运完成的客运量比例和旅客周转量比例在逐年减少，而公路和航空运输完成的客运量比例和旅客周转量比例都在增加，其中公路运输完成的客运量比例占到 91.9%，铁路完成的旅客周转量比例已逐年递减至 35.02%，而公路则逐年递增至 53.64%。由此可见，公路运输在运输市场份额上已占有绝对优势。

从旅客平均运程来看，铁路呈稳定增加的趋势，航空总体上略有增加，公路变化不大，而水运的旅客平均运程波动较大。铁路、公路、水运、航空运输旅客平均运程见表 3-4。

表 3-4　各种运输方式旅客平均运程（公里）表

年份	铁路	公路	水运	航空
1994	321	52	104	1475
1995	345	53	107	1331
1996	353	53	108	1346
1997	384	55	107	1374
1998	397	55	93	1390
1999	413	49	56	1407
2000	431	49	52	1444
2001	453	51	48	1450
2002	471	53	44	1476
2003	492	53	37	1442
2004	511	54	34.7	1470

时间－价值模型通常被用来确定不同运输方式的市场占有率。该模型假设旅客是根据其时间的价值和各运输工具的供给水平（效用）来选择运输工具的，即旅客 k 总是根据其时间价值 h_k 选择广义成本最低（R_i）或效用最高（U_i）的运输工具。旅客的时间价值 h_k 由社会经济水平决定，主要包括人口结构、家庭消费量增长率、收入分配规律、国内生产总量增长率、通货

膨胀、家庭消费价格趋势。

Logit 模型是确定若干交通方式客运量分担比例比较常用的模型之一。Logit 模型的基本公式为

$$P_i = \frac{\exp(U_i)}{\sum_{f=1}^{S}\exp(U_f)}。 \quad (3-2)$$

式中：P_i——交通方式 i 的客运量分担率；

U_i——交通方式 i 的效用函数，$i=1,2,\cdots,S$；

U_f——交通方式 f 的效用函数，$f=1,2,\cdots,S$；

S——交通方式的个数。

各种运输方式的供给水平（效用）主要包括运价、服务频率、最快旅行时间及平均旅行时间、列车接续情况、舒适程度、往(返)机场或车站的时间，对飞机来讲，还要考虑机群变化趋势、飞机占有标准、机内服务水平、飞机耗油等，另外有关机场的资料如地理位置、开闭日期、机场税等也很重要。综合考虑这些因素后，a、b 起讫点之间的某种运输方式 i 的广义运输成本（运输阻力）为

$$R_{ab}^i = \frac{C_{ab}}{V_{ab}} + t_{ab旅} + t_{ab候} + t'_{ab旅} + t_f。 \quad (3-3)$$

式中：C_{ab}——旅行总成本（票价、附加费）；

V_{ab}——旅客平均时间价值；

$t_{ab旅}$——旅行时间；

$t'_{ab旅}$——交通方式出发地到发站和到站到目的地所需时间和；

$t_{ab候}$——候车时间；

t_f——其他附加时间。

这里可将运输阻力的负值设为等效效用函数值，即 $U_{ab}^i = -R_{ab}^i$，那么 a、b 之间交通方式 i 的客运量分担比例为

$$P_{abi}^i = \frac{\exp(-R_{ab}^i)}{\sum_{f=1}^{S}\exp(-R_{ab}^f)}。 \quad (3-4)$$

从上面的模型可以看出，各种交通方式在不同的运输距离、不同经济发展水平的地区客运分担率是不同的，铁路、公路、航空各有其自身的技术经济优势，也就各有其最合适的客流吸引范围。而且随着社会经济的发展变化，旅客的时间价值也在变化，根据时间－价值模型，不同运输方式在不同时期最合适的客流吸引范围也会随之变化。各种运输方式要不断地调整自身的供给水平，适应这种变化，才能在激烈的运输市场竞争中保持应有的市场份额。

3. 铁路客流吸引范围

根据时间－价值模型，在主要优势为短途运输的公路和主要优势为长途运输的航空之间，仍然为铁路留有广阔的发展空间（见图 3-3，该图出自日本客运资料）。日本客运市场的统计资料表明，新干线铁路运输在运距 400～1 000 km 的范围内，客运市场占有率在 50% 以上，显示其强大的优势和生命力。在运距 200～400 km 和运距 1 000～1 500 km 的范围内，分别与公路和航空互有竞争。

西欧在高速铁路修建之前,出行距离在 380 km 左右时有 50% 的人选择公路,28% 的人选择火车;当运距在 400~600 km 时,有 34% 的人选择火车;而当运距在 600 km 以上时,就有 40% 以上的人选择飞机,且运距越远比例越高。但高速铁路修通后,情况就有很大变化,1 000 km 以上的距离,也有很多人选择铁路。

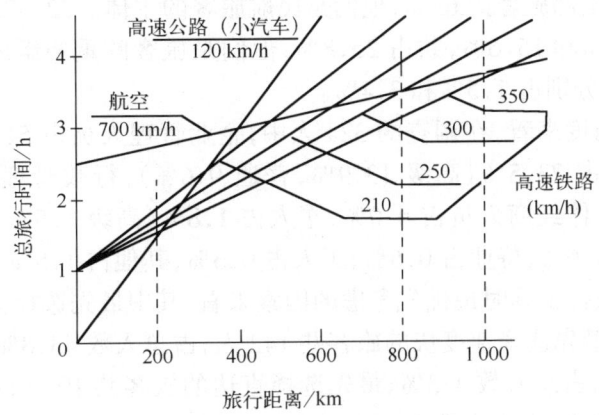

图 3-3 旅客出行总时间比较图

我国人均收入水平偏低,旅客的时间价值比发达国家低,铁路的优势距离范围应该比发达国家更大一些。因此,根据我国的国情和我国铁路的服务水平,运用时间-价值模型确定铁路的优势距离,重点发展优势距离范围内的运输产品是非常重要的。

我国地域辽阔,地区经济发展差异较大,省会城市平均距离在 1 400 km 左右,特别是在省会城市周边 500 km 左右的经济带、经济圈布局已基本形成;因此中长途旅客运输需求一直比较旺盛。铁路连接了省会城市及全国 400 多个主要城市,今后城市间的铁路运量增长将会加快。因此,保持中长途运输的优势仍然是铁路工作重点。

3.1.2 客运专线客流特点

不同消费层次的旅客对旅行条件具有不同的需求,客运专线也有对应的旅客层次,其客流主要来自既有铁路的高端客流、部分航空客流(中长途)、部分公路高端客流(中短途)及诱增客流。

铁路高端客流主要是目前选择卧铺的客流。根据铁道部 2005 年客流调查资料,2005 年 5 月铁道部广泛开展了铁路客流社会调查工作,在全路各铁路局主要客运站和旅客列车上进行了问卷调查,调查结果显示选择硬卧、软卧的主要是公务、商务、会议、旅游休闲等客流。

2005 年 4 月 19 日和 4 月 23 日对北京—上海 MU583、CA932、MU5102、CJ6581、FM102、MU5110、MU5108、FM106 航班,324 位旅客进行了调查。数据显示,在调查的民航客流中,各种运输方式优先选择方面有 213 人(占总人数 65.7%)选择高速列车。可见,在优势距离范围内,很大部分民航客流将转向高速列车。下面以此次调查的民航客流为例来进一步分析客运专线旅客构成及客流特点。

1. 民航客流特点分析

(1) 从出行目的角度来看,公务旅客是民航的最大消费群体,占总数的 64.38%;旅游与探亲人员分别为 26.01% 和 9.61%。但是,公务旅客近年来有下降的趋势。2000—2001 年度与 1999—2000 年度调查相比,公务旅客比例下降 6.47%;旅游旅客比例增加 7.03%;探亲旅客的比例基本保持不变。

(2) 从旅客年龄构成角度来看,中青年是民航旅客的主体。从旅客年龄分布情况看,26~44 岁年龄段的旅客占全部旅客的 63%,他们是民航旅客的主体。22~25 岁和 45~54 岁年龄段的旅客分别占 10.2% 和 15.6%,共占 25.8%,他们是旅客的重要组成部分。而 65 岁以上与 16~21 岁的旅客只分别占 1.5% 和 3.4%。

(3) 从乘客身份角度来看,在调查的 324 人中,企业管理人员占 51.2%(高级 37.3%,普通 13.9%),科技人员占 23.5%(高级 13.9%,普通 9.6%),行政管理人员占 18.0%(高级 9.0%,普通 9.0%),个体经商人员占 4.0%,军人占 1.8%(高级 1.5%,普通 0.3%),学生占 1.5%,离退休人员占 0.6%,待业占 0.6%,工人占 0.3%,其他占 1.5%。

(4) 从旅客选择旅行工具时最优先考虑的因素来看,其中最先选择安全性高的旅客共 149 人,占总人数 46.0%;最先选择速度快的旅客共 142 人,占总人数 43.8%;最先选择舒适、途中服务好的旅客共 14 人,占总人数 4.3%;最先选择直达的旅客共 10 人,占总人数 3.1%;最先选择费用低的旅客共 8 人,占总人数 2.5%。

2. 铁路短途客流分析

中长距离的城际运输是西欧、日本等国铁路客运收入的主要来源,但是实际上铁路在短途、市郊运输中也发挥了非常重要的作用。

德国铁路将客运分为长途客运公司和短途客运公司。短途客运公司承担运输距离在 50 km 以内、列车运行时间在 1 h 以内的旅客运输,其余的旅客运输任务由长途客运公司承担。2000 年,长、短途客运公司有员工 3 万人和 5.3 万人,每日开行旅客列车 30 552 列,其中长途有 1 557 列,短途 28 995 列;客运机车共有 2 672 台,其中长途客运公司有 420 台,短途客运公司有 2 252 台;客车车辆共有 19 314 辆,其中长途客运公司有 4 444 辆,短途客运公司有 14 870 辆。2000 年,德铁旅客发送量和旅客周转量在全社会的市场份额分别为 6.6% 和 9.3%。其中,长、短途客运公司旅客发送量分别完成 1.448 亿人次和 15.677 亿人次。运输收入完成 482 亿马克,其中长途客运公司为 73 亿马克,短途客运公司为 158 亿马克,货运公司为 91 亿马克,车站和服务公司为 16 亿马克,路网公司为 69 亿马克,其他为 75 亿马克。从这些统计数据可以看出,短途运输在铁路运输中所占的份额非同一般。

在高度城市化的日本,短途客流占有很高的比重,仅通勤通学一项就占到了 JR 东日本公司新干线收入的 40%。为了满足客流需要,JR 东日本公司在通勤高峰时段,开行重联列车(两列 8 辆编组的 E4 型列车),定员高达 1 634 席,为世界高速铁路之最;在非高峰期,单列高密度开行。

短途客流也是我国铁路客运市场的重要组成部分(见表 3-5)。

表 3-5 铁路不同运距旅客发送量表

年份	1~200 km		201~500 km		501~1 000 km		1 000 km 以上	
	万人	%	万人	%	万人	%	万人	%
1994	66 146	61.3	19 072	17.7	12 220	11.3	10 500	9.7
1995	61 427	60.2	18 615	18.3	11 627	11.4	10 358	10.2

续表

年份	1~200 km		201~500 km		501~1 000 km		1 000 km 以上	
	万人	%	万人	%	万人	%	万人	%
1996	54 698	58.5	17 737	19.0	11 188	12.0	9 925	10.6
1997	51 157	55.7	18 020	19.6	11 717	12.8	10 998	12.0
1998	50 951	54.8	17 905	19.3	12 318	13.3	11 795	12.7
1999	52 747	54.0	18 536	19.0	13 334	13.7	73 091	13.4
2000	52 796	51.8	19 479	19.2	14 666	14.4	14 875	14.6
2001	50 336	49.5	20 165	19.8	15 544	15.3	15 624	15.4

统计资料显示,在我国,运输距离 200 km 以下的旅客发送量占旅客运输总量的 50% 左右,在客运市场中占有较大比重,随着城市化进程加快,城市群、城市带迅速发展,短距离客运的增势加快,潜力巨大,尤以 100~200 km 距离范围的短途客运市场增长最快。据有关部门调查,运输距离在 200 km 以下的旅客中,100 km 以内的旅客占短途客运总量的 70%,100~180 km 的旅客占短途客运总量的 20%,200 km 左右的旅客占短途客运总量的 10%。由于航空运输的平均运程在 1 300 km 以上,水运市场份额较少;因此短途旅客运输的市场竞争主要在铁路和公路运输中展开。

由于高速公路的迅猛发展,公路在短途客运市场的竞争优势日渐突显,使其在短途客运市场中占有的份额大幅上升。但是,铁路具有运能大、安全、舒适、准时、受气候影响小等优点,尤其是高速铁路的上述优点就更为突出。城市的现代化必须解决交通的拥挤和环境污染问题,依托城市铁路中心站,可以把公交、地铁甚至机场连为一体,及时方便地疏散旅客,铁路是各种运输方式衔接和延续的有效工具。短途客流在地域和时空上的不均衡性较大,易形成高峰期,瞬时大运量运输正是铁路的优势;因此铁路客运对于城市间大量的短途旅客运输,尤其是通勤、通学的市郊和城际客运是非常适宜的,再加上旅行速度高,发车频率高,易于符合短途旅客的运输需求。客运专线在大密度的短途市场中极具发展潜力。

在运输组织方面,短途运输具有不同于中长途客运的一些特点,短途旅客运输组织必须适应这些特点。

(1) 服务对象比较特殊,在短途运输中,特别是市郊运输,通勤、通学人员占的比重较大,如何缩短这些旅客候车、在途时间是客运部门重点考虑的内容。

(2) 一年内各季节、各月间、一周内各日间及一日内各时段间客流波动非常显著。例如,工作日有非常明显的早、晚高峰。

(3) 在大城市的市郊地段内,新的居民区或卫星城逐步形成,使得客流在空间上分布不均衡。

(4) 短途客流在时间和空间上的分布特点影响着短途运输的很多参数。例如,中长距离的城际列车在一定的车站之间运行,在市郊区段上则可以有几个折返点,它取决于市郊范围内的客流分布特点。这样,有时就需要采用地段行车制,同时如何有效地利用机车车辆设备成为一个必须深入研究的问题。

(5) 从事短途运输的平行运输方式多,例如,市内与郊区之间运输方式有公共汽车、无轨电车、电车和地铁,不同运输方式离居民点的距离各不相同,旅客将利用最便利和乘车时间最短的运输方式。在分配各种运输方式的市郊客流量时,票价的作用很大。

在设计短途运输的列车开行方案、列车运行图时,必须充分考虑上述特点,使之高质量地服务于短途客流。

值得一提的是,由于短途运输服务对象的特殊性,短途运输也是各级政府必须提供给当地居民的一种公共服务,这就需要保证一定的服务频率、服务时段、舒适度,从而导致运输成本大大上升,这种情况下的成本上升应该由政府部门承担。德铁改革后,短途客运实现地方化管理,运输任务由地方运输管理部门统筹安排。短途客运公司 40% 的收入来自售票,60% 来自各州政府支付的运输订购费。在可持续发展的交通运输系统中,铁路运输是最理想的交通方式;所以铁路部门要利用自己的优势,积极争取国家扶持政策,在短途运输中发挥更大的作用。

3. 客运专线目标市场定位

从上面的分析可以看出,客运专线中、长途客流应以商务、公务客流为主。旅客的年龄构成以中青年为主,旅客的身份以管理人员和技术人员为主。这样的客流结构对时间和效率的关注高,对乘车的舒适度要求高;因此客运专线列车的总旅行时间与其他方式相比要有足够的竞争力,总旅行时间包括在途旅行时间和附加旅行时间,附加旅行时间又包括从出发地到车站和车站到目的地的时间、购票时间、候车时间、进出站时间、中途换乘时间等。压缩在途时间一方面要提高运行速度,另一方面必须降低停站时间。压缩附加旅行时间涉及的因素较多,要缩短车站到始发地和目的地之间的时间及换乘时间,首先车站应尽可能在市中心附近(欧洲的大多数高速列车都在既有站停靠),其次要与城市交通及其他运输方式有便捷的连通(见 3.5 节);购票时间的压缩可以通过采用先进的售票系统及丰富的票种(如通票、多次票、往返票)来实现。只有简化进出站程序、缩短进出站通道才能压缩候车时间和进出站时间。

随着我国城市化进程加快,城市群、城市带迅速发展,短途客运的增势很快,特别是珠三角、长三角、环渤海地区城际客运专线的修建,使得动车组列车在大密度的短途市场中极具发展潜力。动车组列车的短途客流中,通勤、通学的市郊和城际客流将占据较大比重。在客运产品设计方面要考虑这部分旅客的需要,如欧洲和日本均开行站站停的列车。

3.2 国外高速铁路客流组织

以最大限度地方便旅客为目标,各国的高速铁路都有类似但又各具特色的客流组织方式。

3.2.1 日本高速铁路客流组织

日本高速线采用 1 435 mm 的标准轨距,而既有线采用 1 067 mm 的窄轨,高速铁路独立成体系,跨线客流高速站换乘。白天运行,夜间维修,运营和维修互不干扰。

1987 年民营化后 JR 东日本公司为提高大东北新干线的效益,首先将山形线(福岛至山形 87.1 km)改造成标准轨(部分地段增设第三轨),为适应山形线的限界,还专门开发了 400 系高速列车,并于 1992 年 7 月 1 日实现了东京至山形直达旅客运输,为此客流增长 56.7%。

东京—博多间 1996 年 10 月 1 日—11 月 30 日的列车运行图(单方向)开行的高速列车统计,全长为 1 069.1 km,设站 33 个。为了更多地吸引客流,安排了 3 种高速列车,共 61 种停站方式。专为通勤旅客服务的"回声号"运行距离短,站站停车;为满足旅客便捷、快速而开行的"希望号"列车停站少,最多停 6 站;"光号"列车的停站次数则介于二者之间,一般为 8~12 站。

全程不开行途中不停站的直达列车,主要原因是日本的旅客在里程超过 1 000 km 时更愿意选择飞机。

高密度、长编组、多定员、停站时间短、停站方案多、车站站线利用率高、列车服务频率高是日本高速铁路列车组织的主要特点。表 3-6 为东京至各大站的列车服务频率,表 3-7 为东海道、山阳新干线列车停站时间标准。

表 3-6 东京至各大站的服务频率   单位:次/日

运行区间	东京—新横滨	东京—静冈	东京—名古屋	东京—京都	东京—新大阪	东京—姬路	东京—冈山	东京—福山	东京—广岛	东京—小仓	东京—博多
服务频率	98	52	159	134	135	27	54	25	41	33	33

表 3-7 东海道、山阳新干线列车停站时间标准

上车旅客人数/人	停站时间	备 注
<100	45 s	
100~200	1 min	平均下车时间:1.1 s/人
200~300	1 min 15 s	平均上车时间:1.2 s/人
>300	1 min 45 s~2 min	列车在站最小立折时间:16 min
有服务员的车站	1 min 30 s	
有大的旅行团组	临时设定时间	

3.2.2 法国高速铁路客流组织

法国高速铁路网以巴黎为中心,呈放射状。主要在大运量的干线上修建,高速铁路与既有铁路联网互通,TGV 列车通过既有线开行到人口密集的地区。采用"多车次、少中转"的运营系统,高速线为全高速的客运专线,线路能力得到最佳利用;但列车编组少。在高峰时段采用"多列联运"的方式增加载客量。高速列车大多下高速线运行,通达里程远大于高速线里程,在高速铁路还只有 1582 km 时,TGV 高速列车的运行范围就达到了 7 500 km 以上。

3.2.3 德国高速铁路客流组织

德国铁路没有针对高速铁路成立专门的组织机构,高速铁路与既有线一并管理。采用新线建设和既有线改造方式,旅客列车及货物列车分时混用,客车高中混跑,采用电动高速列车(ICE)、分区域的集中控制和基于轨道电缆的列车运行控制系统(LZB)。德国经济发达,国土较宽,城市的密集程度不是很大,ICE 模式主要用于运能紧张的干线高速化,实现国内的一体化联络,建立德国高速铁路网与欧洲高速走廊的联系,同时保证国际货运的快速通道的构建。

白天 6:00—22:00 开行高速列车,由于客流较少,列车密度较低,ICE 列车每小时一列,其他为上高速线的 IC 列车,运行图繁忙区段开行各类客车 100 列,夜间开行货车 80 列。客车停站时间在 1~4 min 之间。德国高速铁路只有 427 km 时,ICE 高速列车就在 4 000 km 左右的线路上运行。

总结各国的经验,国外高速铁路客流组织和客运服务方面有以下几点值得借鉴。

(1) 不少国家的高速铁路成功地采用了客货列车分时运行或多种速度等级旅客列车运行的运营方式,但要注意列车之间合理的速差。

(2) 为提高高速铁路的效益及整个社会效益,高速铁路必须多吸引旅客。减少换乘是吸引旅客的重要手段之一。可以说尽可能开行直达运输,减少换乘,是各国共同致力的方向。

(3) 灵活多样的高速列车编组和列车定员,既满足了客流变化规律的需要,又可节省车辆设备。未来高速列车应考虑长、短编组结合的开行方案。

(4) 在大中型客站,保证足够数量的列车服务频率是吸引旅客的重要因素。

(5) 统计数据表明,各国高速列车的上座率随着高速铁路运营管理不断加强和完善而逐年上升,日本、法国、西班牙平日都在60%~70%之间,德国在50%~56%之间,节假日呈超员状态。必须根据我国的客流特点,确定合适的上座率。

(6) 快捷、简明、方便、流畅的旅客流线和相对固定使用的站台、站线是各国高速铁路车站建设的方针和目标,也是能更好吸引客流的必要条件。

(7) 完善的旅客向导系统,极大地方便了旅客的出行。

(8) 车站和列车上均配备和提供为旅客旅行所需的、先进的设施和设备,营造舒适的候车和乘车环境。

3.3 客运专线旅客列车开行方案设计及优化

旅客列车开行方案是以客运量为基础,以客流性质、特点和规律为依据,科学合理地安排包括旅客列车开行等级、种类、起讫站、数量、经由线路、编组内容、停站方案、列车客座利用率、车底运用等内容,从车流到列车流的组织方案。

旅客列车开行方案是铁路旅客运输组织的重要基础。列车开行方案必须良好地反映铁路旅客运输的经营策略和服务质量,并有利于铁路运输组织。对于拟建的高速铁路,列车开行方案编制质量的高低将直接关系到高速铁路能否提供高水平的运输服务和获得预期的经济效益。

3.3.1 国外列车开行方案的特点

1. 既有线列车种类繁多,但高速线列车种类较少

1) 既有线

在欧洲,每天有很多种列车供选择,包括快车、旅游列车、日间列车、夜火车、汽车列车(有部分车厢用于放旅客的汽车)、特价列车及豪华快车等。目前主要欧洲国际列车被称为欧洲城际列车(Euro City,EC),车内设有一、二等舱。在某些欧洲国家,国内列车称为城际列车(Inter Cities,IC)。越来越多的欧洲线路开行高速列车。而且越来越多的欧洲线路使用高速列车,包括 Pendolinos 220(芬兰)、TGV(法国)、Thalys(法国/比利时/荷兰/德国)、Artesia(法国/意大利)、ICE(德国/奥地利/瑞士)、AVE(西班牙)、ETR 500、Eurostar Italia(意大利)、Cisalpino(瑞士/意大利/德国)、Signatur(挪威)和 X 2000(瑞典)。开行旅馆列车,包括 TTTP(法国、西班牙)、ARTESIA(法国、意大利)、Citynight line、DB nachtzug(德国)、Lusitania 及其他夜火车。

由于各国国情不同,列车种类,稍有差别,例如,法国开行的列车种类如下。

(1) 国内各城市之间的火车。IC 指连接国内的大城市,相当于快车,白天旅行坐此车可节省时间;DE 为国营铁路列车,相当于慢车。对于想节省费用的旅客坐此车最好。

(2) 国际列车。TEE(Trains Europe Express)指欧洲国际快车,连接各国际城市,适用于跨国旅行;IIC(International Inter City)国际主要城市特快车;TGV 专指法国高速列车(俗称子弹头列车)。

(3) 慢车及郊区车。Nahverkehr 简称 N,为远郊列车;Eilzug 简称 E,为普通快车;D-Schnellzug 简称 D,为特快列车。

(4) 到同一目的地,乘 D、E 车票较便宜,而乘 IC、TEE、IIC、TGV 车票则较贵。

2) 高速线

为了保证高速列车运行的稳定性,国外的高速铁路上开行的列车种类通常较少,同时段运行的列车速差较小,而且停站方案较规律,例如,东京—博多间安排了 3 种高速列车,共 61 种停站方式。按照停站方案中国台湾的高速铁路也安排了 3 种类型的高速列车,由于距离较短,旅速最高的列车一站直达,慢车站站停车,还有一类在部分大站停车的列车。满足通勤、通学需要的站站停车的列车往往是不对号入座的列车,以适应客流的特点。

2. 列车密度大

日本国铁遍及全日本,总长为 21 000 km,每日有 26 000 班次。高速铁路是日本铁路从事城际运输的最重要线路。高密度、长编组、多定员、停站时间短、停站方案多、车站站线利用率高、列车服务频率高是日本高速铁路列车组织的主要特点。表 3-6 显示了东海道新干线东京至各大站的服务频率。

西欧国家之间的经贸往来极其密切,跨国境的直通旅客列车开行密度很大,西欧国家之间及国内开行的 200 km/h 至 350 km/h 高速旅客列车主要服务于城市之间的高密度商务、公务出行,同方向高速列车经常是半小时或一小时一趟,高峰时段会更密一些。不过,由于人口密度低,城市规模小,列车编组较少,同一方向列车密度比日本低。

3. 列车接续良好

欧洲路网密度大,大站往往都有 3 个以上衔接方向,如汉堡枢纽、纽伦堡枢纽有 5 个引入方向,法兰克福、慕尼黑有 7 个引入方向,车站到发列车密度大。法兰克福车站共有 25 股道,21 条股道用于长途运输,每天接发列车 1 100 列,4 条用于城市轻轨,每天接发列车 700 列,日均客流量 35 万人,高峰日达 40 万人;科隆车站共有 11 条股道,每天接发列车 1 200 列,日均客流量 22 万人,其中中转换乘的旅客约 10 万人。车站接发能力往往比较紧张,为了保证旅客的及时换乘,欧洲各国铁路投入了很大的精力研究旅客中转规律,设计良好的列车接续。特别是欧洲的高速铁路和很多的既有线路都采用周期性的列车运行图,在一个运行图周期里(通常是一个小时),列车在车站的接续方案都一样,旅客不仅换乘十分方便,而且旅程组合也非常灵活,真正体现以人为本的服务理念。

欧洲和日本还采用高速列车下既有线运行的组织模式,扩展高速列车的通达范围,实现路网的一体化。

4. 编组灵活

为了适应各时段客流的变化,欧洲和日本铁路在高峰时段经常采用"多列联运"的方式增加载客量,在客流密度较低的时段再把列车分开。对于客流密度不同区段,还会开行所谓的"翼型"列车,如图 3-4 所示。

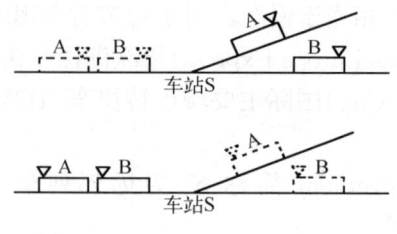

图 3-4 "翼型"列车开行图示

5. 中长途列车为主

与既有线相比,高速铁路主要用于"中长距离"的城际间运输,列车运行距离相对较长。新干线是日本铁路从事城际运输的最重要线路。既有线列车旅客平均运距只有 28 km,而东海道山阳、东北新干线旅客平均运距分别为 283 km 和 153 km。西欧国家之间及国内开行的 200 km/h 至 350 km/h 高速旅客列车主要服务于城市之间,与既有线相比是典型的中长途列车。

6. 客车开行方案与周期性列车运行图编制紧密配合

周期性列车运行图是列车按固定时间段(如 1 h)周期性地、有规律地循环运行的特殊形式的运行图,日本和西欧国家在客流密集线路上多采用周期性列车运行图。由于各种列车在车站到发和运行时刻的规律化,特别方便旅客出行和换乘。为满足周期性运行图的编制条件,客车开行方案也要相应配合,通常列车的始发站、终到站的设置不宜过多,运距差别不宜过大,列车途中停站次数和停站时间尽可能规律化,主要通过列车高密度开行和方便的换乘满足各站服务频率需求等。

3.3.2 客流预测与列车开行方案设计一体化

随着计算机技术在铁路上的广泛运用、客流统计和预测方法的不断进步,为客流预测与列车开行方案设计提供的客流资料比以往更科学、更详细。在国外已经实现了客流预测和客车开行方案的有机结合,可以从模型中一次编制出来,体现了客流预测与列车开行方案一体化的设计思想。实际上,客流量的大小与列车开行方案的编制质量密切相关。列车开行方案符合市场需要可以吸引更多的客流,反之客流就可能转入其他运输方式。例如,假设某站每天 7:00~9:00 间有 3 000 人要乘车,列车定员为 600 人,如果 7:00—9:00 间开行 5 趟列车,理论上所有的旅客都可以上车。但是,如果其中有 40% 的旅客能够接受的最长等车时间是 15 min,而相同方向公路的发车间隔是 15 min,这时有部分旅客就可能不选择铁路。要想留住这部分旅客就必须加开列车,不过加开列车又会增加运输成本;因此必须进行方案的经济比较。在进行经济比较时,首先应该分析客流的到达规律,然后根据概率统计原理计算等车时间超过 15 min 的旅客数量,如果这部分旅客带来的收益高于加开列车的成本就可以考虑加开列车,同时还可以确定需要加开的列车数量。

在德国,长途客运公司十分注重利用科学的手段和方法来加强客流预测和分析,并结合客户需求,不断优化客车开行方案。长途客运公司在进行常规性客流预测的同时,特别强调运用心理学原理从情感、习惯等方面去分析和研究人们对运输需求的各种变化。譬如,从人们对票价、速度、出行时间需求、对某种交通工具的喜好、各城市不同阶层客户购买力、各类客户出行规律及流量等方面进行研究和分析。在对客流进行预测分析的基础上,利用先进的客车开行方案模拟系统,设计出既符合旅客运输需求,又能实现运能与运量最佳匹配的客车开行方案。

3.3.3 客运专线列车开行方案的优化

旅客列车开行方案的设计是非常复杂的,首先要符合旅客出行规律,最大限度地方便旅客,提高服务频率,减少等待时间,尽可能减少换乘,提高列车上座率。其次要充分利用运输能力,合理利用动车组,控制列车超员。目前,我国客运专线开行方案的设计虽然综合了众多影响因素,但主要还是考虑 OD 流,一般只要两个车站之间的 OD 流满足开行一列列车的条件就开行一列。因而导致列车开行对数很多,运输组织较为复杂。为了进一步优化客运专线列车开行方案,借鉴长运程、停站方案多的日本新干线高速列车开行方案,提出一种合并式列车开行方案的设想。所谓合并式列车开行方案,就是在当前列车开行方案的基础上,采取一定的设计原则与方法,把一些短运程列车合并为中、长运程列车,以减少列车开行对数、运程差别,并能满足旅客出行需求的列车开行方案。但是,采用合并式列车开行方案将对客运专线运输组织产生一系列的影响,必须对其进行深入分析。

合并式列车开行方案对客运专线运输组织有直接的影响,下面从运输质量、动车组运用、车站工作组织、列车旅行速度、列车晚点等几个方面进行分析。

1. 对客运专线运输质量的影响

1) 列车服务频率的变化

对长途旅客来说,合并式列车开行方案的服务频率大于当前设计的列车开行方案,可供旅客选择的车次增多,时间自由度增大,对吸引中、长途旅客十分有利;但对于短途旅客,始发列车减少,非始发列车增加。在我国当前的售票体系下,始发站旅客比中途站上车旅客购票容易,而且高速列车中途停站时间短,在合并站旅客上、下车较为紧张。因此,旅客往往倾向于选择始发列车。如果在编制运行图时在合并站适当延长列车停站时间并采用联网售票,同时加强车上服务,使中途上车的旅客不再为车票和座位发愁,这个问题就可以解决。

2) 对列车到发时间带的影响

有关科研部门对各种检修天窗进行了综合评价分析,大多数专家赞同客运专线采用矩形检修天窗,这样合并后的列车运行时间比没有合并的列车运行时间长,为了保证列车到发时间带不跨越矩形检修天窗,合并后的列车到发时间带将变窄。如图 3-5 所示,合并前两列列车到发时间带分别为 $[A,B]$ 和 $[C,D]$,合并后列车到发时间带为 $[E,F]$。

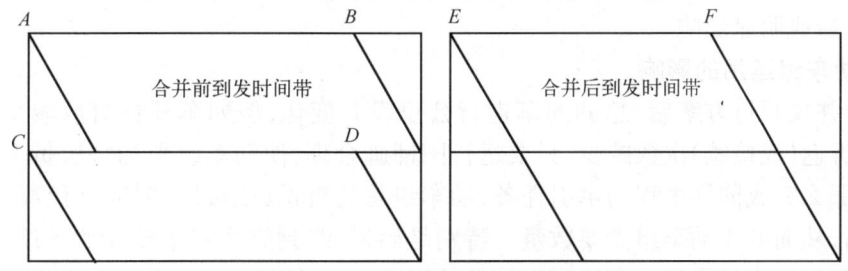

图 3-5 列车合并前后到发时间带的变化

但是,不同情况到发时间带的变化有所不同。两列运程相近的列车合并前后到发时间带的变化会比较明显。以拟建的京沪高速铁路为例,若高速列车的旅速为 300 km/h,速度系数为 0.9,衔接站停站时间为 10 min,北京—徐州的高速列车发车时间带为 6:00—21:14,徐州—上海的高速列车发车时间带为 6:00—21:30,两列高速列车合并后,北京—徐州—上海的高速列车发车时间只能在 6:00—18:34 之间。如果是一列长运程列车与一列短运程列车合并,合并后的高速列车到发时间带与短运程列车相比变化明显;但与长运程列车相比变化很小,如北京—无锡的列车与无锡—上海的列车合并,合并前北京—无锡的列车发车时间带为 6:00—19:18,无锡—上海的列车发车时间为 6:00—23:26,合并后北京—无锡—上海的列车到达无锡的时间带为 10:42—23:13。可见,运程不同的列车合并后到发时间带的变化是不同的。若合并后列车运行距离延长了 L(km),列车旅行速度为 v(km/h),则合并后列车到发时间带比合并前减少了 $(L/v)\times 60$(min),不同运程列车合并后到发时间带减少情况如表 3-8 所示,表中速度系数为 0.9。

表 3-8　到发时间带按旅速计算的减少时间表　　　　　　　　　　单位:min

旅速/(km/h) \ 运行距离	50	100	200	300	400	500	600	700	800	900	1 000	1 100	1 200
300	9	18	36	54	72	90	108	126	144	162	180	198	216
250	11	22	43	65	87	108	130	153	173	195	217	238	260

3) 高速列车旅行速度的变化

在合并式列车开行方案中,高速列车合并后,相对直达列车而言,至少在合并站要增加一次较长时间的停站,从而降低列车旅行速度;但这只对长途旅客有影响,对区段客流并没有影响,并且旅行速度的降低值相对来说很小。

4) 对中速列车的影响

如果采用高、中混行的运输组织模式,高速列车合并后长途车增多,高速列车到发时间带相对集中,可能导致中速列车运行线插入铺画困难,中速列车待避增多,中速列车上、下高速线的衔接时刻难以保证。

5) 对列车运行正点率的影响

由于合并后列车运行距离延长、跨越区间增多、停站增加,列车晚点概率增大,对在合并站上车的大量旅客来说,服务质量可能会受一定影响。但从国外实际运营情况看,高速线上运行列车普遍具有很高的正点率,因此,只要加强运输组织,采用合并式列车开行方案对列车运行正点率不会造成明显影响。

2. 对动车组运用的影响

采用合并式开行方案后,总的列车走行公里没有变化,但列车开行对数减少。从理论上说,动车组折返(或接续)次数减少,只要运行图铺画合理,使动车组平均每次折返(或接续)时间不增加,那么完成同样里程的牵引任务,动车组总的折返(或接续)时间必然减少,动车组运用效率提高,从而减少动车组需要数量。特别是始发、终到旅客列车较少的车站,当运行线分布不太理想时,很容易导致动车组产生较长的折返(或接续)时间,如果将这些列车与其他列车合并,则可以不用考虑这些车站的动车组折返(或接续)问题。

根据前面的分析,合并后的高速列车到发时间带变窄,即高速列车的到发时间带相对集中了。若按运行公里来确定动车组检修,检修工作量变化不大;但检修时间可能会相对集中,从而增加检修人员的工作强度。并且,如果长、短途列车不合并,通过长、短途交路套跑,便于灵活安排动车组按运行公里入段检修。

3. 对车站工作的影响

在合并式列车开行方案中,合并站始发、终到列车减少,若合并前该动车组需要进、出段(所)或因折返(接续)时间较长需要转往车站内其他停留线,合并后就不再需要,从而减少对车站接发车作业的干扰;同时,部分始发、终到作业转换为接发车作业,列车占用到发线时间减少,从而减少车站到发线需要数量或降低到发线负荷。另一方面,在合并站大量旅客要在短时间内上、下车,车站的站台容量、站台的旅客疏通能力、车站旅客工作组织必须加强。

4. 对区间通过能力的影响

高速列车停站是导致高速列车增加能力占用的一个主要因素,因此高速列车在合并站的较长时间停站可能会影响区间通过能力,为了减少这种影响,在车站到发线数量满足的情况下,铺画运行图时,可以考虑合并站的停站结合通过高速列车的越行进行。另外,短途列车的存在也有利于利用列车越行、停站等造成的空费时间。

根据上述分析可以看出,采用合并式列车开行方案对动车组运用,车站工作组织,增加中、长途旅客的服务频率,简化运输组织等方面具有较为明显的优势。当然对客运专线运输组织也有一些负面影响,但这些负面影响可以通过采取相应措施得到一定控制。因此,通过设计合并式列车开行方案改善客运专线运输组织是有意义的。

3.4 客运专线列车运行图编制

3.4.1 客运专线列车运行图的特点分析

编制客运专线列车运行图与既有线列车运行图在工作内容上相同,都是在以距离为纵轴、时间为横轴的坐标平面上确定满足运行图各种约束条件,并达到一定目标的列车运行线的集合。但由于客运专线在行车组织、列车运行速度、天窗设置等方面与既有线有很大区别,列车运行图的铺画方法势必与既有双线列车运行图有较大差距。

1. 从通过能力方面分析

在计算通过能力时,既有线上一般是以低速列车为基准,运用中速列车扣除低速列车;而客运专线上是以高速列车为基准,运用中速列车扣除高速列车。

由于高速列车交错停站,产生额外占用时间;因而高速列车本身也有额外扣除系数。

高速列车全程运行时间短,为方便旅客旅行,夜间应不行车或很少行车;因而早晚列车密集发、到,能力上不能充分利用。

高速铁路列车追踪间隔时间短,而区段较长,高、中速列车的速差较大;因而中速列车的扣除系数较大,为缩小中速列车的扣除系数,势必增大编图难度。

在一组高速列车中,若以先远后近的方式顺序停站,则前后列车可以共用因停站而产生的额外扣除时间,在有效利用区间能力方面,起到相得益彰的效果。

2. 从客运专线与既有线的衔接分析

客运专线在开通后的一段时间内通常有一定数量中速列车跨线运行,即使在后期进入全高速阶段,高速列车也还可能下客运专线或从既有线上客运专线运行。这就势必存在客运专线上的列车与全路直通客车方案的衔接问题。客运专线与既有线列车运行线的衔接相当重要,因为它直接关系整个列车运行图的布局、高速列车的设定顺序等重要原则。

3. 从运行线布局分析

(1) 客运专线列车运行图是一张非闭合的列车运行图。由于线路检修的需要,并考虑电气化铁路施工及客运专线运行线的特点,一般在夜间预留 4~6 h 矩形施工"天窗",在天窗时间内没有列车运行。

(2) 各时间段运行线分布不均衡。行程长的高速列车受到矩形天窗及旅客列车允许始发、终到时间范围的限制,这些列车的始发和终到时间,将集中在一定时间段内,使得在各时间段内运行线分布不够均衡,如图 3-6 所示。

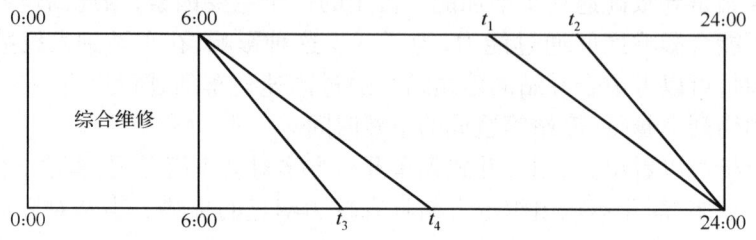

图 3-6 高速铁路列车到、发时间带示意图

图 3-6 中,假定最早发车时间为 6:00,最晚终到时间为 24:00,且 T_1 为考虑天窗和允许出发时间限制后的最早发车时间;T_2 为考虑天窗和允许到达时间限制后的最晚到达时间;$[T_1,t_2]$ 为 s_1 站出发的高速列车可能出发时间带。$[t_3,T_2]$ 为 s_n 站到达的高速列车可能到达时间带;$[T_1,t_1]$ 为 s_1 站出发的中速列车可能出发时间带;$[t_4,T_2]$ 为 s_n 站到达的中速列车可能到达时间带。

$$t_1 = T_2 - L(s_1,s_2)/v_m。$$

式中,$L(s_1,s_2)$ 为 s_1 到 s_2 站的里程,v_m 为中速列车的最高旅行速度。

$$t_2 = T_2 - \sum_{i=1}^{n-1} R_h(s_i,s_{i+1}),$$

$$t_3 = T_1 + \sum_{i=1}^{n-1} R_h(s_i,s_{i+1}),$$

$$t_4 = T_1 + L(s_1,s_n)/v_m。$$

式中,$R_h(s_i,s_{i+1})$ 为高速列车从 s_i 运行到 s_{i+1} 的时间。

3.4.2 国外高速铁路列车运行图的编制

1. 日本高速铁路运行图的编制

1) 运行图模式

自高速铁路开通以来,日本一直非常重视列车运行图的研究,形成了别具特色的运行图结构——规格化运行图。下面来看一下东海道新干线规格化运行图的模式时间表,见图 3-7。

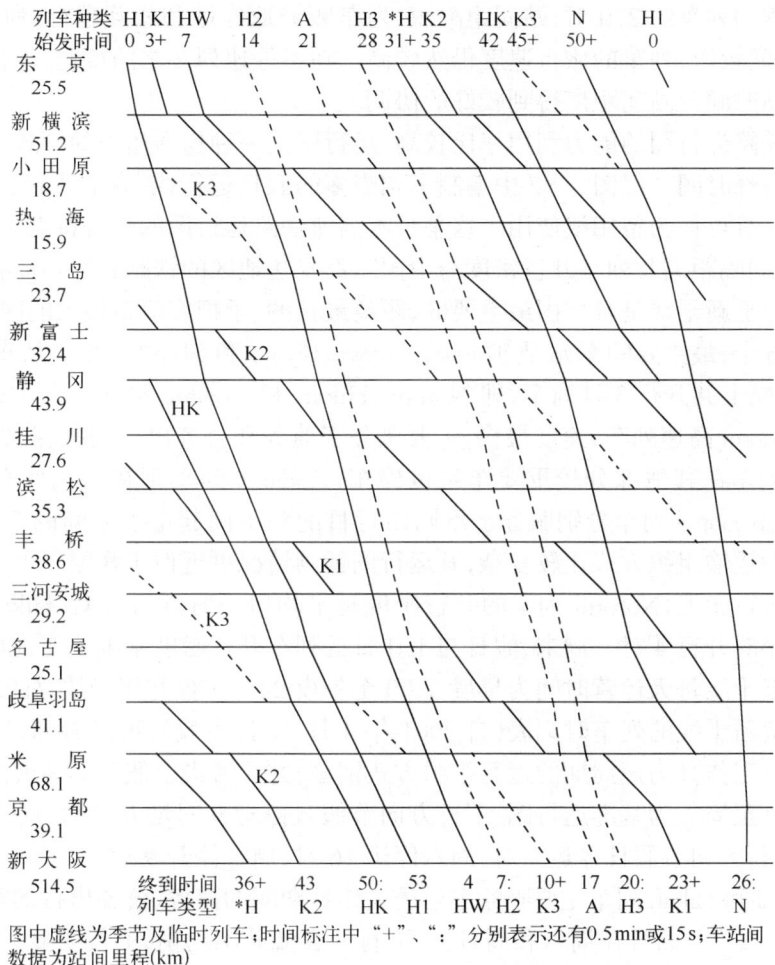

图中虚线为季节及临时列车;时间标注中"+"、":"分别表示还有0.5 min或15 s;车站间数据为站间里程(km)

图 3-7 日本东海道新干线运行图模式时间表(1993)

该规格化运行图 1 h 内共铺画了 11 列车,包括 3 种不同速度的高速列车,即 Nozomi(希望号)1 列、Hikari(光号)7 列和 Kodama(回声号)3 列,按速度来说其中 3 列低速、8 列高速。从图 3-7 上可以看出列车之间的关系非常简单:高速列车之间无越行,低速列车之间也无越行,但高速列车途中多次越行低速列车;高速列车最多两列追踪运行,低速列车不追踪运行;低速列车待避均衡,一般间隔 2 至 3 站待避一次,列车在东京、大阪站到发较均衡。11 条运行线中有 4 条为季节及临时列车运行线,即备用列车运行线,其中 3 列高速、1 列低速,备用率达 36%,图 3-7 中 3 条高速列车备用线集中在一个时段,当不考虑备用线时,运行线之间的关系变得更简单,几乎很少有低速列车同时待避两列高速列车的情况。

根据上面的分析,日本的模式化运行图有以下几点值得借鉴:

(1) 运行线铺画要均衡,并适当留有冗余时间;
(2) 列车之间的关系要简单,要尽量减少列车之间的越行和待避;
(3) 备用列车运行线的选取要有利于简化列车之间的关系。

2) 对客流波动的适应性分析

日本是世界铁路营运效率最高的国家之一。从列车运行图 3-7 中可以看出,运行图中每日开行不同运程的列车约270对,站间距离短,列车频繁地停站和相互越行,列车起动和制动速度快,停站时间较短,列车的旅行速度仍然较高。在不等速列车之间待避、越行时,列车发车时刻与沿途停站时间及站间距离得到较好的协调。

日本高速铁路运行图的能力利用率比较高,运行图是一种均衡运输的模式,看不出明显的运行高峰与非高峰时间。但图3-7中编制了相当多的假日运行线,有的线路比例高达36%,这些运行线在平日可作为备用线使用。这是日本高速铁路运行图的显著特点。日本铁路的客流密度、车站的间隔距离及列车开行密度与中国东部发达地区的铁路客运特征有相似之处。

日本的东海道新干线是日本国最重要的、距离最长的、承担客流量最大的国家客运专线铁路,拥有车站16个,最主要的车站是Tokyo、Nagoya、Kyoto和Shin-Osaka。从东京(Tokyo)到大阪(Osaka)线路上共开行3种列车,即Nozomi、Hikari和Kodama列车。其中,于20世纪90年代制造的Nozomi高速列车,速度最快,主要服务于商务和公务出行的乘客,仅在大站停车;而Hikari高速列车在其他部分较重要车站也停车;Kodama列车则在沿线所有车站都停车。Nozomi、Hikari、Kodama列车分别服务于不同出行目的和不同起迄点之间的客流。不同等级的列车共线运行运输组织方式比较复杂,其运行图铺画情况更近似于我国。

基本列车运行图上,Nozomi列车的开行密度是平均每小时开行2对,Hikari列车的开行密度是平均每小时开行4对。周末、假日与工作日的列车开行密度基本不变,但在高峰期会加开部分列车。新干线每天运营时间为早晨6:00至午夜24:00,夜间用于线路的维修保养。

分析东海道新干线的列车时刻表(自2001年4月21日生效),可以看到日本的列车运行图是按照周末-工作日为短周期的运行组织方式铺画,并且考虑节假日的客流波动。经上、下行统计并以周一至周五为基准运行图,下行方向节假日停运9对增开1对,周六停运8对,周日停开1对;上行方向节假日停运9对,周六停运16对,周日停开9对。

由于Nozomi和Hikari列车主要服务于运送工作日期间的商务、公务出行的客流,因此在周末相应减少列车数目。而且在周六和周日上、下行的客流并不均衡,下行明显大于上行客流流量,在节假日中公务、商务客流同样减少;因此相应减少了部分运行线。可见日本铁路基本遵循着工作日-周末客流周期波动的铺图原则和考虑节假日客流波动的原则,在编制基本图的过程中很好地考虑了客流波动时段的划分并确定了各特征时段的列车开行类别和对数,最后将工作日时段、周末时段及公历假日等特征时段的列车运行图复合在一张列车运行图(列车时刻表)上。该列车运行图具有如下基本特征:第一,在周末-工作日周期中,各特征时段具有相同的固定列车运行线;第二,各特征时段具有满足本时段客流特征的可变运行线,并在列车运行图中标明。

日本国铁的列车运行组织效率、服务质量在世界铁路领域堪称前列,这与它很好地研究、编制适应客运市场需求的列车运行图是分不开的。

2. 欧洲高速铁路运行图的编制

1) 运行图模式

同样,西欧城际间的列车开行规律也比较强,大多使用类似于"规格化运行图"的周期性列车运行图,通常每小时之内列车的开行方式基本相同,一般为半小时或一小时一趟的节拍列车,只是早、晚高峰及客流密度较低的时段有些调整。而且特别注重列车之间的衔接,各方向旅客的换乘十分方便。图3-8、表3-9及图3-9显示了荷兰海牙HS

图3-8 荷兰海牙HS车站衔接方向示意图

火车站衔接方向图、周期列车时刻表及列车停靠站台示意图。

表3-9 荷兰海牙 HS 车站列车时刻表 （每小时）

车次	方向	频率	往 南				往 北			
			到达时刻	出发时刻	停站时间/min	停靠站台	到达时刻	出发时刻	停站时间/min	停靠站台
AR 5000	莱顿↔鹿特丹	2	12 42	14 44	2	3	18 48	20 50	2	5
AR 5100	海牙中心↔鹿特丹	2	00 30	03 33	3	3	29 59	30 00	1	5
IR 2200	莱顿↔鹿特丹	2	28 58	29 59	1	4	05 35	06 36	1	6
IC 1900	海牙中心↔鹿特丹	1	24	25	1	3	07	08	1	6
IC 2100	莱顿↔鹿特丹	1	45	46	1	4	17	18	1	6
IC 2400	莱顿↔鹿特丹	1	15	16	1	4	47	48	1	6
IC 2500	海牙中心↔鹿特丹	1	54	55	1	4	37	38	1	5
INT 600	莱顿↔鹿特丹	1	04	06	2	4	58	59	1	6
HST 9300	莱顿↔鹿特丹	1	34	36	2	4	28	30	2	6

注：AR—慢车；IR—城际慢车；IC—城际快车；INT—国际列车；HST—高速列车。

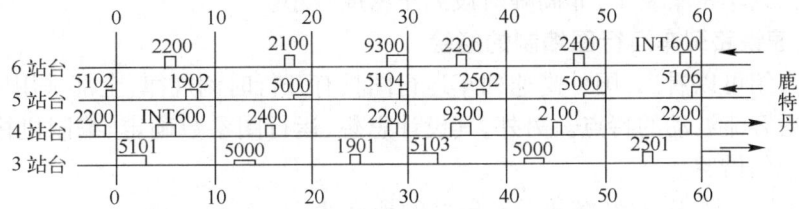

图3-9 荷兰海牙 HS 车站列车停靠站台示意图（每小时）

2) 对客流波动的适应性

西欧国家客流的季节型波动十分明显，其中旅游是主要因素。不同国家的地理位置、气候和文化风俗不同，波动的周期和幅度也不一样。短途公共交通客流，周内日间客流波动规律明显。

为了满足客运市场需求，西欧国家的旅客列车运行图按照客流的时段特征编制。时段根据客流预测和既有年度客流规律划分，划分的标准是在划分后的各时段内客流量波动趋于稳定，客流流向趋于稳定。一般所谓时段包括季时段和周时段两种，季时段是相对于全年度客流整体波动划分的几个波动时段板块；周时段是在每一季时段的运行图内，运行图按照工作日-周末两个特征分别铺画。其中，周五、周六包含于工作日还是周末视国别工作日时间的确定及客流实际波动规律有相应的确定方法。

各季时段运行图执行期间(除特别施工维护)一般不再使用分号运行图。各季时段运行图之间考虑保持稳定的框架运行线，通常是由衔接大城市的直通旅客快车和国际联运旅客列车组成，其他运行线反映本季客流波动特征。

在周时段内的工作日-周末两种特征运行线之间存在较明显的差别，但也含有部分稳定的运行线。不同工作日之间的运行线则基本相同，有的客流波动把握十分仔细的国家在工作日间也会考虑工作日之间运行线结构的微量不同。这里周末特征时段的划分不是简单的政府规定的周末日,而是根据实际客流波动确定的。表3-10显示了西欧铁路的运行线分类情况。

表3-10 西欧铁路运行线分类表

运行线类别	周末		工 作 日				
	周六	周日	周一	周二	周三	周四	周五
固定	WW	WW	WW	WW	WW	WW	WW
可变1	MC	MU	—	—	—	—	—
可变2	MC	MU	WC 1	WC 2	WC 3	WC 4	WC 5

表3-10中周内固定运行线是WW。如果工作日间客流波动规律及幅度基本相似,而周末日相对于工作日客流量波动显著则可变运行线的设计可采用"可变1"方案,即工作日运行线铺画相同,周末日相对于工作日增加可变运行线MC、MU;如工作日间客流波动规律及幅度差距也较大则可采用"可变2"方案WC 1…WC 5,即工作日日间也存在一定的可变运行线。通常周末时段具有明显的客流波动幅度,均考虑设计可变运行线MC、MU。

在实际的运营当中,西欧的铁路运营秩序稳定,对客流波动的适应能力强。但应当指出,西欧铁路的列车运行图能力较富余,具有较大的运行线调整余地;因此运行图上明显表现出旅客出行高峰时段列车密集发车,非高峰时段列车密度较小。

3. 国外高速铁路列车运行图编制的经验

从上面的介绍可以看出,国外高速列车运行图具有开行时刻规律(全部采用周期式列车运行图)、充分考虑客流波动的特点。另外,其设计思想、运行图参数确定、编制机构设置等方面的经验也值得我们借鉴。

(1) 一体化设计思想,对经济效益有较好的预见性。

跟列车开行方案的一体化设计思想一致,西欧一些国家开发的计算机编图软件,能够做到当一个运行图方案出来后,可以清楚地显示客流分布在各次列车上的情况,如果发现列车超员或上座率很低,或一、二等车厢客流分布不当,就要调整运行图重新计算,直到得出一个既能满足客流需要,经济效益又比较好的方案为止。

(2) 根据运营质量要求与实际运营条件确定运行图参数,运营质量高。

西欧铁路列车正点率很高,这也跟运行图的设计密切相关,一方面运行图上留有足够的冗余时间;另一方面列车在运行图上的运行时刻是按照列车实际的运行时间严格确定的,而不是按照标尺(本质上是一个平均值)设置的。运行图编完后,在出时刻表的同时会出一本司机手册,告诉司机到哪个区段应该按什么速度行驶。这样列车实际运行时偏离运行线的概率大为减少。

(3) 运行图的编制直接面对客户,市场效果好。

运行图的编制人员一般在营销部门,因为要把运行图出售给客户。运行图编制人员的一项重要工作就是接待客户,跟客户结算,根据客户的要求反复修改运行图、协调各客户之间的关系。因此,他们的工作与财务关系密切,直接决定公司的收入状况。运行图的编制周期比较长。例如,在德国,运行图的编制需要提前24～29个月,也就是说2008年的12月份就要着手编制2011年的运行图。编制的过程是,第一步路网公司提供一个初步规划图给客户,客户根据自己是否有足够的开行能力决定需要购买的运行线,法律规定谁先确定谁就有优先购买权;

第二步路网公司根据客户预定情况进行协调,大约要用20个月的时间来做出一个协调图;第三步根据客户的意见再做一些修改,在执行前6个月最后公布,客户有一个月时间考虑最后是否接受这个运行图。最后跟用户签订运行线使用合同,公布即将执行的运行图。德国的铁路运行图一般是一年大调一次。目前,德国全路大约有5万多条运行线,其中基本线为48 000条,机走线为5 000条;但不是每天都开行。每年还有约60万条临时线(列次,每日累加)、2万条施工线。可见,编图人员的工作十分繁重,但主要依靠先进的计算机编图系统完成。

3.4.3 周期性列车运行图的编制

西欧、日本的高速铁路普遍采用了周期性列车运行图,周期性运行图开行列车密度大,开行时刻、停站方案在各时段内相对固定,极大地方便了旅客的出行,充分体现了高速铁路快捷、舒适、方便的优点,并带动相关工作(如售票方式、车站服务方式)的转变和完善,提高了铁路运输企业在客运市场上的竞争力。

周期性列车运行图在铺画时,首先取定一个时间段(一般取1 h),将这个时间段上列车的相互关系,即列车的运行顺序、运行时间、越行及待避地点等都用一定图样形式固定下来,并尽可能使该时间段内铺画的列车对数最多,线路通过能力的损失最小。然后依照该时间段的列车运行方式,按时间顺序逐段地重复铺画,直到铺画出完整的列车运行图。这样列车在每个小时之内的开行方式基本相同。

但在实际运用中,周期性列车运行图并不严格要求各时段运行图完全相同。而是考虑客流在不同季节、周内不同日及一天内不同时段的波动情况,对列车开行方案和运行方式做相应的调整。

1. 周期性列车运行图的优缺点

1) 周期性列车运行图的优点

由于周期性运行图中每个周期内列车出发时刻相对固定,列车的开行数量、运行顺序、运行速度、越行或待避车站等都基本上相同,运行图的铺画也充分考虑到不同时间段、不同出行目的的旅客要求,方便了旅客的出行。

2) 周期性列车运行图的缺点

由于周期性运行图中列车的运行线路、运行时间相对固定,可能不能充分利用线路的通过能力,从而造成能力的浪费。同时由于列车的停站方案相对固定,可能不能满足部分旅客的出行要求或者为照顾部分旅客的需要额外增加停站。因此,在铺画运行图前,充分了解客流和线路特点,在考虑充分利用能力的条件下,选择合理的开行时段和停站方案就显得尤为重要。

2. 周期性列车运行图的编制程序

从结构上看,周期性运行图跟普通运行图比较只是增加24 h内各时段列车按规律铺画的要求,但是在实现过程中,从列车开行方案的准备到客流波动的适应都需要进行必要的处理。下面简单介绍一下周期性列车运行图的编制程序。

(1) 开行方案调整。目前,我国客运专线列车开行方案主要考虑OD流,一般只要两个车站之间的OD流满足开行一列列车的条件就开行一列,因而导致列车开行对数多,不同起讫点方案多,而周期性列车运行图由于每周期内列车开行方案相同,列车开行的起讫点方案很少,必须对既有的列车开行方案进行合理合并、调整。

(2) 确定周期内高峰小时列车开行方案。根据第一步列车开行方案合并的结果,取定铺画周期(一般为 1 h),确定周期内高峰小时列车开行频率、列车开行起讫点。根据客运需要和运输组织的要求,确定周期内列车的相互关系,即列车的停站方案、运行顺序、越行及待避地点等,尽可能使该时间段内铺画的列车对数最多,线路通过能力的损失最小。

(3) 编制一周期的列车运行图。根据第二步确定的高峰周期列车开行方案,铺画高峰周期的列车运行图。

(4) 编制日列车运行图。根据每日客流波动规律,确定一日内各周期列车的开行数量,在高峰周期列车运行图基础上,取消部分运行线或考虑不同动车组编成方案(如两列联运或分解)微调部分运行线,形成各周期列车运行图,将基本周期图扩展成为日运行图。

(5) 编制一星期列车运行图。根据周客流波动情况,确定每日列车开行方案,并相应处理各日内各周期列车运行方案,形成周列车运行图。

(6) 特殊季节列车开行图。五一、十一、春节、寒暑假是我国客流高峰期,另外,不同地方、不同季节、特殊活动都会带来客流的变化,根据对这些特殊季节客流的预测,适当调整列车运行图,形成特殊季节列车开行图。

(7) 统计分析。在运行图铺画结束后,要对列车运行图进行指标统计,分析运行图编制质量。

3.4.4　客运专线列车运行图结构优化设计

列车运行图是组织列车运行的基础,运行图结构不仅对通过能力而且对列车运行组织都有重要影响。由于运行图结构是多种因素作用的综合体,不同运行图结构对列车运行组织的影响很难简单描述,需要通过模拟实验用定性与定量相结合的方法进行研究。下面主要对有关运行图结构的几个问题进行定性分析,主要包括检修天窗的形式及位置、各种列车在运行图上的布局及相互关系、预留能力的分布。

1. 检修天窗设置

从线路、供电系统等的维修标准来看,客运专线的维修养护标准高于既有铁路,日常维修所需要的时间较长。我国电气化铁路的维修天窗时间一般在 90 min 左右,采用大型养路机械区段维修天窗时间一般不超过 3 h,而客运专线维修天窗根据国外经验需要 4~5 h。

一般来说,检修天窗有 3 种形式(见图 3-10),即矩形天窗(图 3-10(a))、V(X)(图 3-10(b))型天窗和混合型天窗(图 3-10(c)及图 3-10(d))。几种检修天窗的优缺点归纳如下。

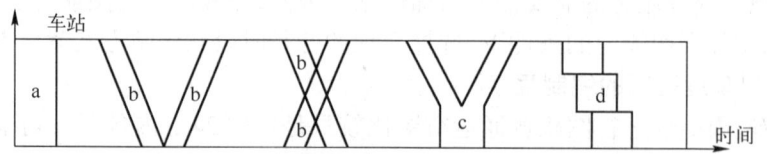

图 3-10　维修天窗类型

矩形天窗主要优点如下:
(1) 作业时间集中,便于安排施工计划;
(2) 安全性好;
(3) 检修天窗安排在 24:00 至 6:00 点内,对旅客列车始发终到时间带无影响。

矩形天窗的缺点是：
(1) 检修时间相对集中，检修人员忙闲不均；
(2) 中速列车不能在天窗时间内上、下客运专线，会对部分中速列车上、下客运专线的衔接时间点的选择带来一定困难；
(3) 检修天窗额外影响时间较长，对长途列车的运行时间带限制较大；
(4) 靠近天窗的列车一旦晚点，调整工作相当困难。

V(X)型天窗的主要优点如下：
(1) 上、下行检修作业分开，可减轻检修人员劳动强度；
(2) 长途列车始发终到时间带比矩形天窗宽；
(3) 上线中速列车衔接时间比矩形天窗灵活；
(4) 一般采取分区停电，当列车晚点时，可采取顺延天窗时间来保证晚点列车的继续运行。

V(X)型天窗的主要缺点如下：
(1) 安全性不如矩形天窗；
(2) 一部分地段检修天窗在白天，影响中、长途列车开行。

混合型天窗是矩形和 V(X) 型天窗的组合，或其中一种的分段组合，兼有前两种天窗的优缺点。

选择检修天窗首要标准是安全性，其次是其对通过能力及列车运行组织的影响。从上面的分析看，矩形天窗的安全性比 V(X) 型天窗好，但对通过能力及列车运行组织影响大。对于距离较短的客运专线，矩形天窗的缺点不明显，从安全性看采用矩形天窗为宜；对于长距离的客运专线，随着检修设备的改进，天窗时间会有所压缩，可以考虑全线矩形天窗，在安全性许可的条件下，如果行车需要可采用分段组合的矩形天窗。

矩形天窗对列车运行组织的主要影响是邻近天窗的晚点列车运行调整困难。鉴于此，铺画运行图时邻近天窗的列车，特别是长途列车应预留一定调整时间；当列车运行晚点时，运行调整措施要有一定灵活性，例如，为保证所有列车在天窗前到达终点站，调整措施要适当照顾晚点时间较长的列车，而不是晚点时间越长等级越低。

2. 高中速列车的分布

如果客运专线采用"全高速"运输模式，列车之间的速差小，一般可以采用合理负荷下的周期性列车运行图。

如果采用高、中混行的运输组织模式，高、中速列车的分布可分为 4 种方式，即纯集中方式、均衡－集中方式、均衡方式、阶段均衡方式。

1) 纯集中方式

纯集中方式指将运行图有效时间区域划分为高、中速列车各自独立，互不干扰的两个运行区域。如图 3－11 所示。

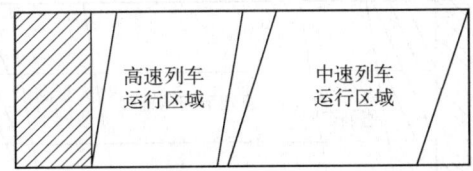

图 3－11 纯集中方式铺画的运行图

2) 均衡-集中方式

均衡-集中方式指将运行图有效时间区域划分为若干个相等的单元时间区域,每个单元时间区域类仍采用纯集中方式,如图3-12所示。

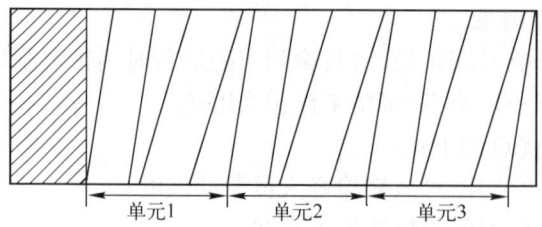

图3-12 均衡-集中方式铺画的运行图

均衡-集中方式铺画的均衡程度取决于单元时间区域的数量,划分数量越多,均衡程度越高,若以 m 表示划分数量,图3-12为 $m=3$ 时的示意图。

3) 均衡方式

集中-均衡方式所考虑的均衡只是各个单元区域的均衡,而均衡式铺画指的是在合理发车范围内的整体均衡,包括高速列车和中速列车共同均衡,理想的均衡式铺画运行图如图3-13所示。

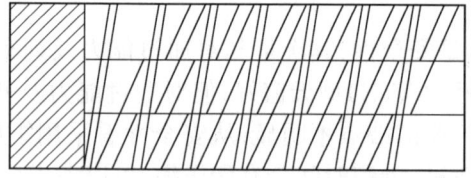

图3-13 均衡方式铺画的运行图

理想的均衡铺画是非常有规律的成组铺画,每组内的高速列车和中速列车数量和在图上的相对位置是相同的。采用均衡式铺画的运行图存在很多种不同方案,其中均衡程度最高的方案是任意两组高速列车间隔时分都相等的方案。

均衡式铺画除了列车运行线在图上的均衡布置,还有两点应注意:

(1) 每组内的高速列车从数目和时间间隔上应保证低速列车在各站待避时,等待时间不能超过规定时间,通常每组内连续发车的高速列车不应超过2列;

(2) 低速列车的全程待避次数不宜过多,具体次数视行程长短而定。

这两点一方面限制着每组内的连发高速列车数量,另一方面限制着两组高速列车之间的中速列车的开行数量,这种限制导致均衡式铺画运行图通过能力显著下降。

4) 阶段均衡方式

阶段均衡方式是指依据客流分时段集中出行的规律将运行图组织成阶段集中,同时考虑均衡要求,在全程列车安排的框架下使高中协调、长短结合的方式,如图3-14所示。

图3-14 阶段均衡方式铺画的运行图

上述几种分布方式对通过能力利用率及列车运行组织的影响是不同的。显然,同类列车越集中,列车追踪运行可能性越大,同类列车集中部分的运行图越接近平行运行图,通过能力也就越大;另一方面,同类列车越集中,不同类列车之间的干扰越小,列车运行组织也越简单。因此,从理论上说,纯集中方式是最有利的,这种方式在德国高速铁路得到了很好的运用。客货混行的德国高速铁路,客货列车之间速差大,为减少客货列车之间的干扰,采用分时运行的方式,白天运行客车,晚上开行货车,使得德国高速铁路自开通以来一直保持了很高的正点率。但是,客运专线主要服务旅客运输,高、中速列车的分布必须服从旅客出行规律,并且还要考虑运行图铺画的可行性。

在高、中混行模式下,对于短距离客运专线,列车运行时间短,中速列车将频繁上、下高速线,为减少高、中速列车之间的干扰,可以考虑采用阶段均衡方式分布高、中速列车运行线。但该方式不利于高速动车组的运用,尤其当列车运行晚点时,动车组交路的调整问题值得注意。对于长距离客运专线,如果采用全线矩形天窗,长途列车的可行到发时间范围比较小,特别是长途中速列车的可行到发时间范围非常有限,几乎不存在分阶段铺画的可能性,只能采用均衡方式。这种方式下高、中速列车之间的干扰非常大,同时为了减少中速列车对通过能力的占用,部分中速列车还将追踪运行。这样运行图上就可能出现大量的多待避情况,即多列中速列车同时待避一列高速列车或一列中速列车同时待避多列高速列车甚至多列中速列车同时待避多列高速列车的情况,使得多列车在一个很小范围内紧密相关联,只要一列车出现晚点,就可能影响到其他列车的正常运行,而且这种情况下车站到发线利用也比较紧张。所以铺画运行图时要控制中速列车追踪运行数量,尽量避免多待避情况的出现,不能避免时也要尽量安排在到发线较多的车站进行。

3. 预留通过能力的分布

预留能力有两个主要用途:一是用于客流波动时加开列车;另一个是用于列车运行调整。对于加开列车,只要预留能力大小足以开行一列车就可以利用,而对运行调整来说预留能力的利用还要受时间和空间的限制,例如,晚点列车不能使用早于其到发时间的预留能力,也不能使用其已运行区段的预留能力。由于运行图编制完以后,预留能力的分布也就固定在运行图上了,列车运行调整时,只能利用这些固定的预留能力。因此,对客运专线预留能力的形式及分布提前做一些分析研究,便于铺画运行图时合理分布预留能力,也便于根据预留能力的分布情况预先制定有效的运行调整措施。

预留通过能力被运行线分割成很多小部分分布在运行图上,主要有备用列车运行线和冗余时间两种形式。备用列车运行线按列车种类分为高、中速列车备用运行线,按运程分为全程、区段备用列车运行线。冗余时间按其与运行线的关系可分为本线冗余、线间冗余与线群间冗余3种方式。本线冗余方式指冗余时间分布在运行线上,按空间分布本线冗余方式又可分为区间冗余(见图3-15(a))与车站冗余(见图3-15(b))两种方式。区间冗余时间是指在列车标准运行时间外增加的额外时间,车站冗余时间指列车在车站实际停留时间超出标准技术作业时间的部分。线间冗余方式(见图3-15(c))指两条运行线间的间隔时间大于标准间隔时间的方式,一般线间冗余时间比较小,线群间冗余方式(见图3-15(d))指在两组比较密集的线群之间预留较大的冗余时间。

对于预留能力的利用,中速列车不能使用高速列车备用运行线;高速列车虽不能按中速列车备用线规定的到发时间运行,但能部分利用中速列车备用运行线所占时间。全程、区段备用列车运行线可以用来加开全程或区段列车,但运行调整时要检查其停站地点和时间是否满足晚点列车的需要。

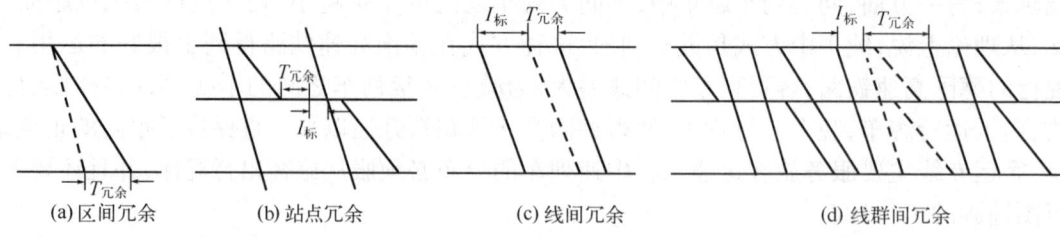

图 3-15 各种冗余时间

预留能力的形式及分布与通过能力利用率有着密切关系。我国普通双线铁路由于通过能力紧张,主要采用冗余时间的形式,即一般按标准间隔时间加一分铺画运行图。德、法等国高速铁路通过能力富余,按运输需求确定列车到发时间后,线间冗余时间长,不需特别考虑预留能力的形式与分布。日本则采用备用列车运行线与冗余时间两种形式,不过其备用线的目的主要用于加开列车,但在客观上也能用于列车运行调整,本线冗余时间一般不超过列车区间标准运行时间的 5%。我国客运专线通过能力利用率较高,有限的预留能力必须合理分布才能取得理想效果。

如果采用高、中混行模式,中速列车上线晚点将是我国客运专线列车运行的主要干扰因素,在客运专线上除一些小的随机干扰外,列车运行稳定性高。预留能力的分布也必须符合列车运行波动规律,鉴于此,建议我国客运专线预留能力参照以下几点安排。

(1) 高速列车之间一般安排 1~2 min 的冗余时间。

(2) 密集到发的高中速列车运行线群间安排一定线群冗余时间,线群冗余时间的大小应尽量满足中速列车运行需要,参见图 3-15(d)。

(3) 考虑运行调整的需要,季节性高速列车运行线适当集中安排,见图 3-16。图 3-16 中虚线为备用列车运行线。从图 3-16 中可以看出,按集中设置方式,当中速列车 l_2 晚点时,可在 $t_4 \sim t_7$ 之间铺画,而对于分散设置方式则不能;当高速列车 l_1、l_3、l_4 晚点时,可利用的时间为 $t_5 \sim t_6$,而对于分散设置方式,则只能利用 t_5、t_7 两个时刻,选择范围要小得多。

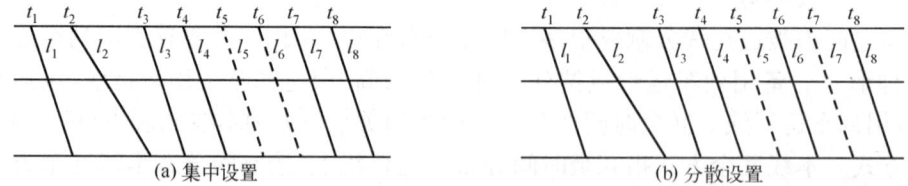

图 3-16 高速列车备用线的设置

(4) 中速列车安排一定数量的备用运行线,备用线的位置选在上线晚点概率较大的中速列车运行线之后一定时间之内。全程备用线安排困难时,适当安排一些区段备用线。考虑行车方式的限制,一列晚点中速列车可能需要使用几条备用线才能完成运行任务,为增加备用线的有效性,对于中速列车密集到发时段,备用线最好集中安排,见图 3-17。图 3-17 中虚线为备用列车运行线,从图 3-17 中可以看出,按集中设置方式,当中速列车 l_1、l_2 晚点时,可利

用备用线 l_3、l_4 铺画;而对于分散设置方式,当中速列车 l_1、l_3 晚点时,由于 l_1 与 l_2 停站方式不同,l_1 还需部分利用备用线 l_4 才能向前铺画,l_3 也存在相同的情况。可见,备用线集中设置对于晚点列车有较多的选择,有利于运行调整。

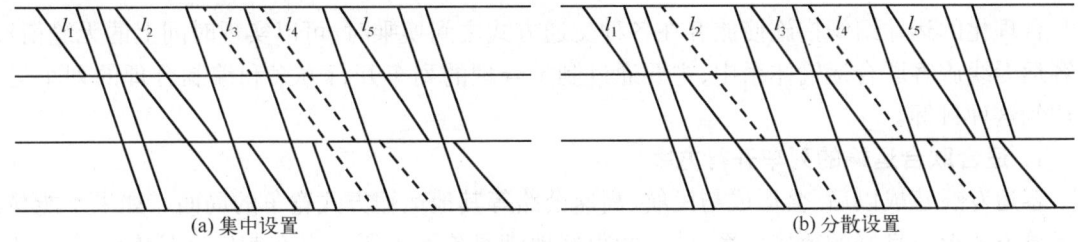

图 3-17 中速列车备用线的设置

(5) 运程长、停站少的列车安排一定比例的区间冗余时间。

3.5 客运专线与其他运输方式的联合运输

3.5.1 客运专线联合运输的概念

传统的旅客联运一般是指"一票到底"的由不同运输形式下不同运输企业完成的多区段旅客全程连续运输。随着计算机网络、通信技术的发展,许多客运企业已经建立了全国甚至全球的订票系统,这种狭义的旅客联运的简便性、全程性的优势正在逐渐淡化。取而代之的是更广义的联合运输体系,它通过不同交通工具之间及同一交通工具内部的充分协调与合作,实现旅客全程旅行在空间上、时间上及客票支付方式上的连续性和顺畅性,发挥网络系统的综合运输能力,提高旅客旅行的质量和效率。

随着客运专线的快速建设,由此必然带来基于客运专线与其他运输方式(常规铁路、航空、城市轨道、公共汽车、私人汽车)或客运专线内部的旅客联合运输相关问题。客运专线联合运输体系是一个非常复杂的大系统,包括各种交通工具、交通设施、旅客与运输经营者。它将综合考虑不同交通方式的联系,通过对客流的准确分析与预测,采取先进的组织措施,建设现代化综合换乘枢纽,优化票务系统与信息系统,整合各类交通资源,实现客运专线与其他交通方式的无缝换乘,保障联合运输体系的高效运转,为广大出行者提供便捷、安全、舒适的换乘条件,在满足旅客需求及提高效益方面发挥积极的作用。

3.5.2 综合换乘枢纽建设

将客流量极大的大城市火车站建成大型综合性立体交通枢纽,在枢纽内完成铁路、地铁、城市轻轨、公交等运输方式的衔接,旅客在枢纽内完成多种交通方式的换乘。正在建设的北京南站综合性立体交通枢纽就采用了这一方式。北京南站建成后,乘客可以方便地完成铁路、地铁、城市轻轨、公交等多种交通方式的换乘,客流和车流既可以很顺畅地引入到中心枢纽中,也可以从枢纽中很顺畅地输出。

大型综合立体交通枢纽是目前最有效的客运衔接方式,但投资巨大。另外,更好的衔接方式是多种运输方式在立体交通枢纽站台的直接换乘,但目前由于交通管理体制等原因,还难以实现。

3.5.3 客运专线联合运输组织方案

合理化的运输组织措施使旅客在各种交通方式之间换乘时,可以实现时间上的无缝衔接。在客运专线旅客联合运输体系中,主要通过制定合理的列车开行方案和编制合理的列车运行图达到这种目标。

1. 适合联合运输的列车开行方案

客运专线建成以后,会形成与民航、高速公路等其他运输方式竞争的局面。如果不能与其他运输方式形成良好的衔接关系,就不能很好地满足旅客的需求。在制定客运专线列车开行方案时,要注意以下几点。

(1) 开行频率足够大。高密度的开行方案才能满足人们迅速换乘的要求。我国目前的开行方案是根据 OD 流量制定的,客流总量有限或波动太大是我国列车开行频率较低的原因之一。客运专线建成后,通过整合各种列车的开行起讫点,增加列车开行密度。

(2) 开行列车的起讫点要充分考虑各种运输方式及各方向之间的换乘。

(3) 列车的编组要灵活,既要保证铁路在满足旅客需求的前提下成本投入最低,又要能够应付大幅波动的客流量。

2. 适合联合运输的列车运行图

列车运行图是列车开行方案在时间上的具体实现。合理的列车运行图结构在很大程度上影响着旅客在旅行中时间接续上的顺畅性。使用周期性列车运行图列车开行规律,开行密度大,旅客换乘时选择方案多,即便前一段旅程晚点,也能很快找到接续列车;因此采用周期性列车运行图对于开展旅客联合运输也是非常有利的。

在具体的到、开时间设置上,还要注意客运专线与其他运输方式之间的合理衔接。

(1) 与客运专线衔接的市内公交车、地铁、城市轻轨,由于线路繁多,运行密度很大,没有必要针对客运专线列车的到达时间,制定相应的开行方案。这些交通方式的间隔时间多为几分钟,最长也不过十几分钟。但是,市内公交管理部门,应该根据客运专线的早晚到达或开行时间及客流波动规律,在与铁路部门协商后,适当加开市内主要方向的班车(班列),方便旅客的换乘。

(2) 分析与预测旅客在客运专线下线后的具体流向及数量,根据分析结果,在考虑必要换乘时间后,将客运专线列车的到、开时间与常规铁路,高速公路,民航等换乘方案较少的运输方式合理配合。我国目前铁路在这方面的问题比较突出,换乘间隔时间不尽合理。例如,目前东北地区旅客发送量很大,约占全路的三分之一,每人平均乘车率在 4 次左右,居全国之冠。东北的旅客要去西北,必须在北京换乘。通常早晨到达北京后要等到晚间才能换乘,如果晚间到达第二天晚间才能换乘,严重延误了旅客的出行时间,并且滞留客流给客运站带来了空间饱和、治安等方面的压力。

3.5.4 客运专线联合运输的票制

采用适合客运专线旅客联合运输体系的票制是提高整个系统效率的重要环节。铁路部门应优化目前代售客票,网络、电话等预售票的方式,改变车票对应单一车次、单一座位的情况,拥有乘车凭证单一功能以外的更多作用。不同的经营者之间还可以采用内部结算的方式,尽可能减少旅客在换乘过程中购票的次数。

综观国外许多已成功运用多年的客票制度,有其成熟的经验可以借鉴。

(1) 从预售票系统角度来看,客运专线旅客联合运输体系最终目标是建立一个覆盖全国的计算机售票网络,实现客运专线和与之相衔接的运输方式管理部门之间客票预订、发售、使用、内部结算的一体化。从而方便旅客购票和旅行,提高客运专线的经营水平和服务质量,达到国际先进水平。

(2) 丰富的客票种类。客运专线可以在现有票制基础上,推出更多的适合联合运输的票种,如通票、乘车卡、往返票、多次票。这些票可以在使用日期、车次、线路、其他运输方式等提供一定的灵活性,另外还可以提供一定的票价优惠,以方便旅客,最大限度地吸引客流。当然,不同的票种适合不同的客流群体,举例如下。

① 针对公务出行的客流,适合的票制种类为通票、乘车卡、往返票。公务出行极其频繁的旅客可以购买乘车卡;对于短时间内要连续到很多地方公务旅行的旅客,连续通票非常合适;对于经常出差,但时间不固定的旅客,弹性通票无疑是最好的选择。往返票适合目的地唯一,不经常出差的公务客流。公务客流是客运专线最大的客流群体,这些客票一方面为旅客节省了大量的旅行费用,另一方面也形成了客运专线稳定的客流,保障了客运专线的效益。

② 针对旅游客流,适合的票制种类为通票和往返票。有的旅客要在短时间内游览多个地方,适合购买通票;有的旅客旅游地点集中,适合购买往返票。

③ 针对探亲客流,适合的票制种类为往返票。探亲客流集中在节假日前后,同时也是各种交通方式激烈竞争的季节。多数旅客担心的是不能及时返回,往返票无疑解决了旅客的后顾之忧。在保证自身利润的同时,注意适度优惠,以形成与其他运输方式的竞争。

3.5.5 联合运输体系中的信息

信息互换性是联合运输系统运营的重要条件。对于旅客来讲,特别重视在旅行前、旅行中铁路部门提供的交通信息,如换乘信息、适应个人需要的多样性公共交通服务信息等。除了在综合换乘枢纽公布客运信息外,更重要的是建立现代化的通信系统,以确保运输经营者之间数据交换的准确性、可靠性、适时性,以及向旅客提供数据的准确性、可靠性、适时性。整个交通信息系统的改善将大大改变我国交通、旅行的方式,促进客运专线旅客联合运输体系的发展。

为提高高速铁路运输企业的竞争力,以日本、德国、法国等为代表的国外发达国家铁路非常重视运用先进技术改造旅客运输服务设施。随着计算机和网络通信技术的飞速发展,开发建设了人性化的旅客服务信息系统,通过客运信息共享,实现面向旅客的信息增值服务。一些国家的铁路旅客服务信息系统与铁路客票预发售系统相连,除了可以发布客运交通路网图、时刻表、运价表、列车去向、到发时刻、运行位置、正晚点、候车换乘地点(站台)、运行速度、客运通告及旅客休闲娱乐信息之外,还可以向旅客提供各种信息查询、乘车方案选定、票价计算和客票预定服务。一些国家将铁路旅客服务信息系统接入互联网,以网站(页)方式提供更为丰富、人性化和互动的旅客信息服务,让旅客可以随时随地了解和查询铁路客运及沿线周边旅游资源、天气、交通、食宿、购物、娱乐等信息,充分体现了发达国家铁路运输部门以旅客为本、提供高品质服务的经营理念。

目前,我国的旅客运输信息服务水平总体而言比较落后,距离联合运输体系所需的信息系统还有很大差距,主要体现在以下方面。

(1) 信息服务大多是单向式的,旅客只是被动地接受,缺乏铁路业务部门与旅客的相互沟通。旅客遇到的问题不能及时解决,联合运输体系的顺畅性下降。

(2) 列车、车站、站外信息服务自成体系,不够完善,没有形成网络。不能指引旅客进行顺利的进站、出站、换乘。资源不能共享,旅客不能及时了解到旅客列车运行实时信息,信息缺乏实效性。

(3) 各种交通方式的管理部门不能实现信息资源的共享,不能实现票务、资金等方面的网上结算,给联合运输体系的实现造成了障碍。

(4) 对旅客监督及反馈处理没有信息化、系统化。无法及时了解自身工作中的疏漏,不能迅速解决问题,阻碍联合运输体系的完善。

第4章 客运专线动车组与乘务员运用

4.1 动车组与乘务员运用的意义

这里的乘务员是指动力车乘务员(司机)。图4-1描述了铁路旅客运输组织的基本过程，也就是正确分析、把握旅客运输市场需求，综合考虑线路、车站、信号等技术设备条件，确定列车开行的参数，根据运输系统自身的实际情况和市场需求情况确定经营方针，最后编制质量良好的列车运行图。可见列车运行图是铁路旅客运输组织的关键。在编制列车运行图时必须考虑动车组和乘务员的情况，如果没有质量良好、数量匹配的动车组可供使用，没有条件适合的乘务员进行驾驶，再好的运行图也无法实现；因此动车组和乘务员运用是非常关键的。更进一步，动车组和乘务员运用计划不仅关系能否按图行车，还直接影响动车组的运用效率，影响乘务工作效率，影响整个铁路运营的成本，从而影响铁路运输的经济效益；所以它们是铁路旅客运输组织的基本计划。

4.2 动车组运用

4.2.1 动车组的运用与管理特点

在常规铁路上，旅客列车的机车和客车车底的运用与管理一般是分离的。我国客运机车由负责交路的机务段提供并指派相应的机车乘务组，由各交路的机务段和折返段负责其整备工作。一般长途旅客列车需要由其径路上若干个机务段的机车担当，每台机车只牵引列车总运程中的一部分。而客车车底和对应的列车乘务组则由该车底的配属客运段或列车段负责组织与管理。可见，担任牵引任务的客运机车和负责客运服务的客车车底的关系不固定。设备或人员的管理是分散的。机车周转的优化和客车车底使用的优化是分别进行的。

高速铁路的旅客运载工具是由牵引动力和运输载体一体化的"动车组"构成，这同常规铁路有很大不同。高速铁路动车组的运用与管理特点如下。

1. 运营效率的提高

高速铁路的牵引动力与运输载体联成一体，动车组在担当某一车次的全过程中，不需要在途中换挂机车；因此缩短了换挂机车的作业时间。这既有利于提高列车的旅行速度，又减少了工作环节，提高了工作效率；而且牵引动力(机车)和运输载体(客车车底)的管理合二为一，减少了管理机构和相应的管理人员，同样也提高了运营效率。

由于牵引动力与运输载体合二为一，高速铁路动车组运用的效率也超出了常规铁路机车的长交路，形成所谓的联程交路运用方案。在常规铁路，长交路是指机车运用范围可跨越若干个牵引区段，甚至跨局范围运行。但一般而言，由一台机车自始至终地完成更大运程

(1 500 km以上)的牵引任务,并不多见,而由一台机车连续完成两个及其以上不同运程的牵引任务,则由于组织管理工作复杂,尚难以实现。而高速铁路动车组则完全可以实现连续完成多个不同运程服务的联程交路运用方案,这不仅由于高速铁路动车组设备的高可靠性可以保证联程运用,而且也是强化利用动车组、提高运营效率的必然选择。

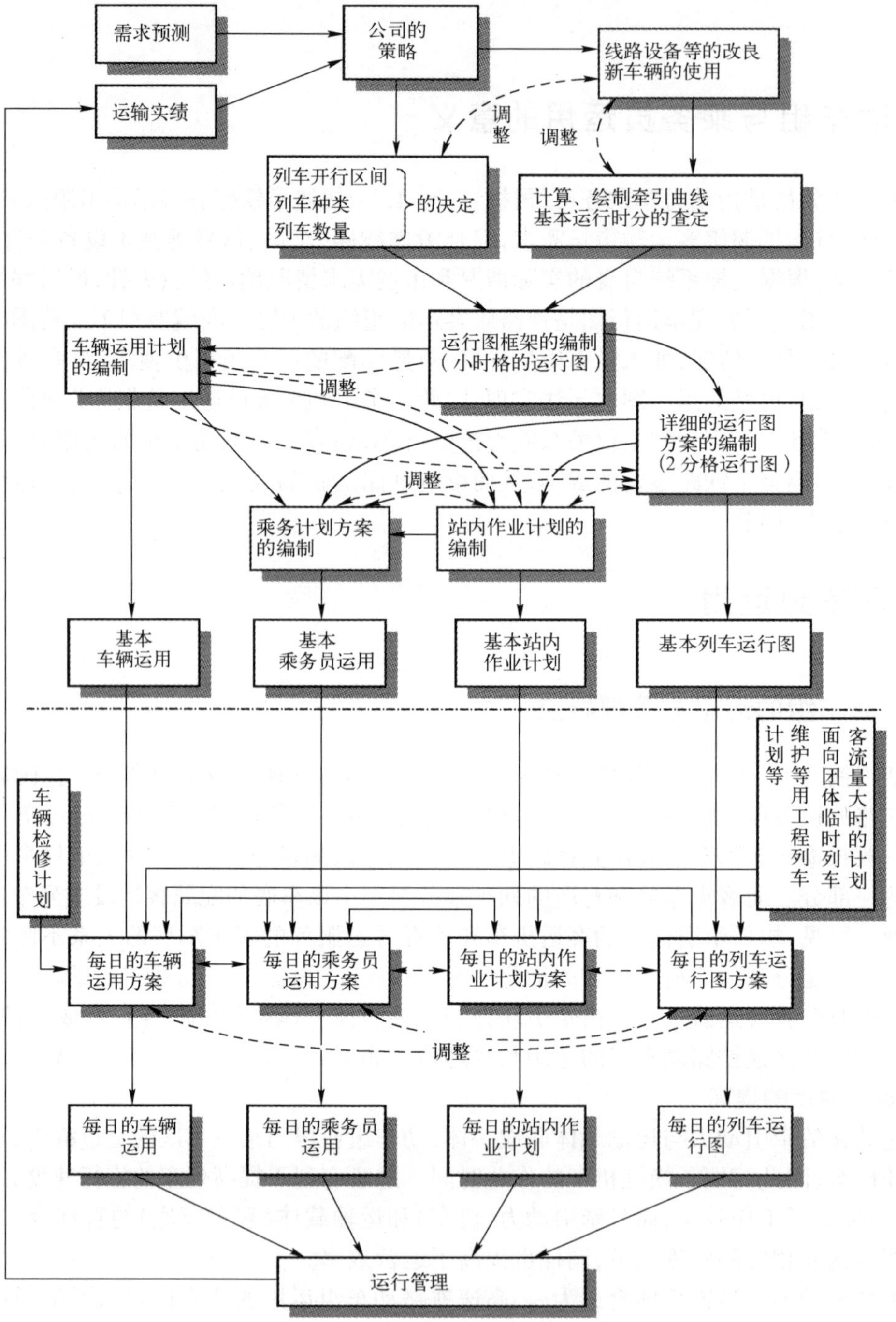

图 4-1 高速铁路运输组织过程

2. 整备和维修体系的革新

与常规铁路不同,高速铁路动车组采用了新的整备和维修体系,提高整备和维修作业质量,缩短整备和维修作业时间,成为高速铁路动车组高质量、高可靠、高效率运营的一项重要表征。

维修方式是指对设备维修时机的控制,也就是说对维修时机的掌握是通过采用不同的维修方式来实现的。高速动车组可以考虑采用的维修方式有定期维修、状态修和故障修3种。

定期维修是以使用时间作为维修期限,只要设备到了预先规定的时间,不管其技术状态如何,都要进行规定的维修工作,这是一种强制性的预防修理。状态修是按实际技术情况来确定维修时机。它不对机件规定维修期限,不固定拆卸分解范围,而是在检查、测试其技术状况的基础上确定各机件的最佳维修时机。这种维修方式是靠不断定量分析和监测机件的某些参数和状态数据来决定维修时间和项目。故障修是在机件发生故障之后才进行修理,已不控制维修时机。实践证明,有些机件即便发生故障也不会危及安全造成恶果,采用事后维修则更经济。对于这些采用了冗余技术的机件,虽一台出现故障另一台会自动接替工作,但也应采用故障修方式。

国外高速动车组采用状态修与定期修相结合,以状态修为主的检修体制。如上所述,实行状态修,主要依据动车组上的先进检测设备、故障诊断设备及其与维修中心联网的信息传输系统,可以准确预知动车组的设备状态和故障情况,有针对性地进行检修作业。而定期修,则主要以定期检查、维护和更换重要的零部件为特征。所谓定期,是以高速动车组的实际走行公里或运用时间划定的。德国 ICE、日本新干线高速动车组的维修规程如表 4-1 和表 4-2 所示。

表 4-1 德国 ICE 高速列车检修规程

维修名称	走行公里/km	检修内容	作业时间	维修场所
走行装置检修 (L级)	3.5×10^3	日常检查及整备等(轮对、走行装置、受电弓及制动系统,列车内部清洗、厕所排污、上水补充备品和餐车上料)	1 h	汉堡维修段、慕尼黑维修段
全面检修 (N级)	2×10^4	L级检修全部工作,制动装置检查,驱动单元维护保养	2 h	汉堡维修段、慕尼黑维修段
1级定期修 (F1级)	6×10^4	N级检修全部工作,主要部件和整列车各项功能的检查,列车内部清洗,制动机检修,空调设备保养等	18 h	汉堡维修段、慕尼黑维修段
2级定期修 (F2级)	1.2×10^5	F1级检修全部工作,列车内部清洗,检查配电柜、油冷却器、通风机、空调、过滤器等	22 h	汉堡维修段、慕尼黑维修段
3/4级定期修 (F3/F4级)	$2.4/4.8 \times 10^5$	F2级检修全部工作,车轴超声波探伤,车钩及通过台检查,列车清洗,制动机检修	26 h	汉堡维修段、慕尼黑维修段
简易大修	1.2×10^6	F3/4级检修的全部工作,转向架检查,分解和更换,制动机检修,车辆在隧道内压力监测,压力保护设备功能检查	4 天	纽伦堡修理厂

续表

维修名称	走行公里/km	检修内容	作业时间	维修场所
大修	2.4×10^6	整个列车分解,全面清洗(包括部件、空气管道等),车体重新油漆,部件检查,更换地毯等	13.5天	纽伦堡修理厂

表4-2 日本新干线高速列车检修周期

检修名称	检修周期	检修内容	作业时间	备注
日常检修	48 h	每次运行前定期补充更换易耗品,对受电弓、转向架、走行装置、制动装置、电气设备、自动门、车内设备等状态、作用及性能进行外观检查	1 h	每 1×10^5 km 或必要时车轮检修
定期检修	30天或3×10^5 km	对受电弓、高压回路、主回路、辅助回路、控制回路、自动门、制动装置、转向架、走行装置、车体、仪表、车内设备、附属设备等的状态作用及性能进行检修,车轴探伤	4 h	每3个月对车上自动控制系统全面检修(ATC性能检修)
架修	1年或4.5×10^5 km	对转向架、牵引电动机、传动装置、走行装置、弹簧装置、制动装置等主要部件解体后进行全面仔细检修,车轴探伤	1天	
大修	3年或9×10^5 km	拆卸分解动车组的主要部件,做全面仔细检查和修理,车轴探伤	11天	

注:(1) 除上述检修类别外,还根据需要进行运转检查和临时性检修;

(2) 新近将对检修周期延长,架修延长至1.5年或6×10^5 km,大修延长至3年或1.2×10^6 km。

高速动车组的维修作业一般在专门的维修中心(或维修基地)进行。维修中心的主要设备包括整备维修库、电器测试装置、轮对踏面诊断装置、不落轮旋轮设备、车轴探伤装置、轮对及转向架更换中心、动车组外部清洗设备、动车组内部清洗和整备设备等,为了不受气候条件和夜间作业时间等环境影响,所有检修和维护工作都在建筑物内进行。在维修中心,动车组是作为一个整体来进行整备和维修综合作业的,这同常规铁路将机车和客车车底分别送入各自作业地点、分散进行各种整备和维修作业的模式有着根本的区别。德国ICE设置在汉堡-埃德尔施塔特动车组的整备维修车间是按整备维修一体化思想进行设计的典型。该车间凭借动车组上的先进检测、故障诊断设备和信息传输系统,可以准确预知动车组的设备状态和故障情况,因此可以提前计划作业内容并做好各项准备工作,包括人员、设备、材料、工具、零部件、备品及必要的图纸、资料等。该车间按上、中、下3层空间合理布局和配置生产线,设置有3个不同高度的作业平台和合理、流畅的备品、材料等运输通道,创造了良好的作业环境,既可以保证在同一时间对多个动车组进行综合作业,也可以保证同一动车组整备和维修的平行作业;既消除了动车组在作业过程中的调移转线,也减少了不同作业及同一作业不同工序之间的交叉干扰,大大压缩了整备维修作业的总时间,将动车组一次入段整备,维修的总时间标准从原来的150 min降低到60 min。

各国高速动车组维修基地的设置与本国的国情、路情密切相关,设置方式不尽相同。德国的动车组维修基地是按动车组的种类设置的,不同的车种在不同的维修基地进行检修。法国的动车组维修基地是按线路设置的,各个线路都有自己的维修基地。日本的动车组则是按公司设置维修基地,动车组可以在外公司动车组基地维修。

3. 动车组的运用与整备、维修的一体化

动车组的整备、维修是保证动车组有效使用和运用质量的前提条件,而动车组的运用计划同时是合理安排整备、维修工作的重要依据。在国外高速铁路,列车运行图中动车组运用交路安排,即动车组周转图必须按照动车组实际走行公里数和定检期限及时安排相关的入段或入厂检修作业,并符合整备、维修作业时间标准的要求,以保证动车组在运用中的高质量和高可靠性,而动车组的整备、维修作业又必须严格按照动车组周转图的要求来进行计划和安排,以保证动车组按图行车、有效利用。在列车运行图调整时,更应注意其间的相互关系。这就是动车组运用计划与整备、维修计划一体化的含义。

根据动车组运用与整备、维修一体化的思路,动车组的运用和整备、维修计划是统一编制、统筹安排的。这使运载设备的运用和管理从常规铁路的分散化走向集中化,使动车组摆脱常规铁路客车车底的固定运用方案模式,采用更为高效的运用方案。也就是可以根据运用期间的所有动车组数量、设备状态、所在位置、累计运营里程和定检期限,安排滚动式的运用方案,在保证完成运输任务和按期进段检修的前提下,使动车组的利用效率达到最高。

4.2.2 客运专线动车组的运用方案

根据动车组运用与整备、维修一体化的思想,高速动车组的运用方案主要有如下 3 种。

1. 固定运行区段的使用方式(简称固定使用方式)

这种方式与既有铁路客车车底的运用方式一致,高速动车组只在固定的区段内往返运行。固定方案又分为站间固定周转方式和两区段套跑周转方式,如图 4-2 所示。

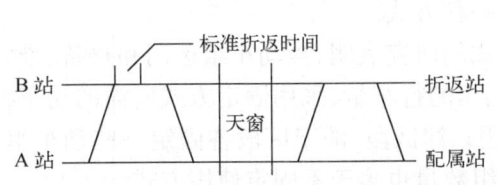
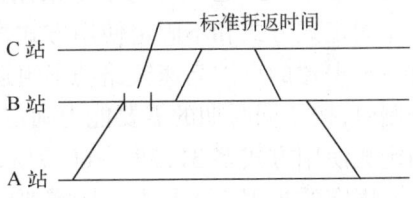

图 4-2 动车组固定使用方式示意图

在固定使用方式下,各动车组在固定的区段内运行,有利于动车组的管理,并可根据客流变化采用不同的车辆编组方案,动车组的运用组织比较简单。但是,这种方式不利于高速动车组的检修。一方面,在动车组检修期间需要有一定量的备用车组来代替,如果备用车组由各区段分别配备,则备用动车组数量较大且利用率不高;另一方面,由于高速动车组的维修技术复杂,设备昂贵,只能集中配置,将所有动车组的维修作业集中在维修中心。所以,对与维修中心不相邻的区段,需要维修的动车组必须专程送检,事后又需专程回送。

2. 不固定运行区段的使用方式(不固定使用方式)

不固定使用方式以全线(或客运专线网)为系统,统筹考虑动车组的使用与维修来安排动车组的运用。它的含义是,在假定各动车组无差别的前提下,不固定各动车组的运行区段,而是根据需要和可能,可以在任何高速区段之间运行。如图4-3所示。

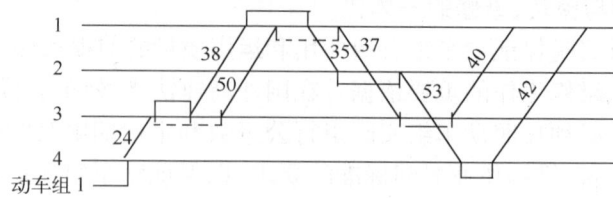

图4-3 动车组不固定使用示意图

在图4-3中,位于第4站的动车组1可根据需要运行编号为24、38、35、53、42等5条运行线,也可根据需要运行编号为24、50、37、40等运行线,可以运行的区段没有限制。动车组可以连续运行不同运行线的基本原则是满足动车组在变更车次,即担任新的运输任务时可能需要的转线(改变运行方向时)、整备作业等接续时间要求。

与固定使用方式相比,在不固定使用方式下,可以在使用过程中根据其运行状态,对必须进行维修作业的动车组预先在适当时间安排一条终到维修中心的运行线,从而保证它的及时维修。因此,能够比较灵活地解决运行与维修的配合问题。此外,由于动车组有多种运行线可以选择,就有可能提高动车组的使用效率,减少动车组的使用数量。因此,动车组不固定区段使用方式是比较合理的方式。但是,由于该方式动车组接续安排比较紧密,出现较大的运行干扰时,动车组运用所受的影响也大。由于假定各动车组之间无差别,动车组的编组也不能根据不同区段的客流特点而加以改变;因而也可能造成输送能力的虚糜和浪费。

3. 半固定运行区段的使用方式(半固定使用方式)

半固定使用方式是一些动车组采用固定使用方式,而其余动车组采用不固定使用方式。它是介于固定式方式和不固定使用方式之间的一种方式。

对我国拟建的京沪高速铁路动车组运用方式的研究表明,当动车组运用和整备、维修计划统一编制时,按不同时期的需要能力确定高速列车的行车量,采用固定方式所需的动车组数量比不固定式使用方式多31.7%~60.7%,而采用京津区段、沪宁区段各固定一些动车组,其他动车组不固定的半固定运行方式所需要的动车组数量也多于不固定使用方式。

4.2.3 动车组运用计划的编制

1. 动车组运用计划的基本概念

这里动车组运用方式主要考虑不固定方式。列车运行图是列车开行的综合计划,规定了各次列车的始发、终到车站和始发、终到时刻等,而这些列车的运行都必须由具体的动车组来牵引。动车组运用计划是动车组周转接续和维修的综合计划,也就是根据给定的列车运行图、有关动车组检修修程的法律规定及检修基地条件等,对动车组在什么时刻、在哪个车站、担当哪次列车、在什么时间、什么地点、进行哪种类型的检修等作出具体安排,以确保用状态良好的动车组实现列车运行图。在列车运行图调整的同时,动车组运用计划也将被重新编制。

下面用简单的例子说明动车组运用计划及运用方法。设图4-4为需要完成的列车运行图(斜线为运行线,旁边的数字为列车车次),假定日常检修和定期检修只能在车站 B 进行,编制完成的动车组运用计划如图 4-5 所示。

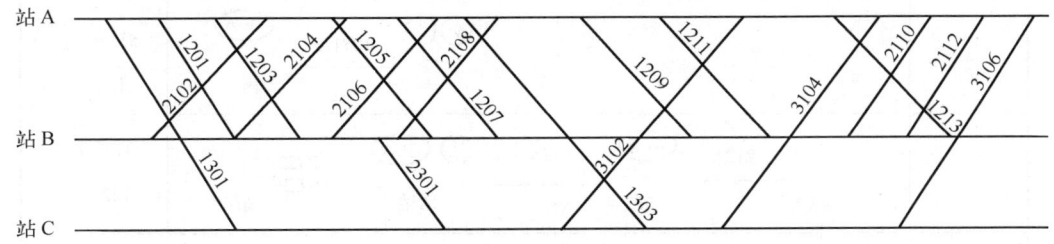

图 4-4　列车运行图

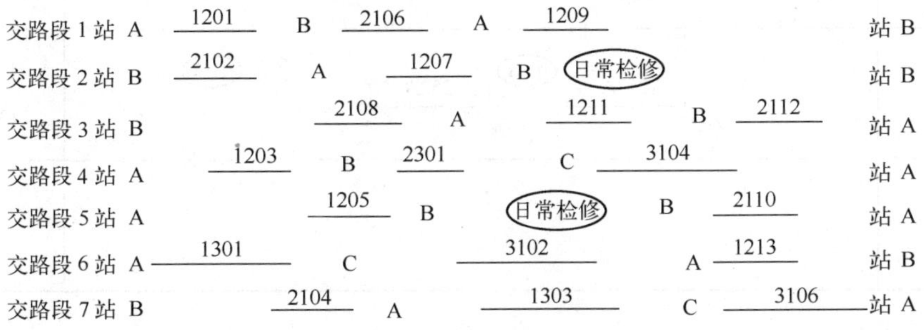

图 4-5　动车组运用计划

图 4-5 中每一行称为一个交路段,它规定了一个动车组一天的运用内容,每条横线上面的数字为列车车次。例如,某天动车组 1 按交路段 1 的计划运行,其过程是:首先从车站 A 担当 1201 次列车运行到车站 B,在车站停留一段时间之后,从车站 B 担当列车 2106 次运行到车站 A,最后作为 1209 次列车运行到车站 B,夜里在车站 B 驻留;第 2 天,按交路段 2 的计划运行,担当完 1207 次列车任务后,在车站 B(或相连的维修基地)进行日常检修;检修完毕后,第 3 天,按交路段 3 的计划运用;然后按交路段 4、5、6、7 的计划运用,当按交路段 7 运用完以后,再按交路段 1 的计划运用。在动车组 1 按交路段 1 计划运用时,其他的动车组也按照同样的规则按交路段 2、3、…、7 的计划运用。可见,按照图 4-5 的运用计划完成运行图 4-4,需要 7 个动车组。交路段 1~7 构成整体运用计划。一般对应同一运行图,可以编制出许多不同的动车组运用方案。

编制动车组运用计划时,不仅编制列车间的接续,动车组的日常维修计划(根据动车组的种类,通常每 72~144 h 进行一次,需要在特定场所进行 4 h 左右)和定期检修计划(每 50 天以内或 $3×10^4$ km 以内进行一次,在特定场所进行 7 h 左右)也同时编制,上述例子中没有给出定期维修计划。而大修计划需要较长的检修时间,在编制动车组运用计划时不予考虑。

图 4-6 是日本东海道山阳新干线实际动车组运用计划的一部分。图 4-6 中第 1 列为交路段号,第 2 列为动车组具体的周转接续和检修安排,第 3 列为各交路段动车组的走行公里(括号内为回送公里)。图 4-6 中,带圈的文字㊉为定期检修,㊜为日常检修,其他带圈的文字表示清扫的种类;不带圈的文字表示周转接续的地点;横线上的数字为列车车次。

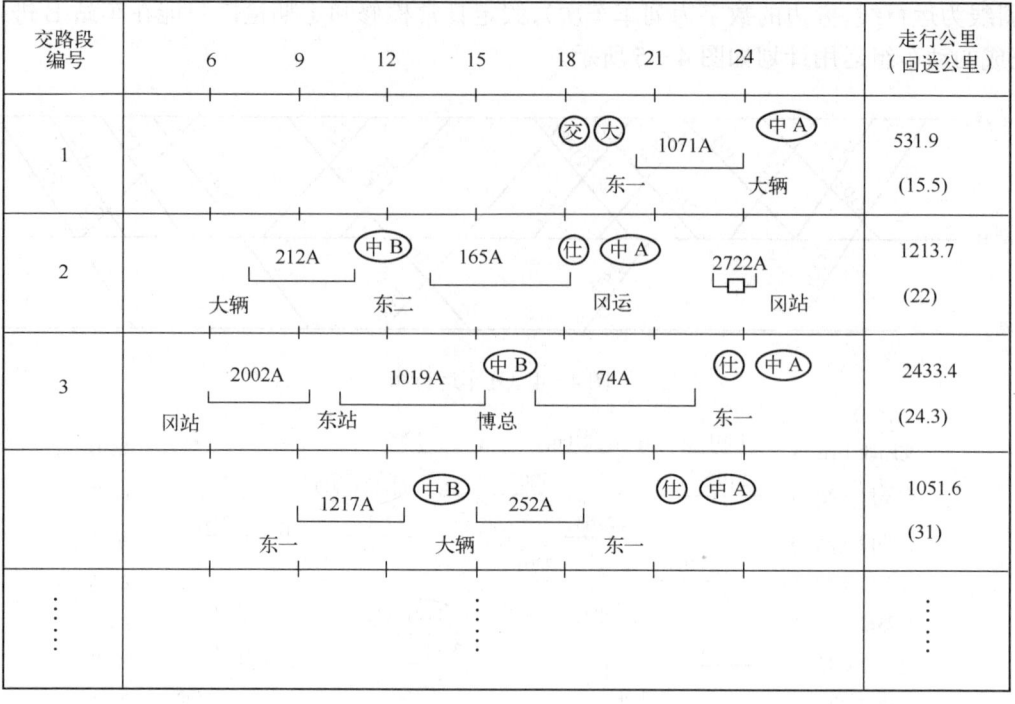

图 4-6 日本动车组运用计划

2．动车组运用计划的种类

上面介绍了动车组运用计划的基本含义，由于旅客需求、动车组归属、动车组种类等不同，动车组运用计划更进一步可以分为不同的类型。

1) 平日运用计划与节假日运用计划

平日和节假日旅客的需求不同，体现在出行的时间、密度、方向等各个方面，为适应这种需求，在平日和节假日分别采用不同的运行图；因此动车组运用计划也自然地分为平日计划和节假日计划，动车组平日按平日计划运用，节假日按节假日计划运用。

为保证动车组在平日和节假日之间过渡和检修计划的实施，先编制平日计划。编制节假日计划时，保证节假日计划的交路段结构(交路段的始发站、终到站及检修的种类)与平日计划的相应交路段一致。

2) 单基地与多基地动车组运用计划

列车运行图由1个动车组基地配属的动车组担当，所作的运用计划为单基地动车组运用计划。如果列车运行图由2个以上基地配属的动车组担当，相应的计划为多基地动车组运用计划。在编制多基地动车组运用计划时，运行图中的哪些列车由哪个基地的动车组来担当一般没有具体规定，由编制人员综合考虑各基地的情况和动车组的运用效率而定。

3) 单车种和多车种动车组运用计划

列车运行图上的列车采用同一种类型的动车组担当，所对应的计划为单车种动车组运用计划；如果运行图上的列车由不同种类的动车组担当，所对应的计划为多种类动车组运用计划。在编制多车种动车组运用计划时，运行图中的哪个列车由哪种动车组担当没有完全规定，例如，只规定在早7:30—8:30之间的上行10列列车中必须有4列采用10辆编组的动车组，其他采用 6 辆编组的动车组。

4）各种动车组运用计划的组合

如单车种单基地平日计划、单车种多基地节假日计划等，其中单车种单基地的形式是最为广泛采用的方式。

3. 编制动车组运用计划的约束条件

编制动车组运用计划时，一些物理的、法律的及逻辑上的因素必须予以考虑，主要包括以下几个方面。

1）列车运行图的约束

列车运行图规定的所有列车必须分配到一个状态良好的动车组，而且列车的始发、终到时刻及始发、终到车站不能有任何的变动（但如果始发、终到时刻仅作微小变动能够改变动车组的使用效率，也可以向运行图编制人员提出协调）。

2）检修的约束

检修场所：日常检修和定期检修必须在规定的地点进行。

检修周期：定期检修和日常检修必须在法律规定的检修周期内进行。

检修所需时间：必须保证日常检修和定期检修所要求的时间。

检修可能的时段：日常检修和定期检修必须在规定的时段内进行。

3）交路的约束

开始终了车站：交路中相邻的两个交路段，前一日交路段的最后终到站必须与后续日交路段的始发站一致；最后一个交路段的终到站必须与第一个交路段的始发站一致。

4）交路段的约束

地点的约束：同一交路段中前行列车的终到站必须与后续列车的始发站一致；当给定的运行图是不完全状态（不成对运行图）的时候，即在某车站始发的列车数与在该站终到的列车数不相等时，必须通过设置回送列车的方式满足这一要求。

时间的约束：后续列车的始发时刻晚于前行列车的终到时刻，而且其时间差必须大于最小折返时间。

5）其他约束

线路容量：在各车站及车辆基地停留的动车组数量不能超过规定的数量。

动车组数量：计划中所使用的动车组数量不能超过规定的动车组数量。

清扫周期：列车清扫的种类、周期、地点等条件。

运用人员的意图：计划中要反映使用者的一些意图。

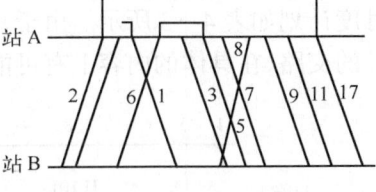

图 4-7 运用人员的意图

例如，希望编制的计划能较好地适应运输波动；希望用最少的动车组；希望在某个时段内确保一组预备车等。下面为几个具体的使用者意图例子。

（1）希望某次列车和某次列车接续。主要为了使动车组在检修时段内有足够的时间。例如，在图 4-7 中，虽然 6 次列车和 3 次列车在车站 A 可以接续，但如果 6 次列车和 5 次列车接续的话，则在车站 A 可以有更充足的时间进行检修。因此，希望 6 次列车和 5 次列车接续。

（2）从某时刻到某时刻，希望在某个车站有一组备用车组。例如，在图 4-7 中的车站 A，如果 2 次列车和 17 次列车接续的话，这一时段内，车站 A 一直保有一组动车组，在列车运行突然发生紊乱时,可以作为临时列车来运用,使运用计划具有较强的抗波动性。

(3) 不希望某次列车和某次列车接续。例如,在图 4-7 中,8 次列车和 9 次列车可以接续;但由于一些原因,估计 8 次列车容易晚点,为了不波及 9 次列车,所以不希望 8 次列车和 9 次列车接续。

4. 动车组运用计划方案的评价标准

动车组本身比较昂贵,完成同样的列车运行图,所使用的动车组数量越少越好。虽然一些回送列车的设置是不可避免的;但回送列车不能运送旅客,不仅不能直接带来收入而且需要人力、电力等资源,回送列车开行的次数越少越好。定期检修和日常检修需要人力、时间、费用等,在满足法律规定的情况下,一般进行的次数越少越好。因此,一般采用下面几个指标来评价运用方案:使用的动车组数;定期检查次数和日常检查的次数;回送列车的次数和里程。这些指标值越小越好。

4.3 乘务员运用

国外铁路主要采用轮乘制,尤其是以动车组方式运行的高速列车,更无一例外。轮乘制是一种先进的乘务组织方式,它比包乘制不仅可以提高机车的使用效率,而且也可以提高乘务人员劳动生产率,并有利于乘务计划的合理安排和乘务人员的工作和休息。

4.3.1 乘务运用计划的基本概念

乘务运用计划是动力车乘务员(组)的综合乘务计划,也就是根据给定的列车运行图、有关乘务员乘务规程、乘务基地条件等,对乘务员(组)在什么时间、什么地点出乘,在什么时刻担当哪次列车,在什么时间、什么地点退乘等做出具体安排,以确保列车开行计划的实现。

乘务计划主要分为乘务日计划及月度计划。日计划由全体乘务交路构成,表示完成一日的运行图任务需要的乘务员数量及各乘务员担当的乘务交路。乘务交路及日计划如图 4-8 所示。乘务交路就是一个乘务员(组)一日的工作计划,每一行是一个乘务交路,每条线段上的字符表示车次。月度计划描述各乘务员(组)在指定月度中各日担当的乘务交路及休息计划。月度计划如表 4-3 所示。由于每天的运行图有可能存在一定差别,表 4-3 中具有相同交路号的交路,在具体的内容上有可能略有不同。

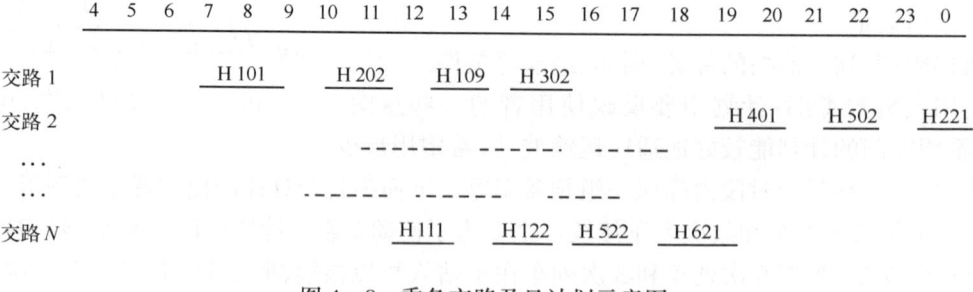

图 4-8 乘务交路及日计划示意图

表 4-3 乘务员月度乘务计划

乘务员\日期	1	2	3	…	…	N
1	交路 1	交路 2	交路 3	休息	休息	交路 N
2	交路 2	交路 3	休息	休息	交路 N	交路 1
3	交路 3	休息	休息	⋮	交路 N	交路 1	交路 2
⋮	休息	休息	⋮	交路 N	交路 1	交路 2	交路 3
⋮	休息	⋮	交路 N	交路 1	交路 2	交路 3	休息
⋮	⋮	⋮	⋮	⋮	⋮	⋮
N	交路 N	交路 1	交路 2	交路 3	休息	休息	⋮

乘务计划编制时,乘务基地的设置方式、乘务员的乘务方式及乘务员的乘务规程等条件都必须明确,要完成的乘务任务(由运行图决定)也必须预先给定。

4.3.2 乘务运用计划的编制

1. 乘务方式

未来的客运专线将主要采用动车组方式运行,动车组采用不固定区段使用的方式,与之相对乘务员运用方式也应与既有方式略有不同,称为不固定方式,其基本含义是:在其乘务基地的乘务范围内,只要满足乘务规则,乘务员可以担当任意列车的驾驶任务。由于乘务时间过长或出于其他乘务组织的考虑,一般以可换乘车站(relief point)为分界点将一条运行线分割成几个独立部分,称为乘务片断。如图 4-9 中乘务片断 1、3、5 是由同一列车运行线分割的,同样乘务片断 6、8、10 是由另一列车运行线分割而成的。

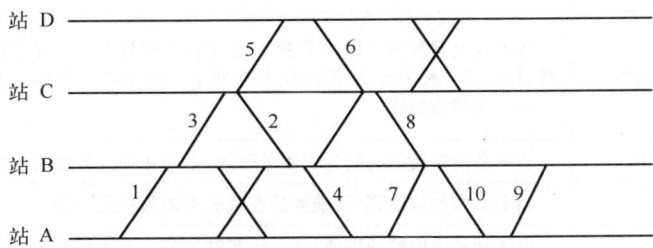

图 4-9 乘务员运用方式示意图

用图 4-9 解释不固定方式的具体含义。假设车站 B 为乘务基地(与传统的机务段的概念不同),基地担当的任务范围是站 A~站 D。以乘务片断 3 开始的交路可以为 3→2→4→7→10→9,也可以为 3→5→6→8→10→9,还可以是 3→2→…等其他形式。这样只要是在乘务范围内,只要满足乘务规则,可以担当任何列车驾驶任务的方式称为不固定方式。

2. 乘务规则

为了保证运输安全及保障乘务员的合法权益,编制乘务计划时乘务规则必须得到严格的遵守。由于各国铁路的实际情况、考虑问题的方式等不同,在乘务规则的内容上、考察项目的细致程度上都有很大的差异。这里仅对日本铁路乘务管理与乘务规则进行介绍。

1) 基本情况

在日本,乘务员归乘务段或运转所管理。乘务员出勤的时候首先在运转所报到,报到时要领取、确认当天的值乘内容,要注意运行图有无变更等;乘务工作结束后要向所属的乘务段或运转所报告乘务任务的完成情况。

乘务段或运转所的管理者称为助役,主要完成下面工作。

(1) 出勤、退勤管理。记录各乘务员出、退勤及乘务工作的实际情况。

(2) 乘务交路的管理。公司利用中央计算机系统将编制好的交路表数据传给运转所,再由运转所的打印机打印出来作为乘务员用的交路。

(3) 点名表的编制。将各个乘务员担当的乘务交路、出勤时刻、退勤时刻等做成一览表,利于管理使用。目前许多公司也已经采用计算机进行编制。

(4) 劳动时间的计算、整理。当列车运行没有波动时不用计算(乘务交路中已经计算),但列车运行波动时必须重新计算劳动时间等。

2) 名词解释

对日本乘务管理和乘务计划编制中使用的专业名词进行总结,表4-4给出名词术语及简要的含义。图4-10给出了各种时间的示意图。

3) 乘务交路规则

日本铁路公司在编制日乘务交路时主要遵循下列规则。

(1) 交路的总时间:16 h(含有夜间驾驶时,当日和第二日交路时间之和)。

(2) 连续乘务时间:既有线4 h以内;都市圈内2 h 50 min,新干线4 h以内。

表4-4　日本的有关乘务员运用的名词解释

名　词	说　明
乘务交路	从出勤到退勤所进行的作业顺序和作业内容;作业内容包括驾驶(或便乘)的列车、开始站,结束站及在开始和结束站进行的转线、出入段、看守等内容
实乘务、转线、入段、出段	在本线上驾驶列车称为实乘务,在车站上把列车从某条站线上转往其他站线、牵出线、存车线等称为转线,把站线上的列车开往车辆基地称为入段,将列车从车辆基地开到站线称为出段
实乘务时间、乘务时间	实乘务所需要的时间为实乘务时间,上述4项乘务所需要的时间为乘务时间
看守	列车始发前或终到后,乘务员在驾驶室内等待的状态
便乘	由于乘务或退勤的需要,从一个车站到另一个车站乘车(不驾驶)移动的过程
在折返地的时间	一个实乘务完了之后到下一个实乘务开始之前的时间称为在折返地的时间
连续乘务	在折返地的时间不超过20 min时,将前后乘务一起称为连续乘务
准备时间、折返准备时间	出勤后第一次乘务之前的准备时间及退勤前的各种事项处理时间称为准备时间,在值乘当中在担当不同列车时的前准备和后处理时间称为折返准备时间
交路的劳动时间	一个交路中包含的乘务时间、便乘时间、准备时间、折返准备时间、看守时间、步行时间等的合计
交路的总时间	一个交路从出勤报到至退勤点名之间的所有时间
乘务率	交路中乘务时间占交路劳动时间的比例
深夜乘务	在深夜带(22:00—5:00)乘务2 h以上称为深夜乘务

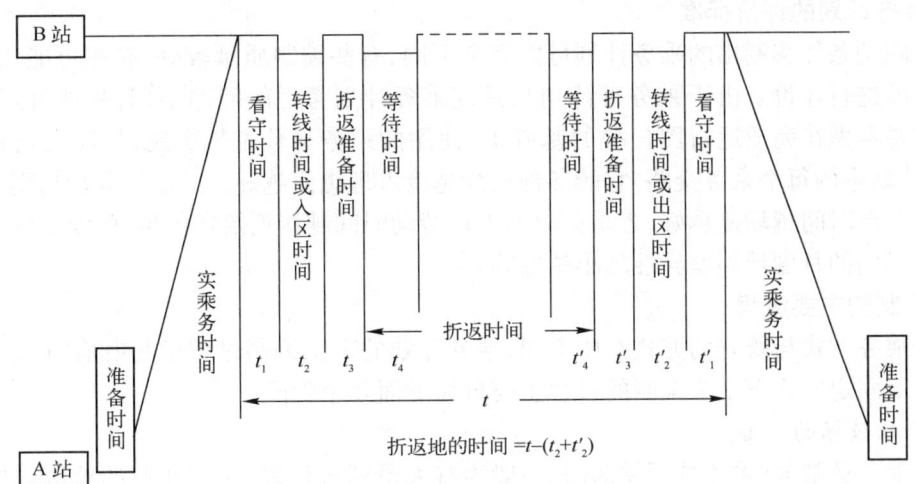

图 4-10 交路中各种时间示意图

(3) 连续乘务里程:一般线路为 245 km;都市圈内为 135 km,新干线为 575 km 以内。

(4) 在折返地的时间:当往路(从运转所出发)的实际连续乘务里程达到连续乘务里程的 70% 以上时,包括折返准备时间在内的在折返地的时间要保证达到往路乘务时间的 1/3 以上。

(5) 吃饭时间:日勤(白天)交路中保证午饭时间,有夜间驻留的交路要保证晚饭和早饭时间。具体各餐时间带和所用时间则与工会组织协调确定。

(6) 最大的交路数:以区所的乘务员数为基础,一天可能出勤的乘务员数作为交路数的上限。

(7) 住宿地:由住宿设备条件决定各站、各区所允许住宿的交路数的上限。

(8) 资格条件:拥有某车种、某级别的列车的驾驶执照的乘务员数决定该车种该级别列车的交路数的上限。某些车种限定驾驶员资格,在编制乘务月度计划时也要编制专门的计划。

4) 乘务月度计划编制的规则

在编制月度乘务计划时要遵循下列规则。

(1) 公休日:4 周内保证有 4 天的公休日。

(2) 特别休息日:一年内特别休息日和公休日之和应尽量接近 104 天。

(3) 深夜乘务:含深夜乘务的交路最多连续两次,而且任意 30 天之间要保证 9 次以下。

(4) 平均劳动时间:月度人均日劳动时间以 7 h 10 min 标准。

(5) 在家休息时间:值乘工作结束后在家中休息的时间要与刚刚完成的值乘任务的总劳动时间大致相同。如果连续 2 次值乘含有深夜时间带的交路,要在家休息 24 h 以上。如果在家休息时间含有公休日,则在公休日的前后给予 16 h 的修养时间。在公休日之前的退勤时刻应在 18:00 点之前,公休日之后的出勤应在 8:30 之后。

(6) 驾驶执照的种类:各个交路要求的驾驶执照种类必须得到满足。月度计划的周期(即需要的乘务组数,等于出勤天数+休息天数)要小于拥有相应的驾照乘务组的数量。

(7) 乘务组间的条件:每人日均劳动时间要平衡。

(8) 各乘务小组:担当区所内所有的交路,在区所内所有的驻留地驻留。

可以看出编制满足上述条件的乘务计划是非常困难的工作,需要有丰富的经验和高超技巧。我国未来客运专线也可以参照国外的经验制定相应的规则。

3. 乘务计划的评价标准

由相同的条件编制出的乘务计划可以完全不同,有些编制质量较好,有些可能较差,需要按一定标准进行评价。由于乘务日计划与月度乘务计划考虑的问题不同,其评价尺度不同。日计划主要考虑在完成运行图任务的基础上,使用的乘务员数量越少越好,即交路数越少也好;对日计划中的每个乘务交路,它的各种指标越接近理想值越好。月度乘务计划则主要考虑乘务组间劳动时间越均衡越好,各乘务组的平均劳动时间越接近给定值越好,编制的月度计划与前一个时期的月度计划差异性越小越好等。

4. 编制的主要流程

由于乘务方式与既有的方式有所不同,乘务计划的手工编制过程也与既有方式存在一定的差异。不固定方式下手工编制的过程主要分为下面几个阶段。

1) 基础数据的准备

确定乘务员基地(乘务员所属部门,一般为有大量列车始发、终到作业的地区)、换乘的车站(或乘务折返地)及其服务范围,给定列车运行图和动车组周转图,给定乘务工作时间标准等乘务规则,确定各乘务员基地的任务(将运行图分解给各乘务基地)。

2) 乘务片断的划分

以乘务员可能换乘的车站为分割点,将运行图中的所有运行线分割成乘务片段,例如,将图 4-11 中运行线 H 102、H 106、H 201 分割成 $\{x_1,x_2,x_3\}$、$\{y_1,y_2\}$ 和 $\{z_1,z_2,z_3\}$ 等几个片断。所谓的可能换乘站是指一些规定的车站,在这些车站列车的停站时间大于乘务员换乘所需时间(如 2 min,乘务员利用这一时间进行交接、换乘),并具有休息设备等其他条件。

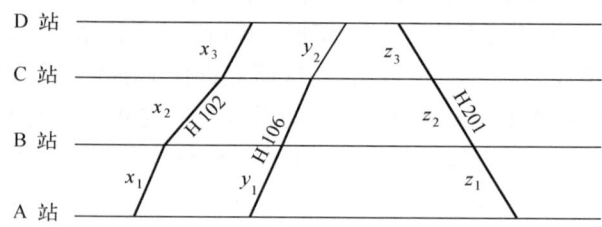

图 4-11 将运行线分割为乘务片段

3) 乘务交路的制定

按照乘务员一次乘务总时间、乘务折返接续时间、连续乘务时间等乘务规则,将各乘务片断组合成不同的可行乘务交路,作为最终乘务交路备选方案。例如,假设图 4-12 中 B 站为乘务员基地,乘务片断 $\{1,3,5,7\}$、$\{2,4,6,8\}$、$\{9,11\}$ 分别构成了 3 个不同的可行乘务交路,而乘务片段 $\{1,3,5,7,9,11\}$ 构成的则是不可行乘务交路(一次乘务时间超过了乘务规则规定的时间)。

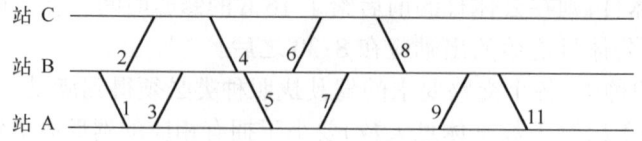

图 4-12 乘务片断示意图

4) 确定乘务交路选择的优化评价准则

根据总乘务时间、纯乘务时间、连续乘务时间和乘务时间间隔的理想值和实际值的偏差,

建立乘务交路选择的优化评价准则。

5) 比选确定优化的乘务交路

根据上述优化评价标准,选择比较优化的乘务交路,作为乘务组一次乘务工作内容。所有被选择的乘务交路集合,必须完全覆盖全部乘务片段,乘务交路的数量就是每天所需要的乘务组数。乘务组每一次工作就是完成一个乘务交路。

由于满足乘务规则的可能的乘务片断组合方案数量很多,即乘务交路方案数量很多,可以构成不同乘务交路计划方案,如表 4-5 所示的以图 4-12 为基础的 4 个不同方案。方案间存在着优劣差别,并且这些差别有些可以直接比较,而有些又难于比较。例如,方案 1 明显优于方案 4,但方案 2 和方案 3 之间的优劣则难于判断。

表 4-5 乘务员运用计划案例

	乘务片段号										乘务员数量
	1	2	3	4	5	6	7	8	9	11	
方案 1	1	2	1	2	1	2	1	2	3	3	3
方案 2	1	2	3	2	3	4	1	4	3	3	4
方案 3	1	2	1	2	3	1	3	3	1	4	4
方案 4	1	2	1	2	3	4	3	4	5	5	5

注:表中数字为乘务交路编号,例如,方案 1 中编号 1 对应的乘务片断号为 1、3、5、7,表明方案 1 中的交路 1 由这几个乘务片断构成。

6) 确定可行的乘务交路方案集合

在乘务交路中不能中断或中途更换乘务组的约束下,乘务组与乘务交路的不同组合方式,构成各种可行的乘务交路计划方案。

7) 确定月度乘务员运用计划

在乘务交路方案中,各个乘务组织之间的乘务时间、在外驻留待班的次数并不均衡(如表 4-5 中方案 1,1、2 号乘务交路乘务时间多于 3 号交路的乘务时间),需在较长时间内调整乘务组和乘务交路的组合关系,尽可能均衡各乘务组的劳动时间和外驻次数,并满足月度总乘务时间等乘务规定和有关劳动条例的规定。

通常获得满意的编制结果要对 5、6、7 三个过程进行多次迭代,通过比较分析,放弃较差的交路,重新生成新的交路集合,再经过全面比选和调整,最后形成月度乘务。

表 4-6 是西日本公司山阳新干线的实际乘务计划的指标分析结果。

表 4-6 日本山阳新干线乘务计划的指标(乘务组日均)

	乘务里程/km	乘务时间	劳动时间	乘务率/%
博多运转所	545.6	3 h 57 min	6 h 49 min	57.9
广岛运转所	538.7	4 h 11 min	6 h 36 min	63.3
大阪运转所	610.5	4 h 21 min	6 h 37 min	65.8

注:表中的数据为 1996 年西日本公司实际运用的乘务计划的分析数据。

4.3.3 乘务计划的计算机编制

1. 人机交互系统

从上面内容不难了解,在乘务计划编制时要综合考虑乘务时间等众多乘务规则的限制条件,手工编制一个可行的方案往往需要大量的工作人员花费较长的编制时间,而且难以得到优化的方案。随着市场的不断变化,运行图的调整也更为频繁,手工编制乘务员运用计划已不适应客观需要,为此,一些研究人员利用先进的计算机技术和数学手段,开发了计算机编制系统,以期提供比较可行的优化方案。早期的工作则主要集中在计算机辅助支持工作上,把手工作业的一部分内容在计算机的图形用户界面上实现,利用CAD等技术进行辅助编制,如利用计算机进行乘务规则检查、乘务时间等指标计算等方面工作质量评价。这些系统主要以人机交互为主,乘务规则的检查、乘务指标的计算等由计算机进行,这样的人机交互系统在一些发达国家铁路中已经采用。在人机交互系统中乘务交路的产生、乘务计划的生成等部分还主要依靠人工进行。

2. 计算机自动编制

如果乘务交路段的生成、交路段的选择等能通过一定算法让计算机自动进行就是乘务计划的自动编制。

乘务计划问题在其他交通领域也是重要问题,一般在车辆运用计划、航班飞行计划、铁路运行图(包含具体任务)确定以后进行。一些任务需要乘务的时间过长,超过规定的劳动时间,乘务员不能连续乘务,必须将这些任务从备选的换乘点(relief point)处分割,形成小的任务片断。计划编制就是组合任务片断,形成满足乘务规则的出乘任务安排。计划编制时一般以乘务费用最低为优化目标。各交通方式乘务计划问题都可以表示成覆盖问题(set covering)或分解问题(set partitioning),两个模型均为典型的整数规划模型。

覆盖问题(set covering)的数学模型为

$$\min Z(x) = \sum c_j x_j; \quad (4-1a)$$

$$\begin{cases} \sum F_{ij} x_j \geqslant 1, i=1,\cdots,M; & (4-2a) \\ \sum G_{jk} x_j \leqslant h_k, k=1,\cdots,N; & (4-3a) \\ x_j = \{0,1\}; & (4-4a) \end{cases}$$

$$F_{ij} = \begin{cases} 1, \text{如果乘务交路}\ j\ \text{包含运行区段}\ i; \\ 0, \text{其他情况}。 \end{cases}$$

分解问题(set partitioning)的数学模型为

$$\min Z(x) = \sum c_j x_j; \quad (4-1b)$$

$$\begin{cases} \sum F_{ij} x_j = 1, i=1,\cdots,M; & (4-2b) \\ \sum G_{jk} x_j \leqslant h_k, k=1,\cdots,N; & (4-3b) \\ x_j = \{0,1\}; & (4-4b) \end{cases}$$

$$F_{ij} = \begin{cases} 1, \text{如果乘务交路}\ j\ \text{包含运行区段}\ i; \\ 0, \text{其他情况}。 \end{cases}$$

上述模型的约束方程组(4-2a)及(4-2b)中,"行"表示要执行的任务片断(如表4-4中的片断1,2,3等),"列"表示可能的乘务交路计划(如表4-4中方案1的第一个乘务交路段)。x_j表示乘务交路段j是否被运用计划利用的变量,当乘务交路段j被乘务计划采用时,x_j等于1,否则x_j等于0。c_j是乘务交路段j所对应的费用;F_{ij}是覆盖或分解问题中的消耗矩阵的元素,当乘务交路段j中包含任务片断i时,F_{ij}等于1,不包含任务片断i时,F_{ij}等于0;G_{jk}表示乘务交路段j需要利用第k个乘务基地的人数,h_k表示乘务基地k所能提供的最多乘务员数量,M和N分别表示总的任务片断数量和乘务员基地数量。当要求任务片断i至少被覆盖一次时(允许便乘),乘务计划问题对应于覆盖模型;当要求任务片断只能被精确地覆盖一次时(不许便乘),乘务计划问题对应于分解模型。第二组约束方程(4-3a)及(4-3b)表示各乘务基地人力资源的限制(也可以构造其他的限制条件)。费用c_j对问题最优解的形成起着比较关键的作用,一般根据实际问题给出。

上述模型的求解是自动编制的核心。对于小规模问题可以采用枚举法得到模型的最优解;但对于实际问题,可能的乘务交路段数量庞大,枚举法是不可能的。

因此,以美国为首的众多机构,都从事这方面的研究工作。例如,在航空领域开发了飞行员调度的方法(The Trip Reevaluation and Improvement Program,TRIP),该方法在已有的一个初始可行解的基础上,利用启发式算法随机地选定一些任务片断组合成原问题的子问题,然后在子问题上利用算法选取飞行任务片断产生所有可能的匹配(Pairing),最后利用整数规划方法求出子问题的最优解,再和其他子问题的解构成原问题的解,如果这个解比初始解有所改善就代替初始解;不断地重复上述步骤,直到满足停止规则为止。

在城市交通领域比较成功的系统是HASTUS系统,由加拿大的GIRO公司研制,目前已经有13个国家40多个城市采用这个系统。这个系统主要由HASTUS—Bus、HASTUS—Macro和HASTUS—Micro 3部分组成,用于生成城市交通的车辆运用计划和乘务员运用计划。在进行车辆运用计划时,主要考虑服务的线路、服务的频率及主要站之间的旅行时间等因素,形成车辆运用计划,并根据实际需要,生成4种类型的运用计划,即一般工作日(weekdays)计划、星期六(Saturdays)计划、星期日(Sundays)计划和节假日(Holidays)计划。在车辆运用计划生成中使用了典型的网络流方法(network flow method),目标函数为"车小时"最小。乘务员运用计划就是将乘务员分配给已经编制好车辆运用计划的车辆,由于乘务员工作不同于车辆,在乘务员运用计划生成时必须严格遵守一些乘务规则,这些主要规则是乘务时间必须在7.5~12.5 h(全部工作时间)、乘务员换乘地点(relief point)必须在规定的地点等。由于Set Covering求解大规模问题比较困难,因此系统采用一些变通的方法(模型仍接近于Set Covering模型),利用启发式近似算法得到问题的解。虽然得到的解仍然不是问题的最优解,但仍可以为公司节约1%~4%的费用。HASTUS—Bus用来产生优化的车辆运用计划,HASTUS—Macro用来描述最优解分割策略,HASTUS—Micro用来产生优化的乘务员日运用计划。由于HASTUS较为先进,据说日本铁路正移植该套系统。

我国无论是航空运输、城市交通及铁路运输,很少见到有关的研究成果发表。《铁道学报》发表过利用亚启发式(meta-heuristics)算法开发铁路乘务计划的自动编制方法,是对该领域研究进行的一些尝试。

第 5 章 客运专线通过能力计算

5.1 客运专线通过能力的影响因素

客运专线的通过能力主要受运输模式、列车种类、速度、停站、运行图铺画方式、站间距离、天窗设置等设备和运营因素的影响。

不同运输模式对通过能力的影响不同。日本的纯高速客运专线的运输模式，只运行 3 种速差较小的旅客列车。这种模式相对简单，不同列车在占用区间能力上的相互影响较小。而德国高速铁路属于客货混行的运输模式，在运行图上，通过能力的利用呈现 3 个不同时间段的差异：昼间主要运行旅客列车，有高速列车、城间快速列车和普通旅客列车 3 种，其技术速度也不同；夜间主要运行快速货物列车，其种类和速度单一，昼夜交替时段则是客货混行，客货列车速度不同，在占用区间能力上的相互影响较复杂。

不同种类列车间的速度差异和停站时间影响通过能力，主要表现为：一是不同高速列车之间，因停站次数及其停站时间不同而产生相互间的能力扣除；二是旅行速度不同的列车之间，如高速客车与中速客车之间、高速客车与快速货物列车之间，因速度（本质上是区间运行时分）差异而产生相互间的能力扣除。一般来说，速差越大，能力扣除也越大。

客运专线列车运行图的铺画方式，实际上也影响着通过能力，在不同种类列车间的速度存在差异的情况下尤为明显。一般来说，采用不同列车分区集中铺画方式时，相同速度的列车间可以集中地平行铺画，不同速度的列车在占用区间能力上的相互影响较小，而对不同速度列车采用均衡铺画方式时，情况正好相反。此外，也有介于两者之间的阶段均衡铺画方式，是一种随不同种类列车的数量比例和速度差异而合理选择不同种类列车在运行图中的布局关系、列车时空分布及运行线间的交错关系的铺画方式。这种铺画方式，较能够适应客运专线不同发展阶段的能力合理利用。

垂直型的综合维修天窗对线路通过能力的影响需要特别重视。一是长达 4～6 h 的天窗时间行车中断产生直接的能力损失，二是这种天窗方式在运行图 4 个边角时空上产生特殊的三角区，使全线能力利用有了"长线"和"短线"之分。而且线路里程越长，长线能力越小。这使客运专线的方向通过能力与其所包含的各区段通过能力，随线路里程的增大，差别越来越大。因此，普通铁路以限制区段能力值作为方向通过能力的做法已不适用于客运专线。

站间距离及区间的不均等性对通过能力的影响，在不同种类列车间速差较大的情况下也不容忽视。一般地，在保证一定的高速能力的条件下缩小站间距离有利于提高中速能力，但如果高速能力占方向总能力的比重较低，亦即高速列车数量较少时，缩小站间距离有利于提高中速长线能力，而中速长线能力的提高又会适当降低中速短线能力；而当高速能力占方向总能力的比重较高，亦即高速列车数量较多时，缩小站间距离只有利于提高中速短线能力而难以提高中速长线能力。

5.2 客运专线通过能力利用的特点

1. 昼夜能力利用的不均衡性

客运专线主要为客运服务,旅客的出行活动在其始发站一般都发生在昼间,国外旅客在高速铁路的单程行程都较短,法国和德国一般为 400～500 km,日本的东海道新干线从东京到博多最长,也只有 1 069 km,按时速 250 km 计算,也仅需 4 个多小时,旅行活动一般可在昼间完成而无需夜间行车,造成昼夜之间能力利用极不均衡。在昼间,能力利用也不均衡。一年之内,不同季节之间客流生成和变化规律有所不同;一周之内,工作日与双休日的客流特点不同,一日之内,旅客出行的频率也不同,往往形成旅客出行活动的高峰和低谷。这同既有铁路力求组织均衡运输、充分利用区间通过能力的运营要求有较大不同。

2. 理论计算能力与实际可利用能力差距较大

由于客运专线的客流特点和昼间能力利用的极不均衡,尽管理论上可以在客运专线运行图上铺画较多的列车运行线,而实际上,各条运行线由于所处的实际时段不同;所能吸引并完成的旅客输送量却大不相同。同常规铁路相比,客运专线整体形成的实际输送能力与理论计算能力之间的差距较大。因此,客运专线需要比既有铁路更大的能力后备。

3. 客车停站及其起停车附加时分影响的放大

在普通铁路,影响通过能力的主要因素是不同列车之间的速度差别,其次是各种追踪间隔时间的影响,客车停站造成的停站时分及其起停车附加时分对通过能力的影响较小。而在客运专线上,客车停站时分加上起停车附加时分所造成的影响一般已超过追踪间隔时间的影响,最明显的是,高速列车因停站而产生的能力扣除已经成为客运专线能力计算中的一个组成部分。因此,客运专线上,客车停站及其起停车附加时分的影响,产生了不同于普通铁路的放大效应。

4. 长线能力相对不足与短线能力相对富余并存

垂直形天窗使客运专线的线路通过能力有长线和短线之分。长线能力可以分段使用,转化为短线能力,而短线能力却不能组合为长线能力。而且随着线路里程和天窗时间的延长,长线能力也越来越小。因此,在能力利用上,出现方向通过能力小于其各区段通过能力,长线能力相对不足与短线能力相对富余并存的特点。

5. 客运专线能力计算具有一定的复杂性和某种不确定性

首先,普通铁路以一昼夜可通过的列车最大数量作为理论能力的标准值,在客运专线有了长线和短线能力之分后,已经不存在一个确定的数值。由于长线和短线能力之间一般不具有可比性,不同运程的列车数不能简单地进行数值累加而得出一个固定的通过能力计算值;所以只能区别不同种类和不同运程的列车,分别累计而构成各种不同列车及其数量集合,以组合能力的概念和方法反映客运专线的能力构成特点。其次,普通铁路通过能力以各区间能力计算为基础,以区段内通过能力最小的区间,即限制区间能力作为该区段的通过能力,而以方向上通过能力最小的区段,即限制区段能力作为该方向的通过能力,这种自下而上的推算逻辑已不适用于客运专线。反之,客运专线的能力计算必须首先以方向上的高速列车运程可达的最大客流区段为基础,从大到小确定其所包含的各个客流区段可能的各种长线和短线能力;因此将形成满足不同客流需求,各具特色的长、短线能力组合方案。因此,从一定程度上来说客运专线能力计算具有一定的复杂性和某种不确定性。

5.3 客运专线通过能力计算的方法

5.3.1 客运专线区间通过能力计算方法综述

通过能力计算方法很多,但是无论我国既有双线铁路还是日、德等国的高速铁路,实际使用的计算方法都比较简单、实用,只是并不完全精确,或多或少有一些偏差。对于采用高、中混行运营模式的高速铁路,通过能力计算较复杂,很难找到一个十分精确而又简便的计算方法。自 20 世纪 90 年代初我国的专家学者就一直在研究该问题,取得了大量的研究成果。研究初期主要利用普通双线铁路的计算方法,把高速铁路划分为固定区段或取一假定长度区段利用扣除系数计算。随着客运专线列车运输组织问题研究的深入,对客运专线通过能力计算特点及传统方法的缺陷也有了进一步认识,出现了多种研究方法并提出了一些新思路、新概念,如利用计算机模拟方法研究区间通过能力,提出了客运专线区间通过能力计算应将全线整体考虑的观点。还有文献用分析法研究了该问题,主要思路是,将有高速列车到发的车站定义为客流区段,然后针对具体的客流区段以 10 列车为一组,考虑不同高、中速列车比例,不同停站比和不同停站时间,按列车在区间可能被越行次数的组合关系及各种组合概率,分别计算高、中速列车的扣除系数,最后利用扣除系数计算各区段的通过能力。有的文章指出,客运专线列车运程多种多样是传统能力计量单位列车数和列车对数不适合客运专线通过能力计算的主要原因,提出了按列车公里计算客运专线平图通过能力的新思路和计算方法,有效地解决了客运专线平图通过能力以列车数量计算时总量值不确定的问题。并通过建立计算机辅助分析系统,对影响通过能力的有关因素进行了详细研究。

通过上述研究,对客运专线通过能力计算问题有了比较深入和广泛的了解,特别是客运专线通过能力的计算应以全线为研究对象的观点强调了高速线路通过能力利用的整体性,可以作为后续研究的重要基础;但总的来说还存在一些问题,主要包括以下几个方面。

(1) 用列车公里作为能力计量单位,虽然解决了列车运程不同的问题,但不能反映高、中速列车的区别。因为相同列车公里的高、中速列车占用的通过能力是不同的;即便是对同类列车也不能反映不同行车方式的区别,因为相同列车公里的无停站高速列车与有停站高速列车占用通过能力也是不同的。

(2) 计算方法的实用性有待加强。目前使用的计算方法有两类,一类是分析法,另一类是计算机模拟法。分析计算法主要是把各种情况下列车的能力占用归为一定的模式,如果是周期性列车运行图,这种方法较为简单直观,但实际的运行图的停站比、越行模式可能非常灵活;如果要归纳为各种模式,组合方案会太多,对于不同的运行图结构该方法的适用性必然受到限制。模拟计算法比较精确但较烦琐,而且也存在按模式铺画的问题。

鉴于上述原因,本书主要介绍一种新的计算方法,该方法力求实用、简便但又不失必要精确度,主要特点是用一些统计量反映不同的运行图结构和各种相关因素对列车占用通过能力的影响,这里称之为统计分析法。在 5.3.3 节简单介绍一下计算机模拟法。

由于单一运行速度的客运专线能力计算较为简单,本章主要介绍高、中混行模式下的区间通过能力计算方法。

5.3.2 计算客运专线区间通过能力的统计分析法

决定不同列车在运行图上占用区间通过能力的因素只有两个：一是列车运行里程；二是占用时间。列车公里作为计量单位解决了高速列车的运程差别，但忽略了列车占用时间差别。对于客运专线，不仅长、短途列车运程差别大，而且高、中速列车占用区间的时间差别也大；所以有必要同时考虑这两个因素。实际上，我国普通双线铁路在计算通过能力时也是同时考虑这两个因素，表现为使用列车数量为能力计量单位时都辅以扣除系数来区别不同种类列车占用区间的时间差别。为准确反映不同行车方式、不同列车占用能力的差别，统计分析法对列车公里这一计量单位进行了改进，采用一种新的计量单位——公里·分钟，这种新计量单位是基于面积能力的概念提出来的。

对于一列车来说，运行里程与占用时间两者的结合在运行图上表现为一块以一定距离和一定时间为边的面积，由此统计分析法提出面积能力的概念，即列车占用运行图的能力是其运行里程与占用时间的乘积，计量单位是 km·min。若将一张运行图扣除天窗等因素影响后能铺画运行线的所有面积看作整个线路的总面积能力 S，运行图上所有列车占用的面积能力叠加后的面积和 $\sum s_i$ 与线路总面积能力 S 之比即可看作这张运行图的能力利用率。基于这种思想，对于一张给定的运行图，可以用计算机逐列计算列车占用的面积能力，然后精确统计出运行图上各种列车总占用能力。但是，由于列车之间的能力可以互相利用，也即某些列车占用的面积能力可能重叠，统计时必须去掉这些重叠部分，要做到这一点就比较困难，另外这样直接统计也难以分析各种相关因素对通过能力的影响。因此，统计分析法不采用直接统计的方法，而采用一种更为简单并保证必要精确度的统计分析法，该方法的基本思路如下：

（1）根据高、中速列车占用通过能力的特点，确定高、中速列车占用通过能力的基本计算单位，高速列车按列、中速列车按停站距离计算，并分析各种相关因素对高、中速列车基本计算单位占用能力的影响；

（2）分析列车之间的相互关系并引入一些统计变量，分别推算出运行图上高、中速列车总占用能力计算公式；

（3）统计所有列车总占用能力，计算能力利用率。

考虑决策人员和现场工作者的习惯，在利用统计分析法研究客运专线通过能力时一并推算出高、中速列车扣除系数的计算公式。只是统计分析法所指的扣除系数与普通双线铁路的扣除系数有一点细微的区别。普通双线铁路是按区段计算通过能力，各种列车运行里程基本都是该区段的长度，其能力扣除系数表现为铺画一列某种列车占用能力与基准列车占用能力的比值；而客运专线以全线为研究对象，列车运程各有不同，停站方式也千差万别。因此，高、中速列车的扣除系数是指运行图上以某种行车方式铺画的高、中速列车占用能力与铺画相同运行里程不停站高速列车占用能力的比值。值得注意的是，普通双线铁路计算通过能力时采用"客车扣货车"的思路，实际上是把客、货列车区间占用时间差转嫁到客车上，而客运专线由于高速列车数量大大多于中速列车，计算线路通过能力时，一般采用"中速扣高速"的思路，即把高、中速列车占用时间差考虑到中速列车上。所以，普通双线铁路的旅客列车扣除系数反映的是高速度列车扣除低速度列车通过能力的情况。而客运专线上的中速列车扣除系数反映的是低速度列车扣除高速度列车通过能力的情况。由于高速列车扣除系数产生的原因主要是列车在途中的停站，有停站列车的旅速要比无停站列车旅速低，因而高速列车扣除系数也可以理解为"低速扣高速"。

1. 高速列车占用区间通过能力计算

根据有无停站,可以把运行图上的高速列车分为无停站高速列车和有停站高速列车两类。无停站高速列车在运行图上是一条不间断的运行线,只占用一个最基本的追踪间隔时间 I_h,将其运行公里乘以 I_h 即为该高速列车占用的面积能力。当高速列车有停站时运行过程中要增加停站时间;由于高速列车停站时间短,一般不考虑高速列车之间的越行,这样停站高速列车运行线虽然被分为几段,但各段运行线之间衔接紧密,计算其占用能力时仍以一条列车运行线为基本计算单位。在无停站高速列车占用能力的基础上,进一步考虑高速列车停站额外增加的能力占用,就可求出停站高速列车占用能力。由于停站高速列车的出现,不同行车方式的高速列车相互配合可以减少能力占用,高速列车总占用能力就不能简单地加总计算,需要在分析高速列车之间相互关系的基础上求出高速列车总占用能力。一列高速列车及所有高速列车占用通过能力计算过程详细介绍如下。

1) 一列高速列车占用能力

图 5-1 显示了高速列车无停站和有停站时占用区间能力的情况,用公式简单描述如下。

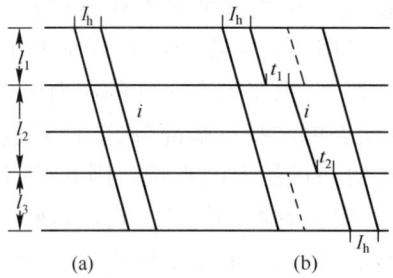

图 5-1 高速列车占用能力示意图

当无停站时(图 5-1(a)),列车 i 占用能力 $= l_i I_h$

当有停站时(图 5-1(b)),列车 i 占用能力 $= l_i I_h + \sum_{k=0}^{m_i} t_{i,k}^{h,s}(l_{i,k}^{q} + l_{i,k}^{h})$。

式中:l_i——列车 i 运行里程,km;

I_h——高速列车追踪运行间隔时间;

m_i——列车 i 停站次数;

$t_{i,k}^{h,s}$——列车 i 第 k 次停站占用时间,包括起停车附加时分与停站时间;

$l_{i,k}^{q}$、$l_{i,k}^{h}$——分别表示列车 i 第 k 次停站对其前方、后方区段的影响范围,km。

在此之前的研究一般把每次停站的影响都延伸到列车全程;但实际上除去停站点前、后方区段,运行线与邻线在其他区段形成的间隔一般可以铺画短途列车(见图 5-1 中的虚线),即便这些间隔时间不是高速列车追踪运行标准间隔时间的整数倍而不能完全被短途列车利用时,也可作为运行线之间的冗余时间。因此,每次停站的影响范围一般只需考虑停站点前、后区段,通过分析 $l_{i,k}^{q}$、$l_{i,k}^{h}$ 分别取列车 i 第 k 次停站点与第 $k+1$、$k-1$ 次停站点之间的里程,当 $k+1 = m_i$ 时取列车 i 终到站,当 $k-1 = 0$ 时取列车 i 始发站。

第 5 章 客运专线通过能力计算

2) 高速列车总占用能力 G_h

对于运行图上所有高速列车,总占用能力为

$$G_h = \sum_{i=1}^{N_h} l_i I_h + \sum_{j=1}^{N_{h,s}} \sum_{k=1}^{m_j} t_{j,k}^{h,s} (\mu_{j,k}^q l_{j,k}^q + \mu_{j,k}^h l_{j,k}^h)_\circ \qquad (5-1)$$

式中:N_h——高速列车总数;

$N_{h,s}$——停站高速列车总数;

$\mu_{j,k}^q$、$\mu_{j,k}^h$——比例变量,表示列车 j 第 k 次停站增加能力占用的情况,

$0 \leqslant \mu_{j,k}^q$、$\mu_{j,k}^h \leqslant 1$,通常 $\mu_{j,k}^q$、$\mu_{j,k}^h$ 等于 0 或 1。

式(5-1)中 $\mu_{j,k}^q$、$\mu_{j,k}^h$ 两个变量主要用来反映运行线之间的相互关系。因为铺画运行图时,通过运行线之间的匹配,有些停站不需要重复考虑其增加占用的能力,这时 $\mu=0$,这种配合有同站匹配和不同站匹配两种方式。同站匹配指在某停站,相邻两高速列车由于行车方式能相互配合(除去停车/通过组合方式之外的所有组合方式)而减少能力占用的情况,不同站匹配主要指停站高速列车按"递远递停"方式铺画运行线的情况。当然,由于实际运行图各停站时间和停站距离不是绝对均衡,某些匹配停站只能部分抵消增加占用的能力,这时令 μ 为其不能抵消部分的比例 ρ 更接近实际;但考虑到高速列车停站时间短,各列车停站占用时间差别小,ρ 应接近 0,取 $\mu=0$ 偏差不大。停站距离不均衡主要影响不同站匹配时 μ 的取值,一方面不同站匹配情况不多,另一方面当 ρ 比较大时可令 $\mu=1$。

为了简化下面的描述,把高速列车的停站按列车顺序进行总编号,并定义 $M_{h,s}$ 为高速列车总的停站次数,变量 k 表示总编号中第 k 次停站,式(5-1)中变量相应简写为 $t_k^{h,s}$、μ_k^q、l_k^q、μ_k^h、l_k^h,并将式中两部分分别定义为 G_{h_1}、G_{h_2},则式(5-1)改为

$$G_h = G_{h_1} + G_{h_2} = \sum_{i=1}^{N_h} l_i I_h + \sum_{k=1}^{M_{h,s}} t_k^{h,s} (\mu_k^q l_k^q + \mu_k^h l_k^h)_\circ \qquad (5-2)$$

(1) 计算 G_{h_1}。

$$G_{h_1} = L_h I_{h \circ}$$

式中:L_h——高速列车总运程, $L_h = \sum_{i=1}^{N_h} l_i$,km。

(2) 计算 G_{h_2}。

如果第 k 次停站与第 $k+1$ 次停站属于同一列车的停站,那么 l_k^q 为第 k 次停站的前向影响里程,也同时为第 $k+1$ 次停站的后向影响里程,即 $l_k^q = l_{k+1}^h$。同理,可推出 $l_{k-1}^q = l_k^h$。因此,对于一列停站高速列车,除其第一次停站间距外其他都可包括在前向影响集合 $\{l_k^q, k=1,\cdots,M_{h,s}\}$ 中;另一方面,除其最后一次停站间距外其他都可包括在后向影响集合 $\{l_k^h, k=1,\cdots,M_{h,s}\}$ 中。由于 $M_{h,s}$ 比较大,编制运行图时各高速列车停站距离也要尽量均衡安排,从统计规律看,可拟定高速列车平均停站距离 $\bar{l}_{h,s}$,即

$$\bar{l}_{h,s} = \frac{L_{h,s}}{M_{h,s} + N_{h,s}} \approx \frac{1}{M_{h,s}} \sum_{k=1}^{M_{h,s}} l_k^q \approx \frac{1}{M_{h,s}} \sum_{k=1}^{M_{h,s}} l_k^h_\circ$$

式中,$L_{h,s}$ 为停站高速列车总运行公里。

因此定义:

$$l_k^{\text{q}} = \bar{l}_{\text{h,s}} + \Delta l_k^{\text{q}}, \qquad (5-3)$$

$$l_k^{\text{h}} = \bar{l}_{\text{h,s}} + \Delta l_k^{\text{h}}。 \qquad (5-4)$$

式中，Δl_k^{q}、Δl_k^{h} 为第 k 次停站前向、后向影响距离与平均停站距离的偏差。

另定义：

$$t_k^{\text{h,s}} = \bar{t}_{\text{h,s}} + \Delta t_k^{\text{h,s}} \qquad (5-5)$$

式中，$\bar{t}_{\text{h,s}}$ 为高速列车平均停站时间，min；

$\Delta t_k^{\text{h,s}}$ 为第 k 次停站时间与平均停站时间的偏差。

将式(5-3)~式(5-5)代入 $G_{\text{h}_2} = \sum_{k=1}^{M_{\text{h,s}}} t_k^{\text{h,s}}(\mu_k^{\text{q}} l_k^{\text{q}} + \mu_k^{\text{h}} l_k^{\text{h}})$，有

$$G_{\text{h}_2} = \bar{t}_{\text{h,s}} \bar{l}_{\text{h,s}} \sum_{k=1}^{M_{\text{h,s}}} (\mu_k^{\text{q}} + \mu_k^{\text{h}}) + \bar{t}_{\text{h,s}} \sum_{k=1}^{M_{\text{h,s}}} (\mu_k^{\text{q}} \Delta l_k^{\text{q}} + \mu_k^{\text{h}} \Delta l_k^{\text{h}}) + $$

$$\bar{l}_{\text{h,s}} \sum_{k=1}^{M_{\text{h,s}}} \Delta t_k^{\text{h,s}} (\mu_k^{\text{q}} + \mu_k^{\text{h}}) + \sum_{k=1}^{M_{\text{h,s}}} \Delta t_k^{\text{h,s}} (\mu_k^{\text{q}} \Delta l_k^{\text{q}} + \mu_k^{\text{h}} \Delta l_k^{\text{h}})。 \qquad (5-6)$$

式中，G_{h_2} 由 4 部分组成，定义：$G_{\text{h}_2} = G_{\text{h}_2}^1 + G_{\text{h}_2}^2 + G_{\text{h}_2}^3 + G_{\text{h}_2}^4$，显然 $G_{\text{h}_2}^1$ 是 G_{h_2} 的主要部分。当高速列车停站距离比较均匀时，$G_{\text{h}_2}^2 \approx 0$；当高速列车停站时间相近时 $G_{\text{h}_2}^3 \approx 0$；第 4 项是高速列车停站距离偏差与高速列车停站时间偏差乘积之和，对能力占用影响很小可拟定 $G_{\text{h}_2}^4 \approx 0$。下面分别推算 G_{h_2} 前 3 项的计算式。在推算之前先定义如下几个统计变量。

(1) 停站影响系数 α：高速列车停站增加能力占用次数与高速列车总停站次数的比值，计算式为

$$\alpha = \frac{1}{M_{\text{h,s}}} \sum_{k=1}^{M_{\text{h,s}}} (\mu_k^{\text{q}} + \mu_k^{\text{h}})。$$

(2) v_l^{h}、v_j^{h}：分别表示高速列车旅行速度、技术速度，km/h。

(3) 高速列车总停站时间 $\sum t_s$：$\sum t_s = M_{\text{h,s}} \bar{t}_{\text{h,s}}$。从旅行速度角度分析，有

$$\sum t_s = 60 L_{\text{h}} \left(\frac{1}{v_l^{\text{h}}} - \frac{1}{v_j^{\text{h}}} \right),$$

定义 $C_v^{\text{h}} = 60 \left(\frac{1}{v_l^{\text{h}}} - \frac{1}{v_j^{\text{h}}} \right)$，有

$$\sum t_s = C_v^{\text{h}} L_{\text{h}}。$$

$\Delta \bar{l}_{\text{h,s}}$：高速列车各停站距离与平均停站距离绝对差的均值，km，有

$$\Delta \bar{l}_{\text{h,s}} = \frac{1}{M_{\text{h,s}} + N_{\text{h,s}}} \sum_{k=1}^{M_{\text{h,s}}} |l_k^{\text{q(h)}} - \bar{l}_{\text{h,s}}|。$$

$\Delta \bar{t}_{\text{h,s}}$：高速列车各停站时间与平均停站时间绝对差的均值，min，有

$$\Delta \bar{t}_{\text{h,s}} = \frac{1}{M_{\text{h,s}}} \sum_{k=1}^{M_{\text{h,s}}} |t_k^{\text{h,s}} - \bar{t}_{\text{h,s}}|。$$

将上述各统计值代入式(5-6)，可推算出 G_{h_2} 前 3 项的计算式分别为

$$G_{\text{h}_2}^1 = \bar{t}_{\text{h,s}} \bar{l}_{\text{h,s}} \alpha M_{\text{h,s}} = \alpha L_{\text{h}} C_v^{\text{h}} \bar{l}_{\text{h,s}},$$

$$G_{\text{h}_2}^2 = \bar{t}_{\text{h,s}} \Delta \bar{l}_{\text{h,s}} (2m_1^{\text{q}} + 2m_1^{\text{h}} - \alpha M_{\text{h,s}}),$$

$$G_{h_2}^3 = \bar{l}_{h,s}\Delta\bar{t}_{h,s}(2m_t^q + 2m_t^h - \alpha M_{h,s})。$$

式中,

$$\begin{cases} m_l^q = \sum_{k=1}^{M_{h,s}}\theta\mu_k^q, 当 l_k^q > \bar{l}_{h,s} 时, \theta = 1, 其他 \theta = 0; \\ m_l^h = \sum_{k=1}^{M_{h,s}}\theta\mu_k^h, 当 l_k^h > \bar{l}_{h,s} 时, \theta = 1, 其他 \theta = 0。 \end{cases}$$

$$\begin{cases} m_t^q = \sum_{k=1}^{M_{h,s}}\theta\mu_k^q, 当 t_k^{h,s} > \bar{t}_{h,s} 时, \theta = 1, 其他 \theta = 0; \\ m_t^h = \sum_{k=1}^{M_{h,s}}\theta\mu_k^h, 当 t_k^{h,s} > \bar{t}_{h,s} 时, \theta = 1, 其他 \theta = 0。 \end{cases}$$

如果定义:

$$\lambda_l = \frac{2m_l^q + 2m_l^h - \alpha M_{h,s}}{M_{h,s}}, \lambda_t = \frac{2m_t^q + 2m_t^h - \alpha M_{h,s}}{M_{h,s}}, C_M = \frac{M_{h,s}}{M_{h,s} + N_{h,s}},$$

则

$$G_{h_2}^2 = \bar{t}_{h,s}\Delta\bar{l}_{h,s}\lambda_l M_{h,s} = \lambda_l L_h C_v^h \Delta\bar{l}_{h,s}$$

$$G_{h_2}^3 = \bar{l}_{h,s}\Delta\bar{t}_{h,s}\lambda_t M_{h,s} = \frac{M_{h,s}}{M_{h,s} + N_{h,s}} L_h \Delta\bar{t}_{h,s}\lambda_t = \lambda_t C_M L_h \Delta\bar{t}_{h,s}。$$

最后将 $G_{h_2}^1$、$G_{h_2}^2$、$G_{h_2}^3$、$G_{h_2}^4$,代入 G_{h_2},有

$$G_{h_2} = \alpha L_h C_v^h \bar{l}_{h,s} + \lambda_l L_h C_v^h \Delta\bar{l}_{h,s} + \lambda_t C_M L_h \Delta\bar{t}_{h,s}。$$

(3) 计算 G_h。

将 G_{h_1}、G_{h_2} 代入式(5-2)有

$$G_h = G_{h_1} + G_{h_2} = L_h I_h + L_h C_v^h(\alpha\bar{l}_{h,s} + \lambda_l\Delta\bar{l}_{h,s}) + \lambda_t C_M L_h \Delta\bar{t}_{h,s}。 \quad (5-7)$$

3) 高速列车扣除系数

在无停站情况下,铺画相同运行里程的高速列车占用能力是 $L_h I_h$,那么有停站时高速列车的扣除系数为

$$\varepsilon_h = \frac{G_h}{L_h I_h} = 1 + [C_v^h(\alpha\bar{l}_{h,s} + \lambda_t\Delta\bar{l}_{h,s}) + \omega\lambda_t C_M \Delta\bar{t}_{h,s}]/I_h。 \quad (5-8)$$

式中,$\omega = \frac{L_{h,s}}{L_h}$ 为停站高速列车运程与高速列车总运程之比。

由于高速列车扣除系数远小于中速列车扣除系数,为简化计算可以只考虑 G_{h_1} 与 G_{h_2} 中的第一项,这时扣除系数计算式简化为

$$\varepsilon_h = 1 + \frac{\alpha C_v^h \bar{l}_{h,s}}{I_h}。$$

式中,C_v^h、$\bar{l}_{h,s}$、α、λ_l、$\Delta\bar{l}_{h,s}$、C_M、ω、$\Delta\bar{t}_{h,s}$、λ_t 都可以通过计算机统计确定。

由于高速列车的停站次数与停站时间通常是根据客运作业需要设置的,统计量 C_v^h、$\bar{l}_{h,s}$、C_M、ω 一般不会有太大的变化,而 α、λ_l、λ_t 和 $\Delta\bar{l}_{h,s}$、$\Delta\bar{t}_{h,s}$ 则比较灵活,相应可以采取一定措施来改变这些统计量,从而降低高速列车扣除系数,例如,优化运行图结构可以减低 α、λ_l、λ_t 的

取值,尽量均衡安排高速列车停站距离与停站时间可以减小 $\Delta \bar{l}_{h,s}$、$\Delta \bar{t}_{h,s}$。

2. 中速列车占用通过能力计算

中速列车基本为停站列车,运行图上每一条中速列车运行线均被自身 X 次停站分割成 $X+1$ 段运行线(如果是不停站列车,$X=0$)。鉴于此,初步考虑以停站间距为中速列车占用能力基本计算单位,是否可行还需进一步验证。计算中速列车占用区间通过能力时既要考虑中速列车与高速列车之间的关系,还要考虑中速列车本身之间的关系;因而计算比较复杂。但中速列车之间的关系要比中、高速列车之间的关系简单,下面先分析只考虑高、中速列车之间关系时按停站间距计算中速列车占用能力是否简单可行。图 5-2(a)中列车 i 在 s_2 停车站前后两段运行线 $l_i(s_1,s_2)$、$l_i(s_2,s_3)$ 占用能力分别是 A、B 两部分,C 是 $l_i(s_2,s_3)$ 后方受影响的一部分能力,D 是 $l_i(s_1,s_2)$ 前方受影响的一部分能力。对于 C、D 两部分能力,一般可以用来铺画中速列车,当 s_2 站为高速列车营业站时,还可用来铺画短途高速列车;当 s_2 站为非高速列车营业站时,s_2 站没有始发、终到高速列车,C、D 两部分就不可能被高速列车利用。可见,受一段中速列车运行线影响的前后方区段两部分能力都是可用的,只是停车站性质不同可利用程度不同。从这种意义上说以停站间距为中速列车占用能力基本计算单位,只需计算该段运行线实际占用能力,可以不考虑额外占用。当然,还需进一步分析运行线段实际占用能力部分是否需要扣除高速列车已计算的部分能力,这种情况是有可能出现的,如图 5-2(b)所示,当中速列车不停车通过高速列车营业站 s_2 时,E、F 两部分可能铺画有短途高速列车。但考虑到中速列车在高速营业站一般都要停车,只在站间距较小的区段(如沪宁段的镇江、常州、无锡、苏州)可交错停站,中速列车不停车通过高速营业站的比例非常低,而且这些站始发、终到高速列车不多;因此运行图上像 E、F 这样的能力被高速列车利用的实际可能性就更小。这样看来,以停站间距为中速列车基本计算单位能比较简单地反映中速列车实际占用能力,而不需考虑太多的额外占用和扣除。对于一张给定的运行图,所有中速列车运行线由 $N_m + M_{ms}$(中速列车总数+总停站次数)段运行线组成,下面就开始研究这些运行线段占用能力的计算问题。

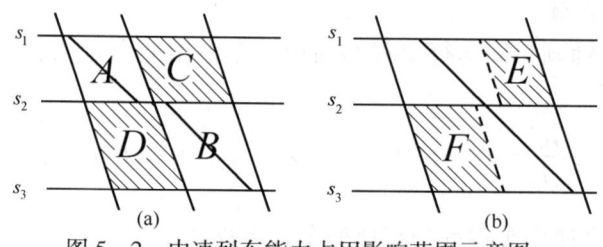

图 5-2 中速列车能力占用影响范围示意图

1) 一段中速列车运行线占用能力

上面的分析中没有考虑中速列车之间的关系,在铺画运行图时为减少中速列车的能力占用,有时会使两列或两列以上中速列车追踪运行。由于高、中速列车之间速差大,追踪运行线段与非追踪运行线段在占用能力方面的差别较大,应分别考虑。综合中速列车在运行图上的各种可能情况,计算中速列车运行线段占用能力共分 3 种模式,分别为追踪模式、非追踪模式及混合模式,见图 5-3。前两种模式是基本模式,混合模式是两种基本模式的组合,即运行线段部分追踪运行、另一部分非追踪运行,图 5-3(c)中集中了混合模式的 3 种情况。

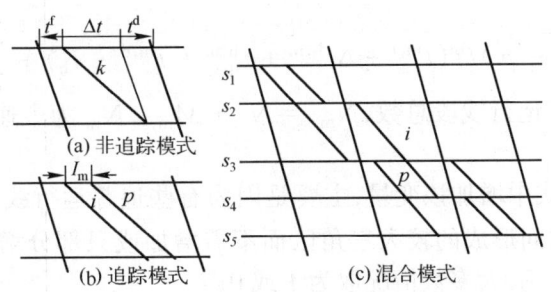

图 5-3 中速列车占用能力示意图

(1) 图 5-3(a)中运行线段 k 为非追踪运行线段,其能力占用应按式(5-9)计算,即

$$l_k^m(t_k^{m,f} + \Delta t_k^{h,m} + t_{q,t}^m + t_k^{m,d} - I_h)。 \qquad (5-9)$$

式中:l_k^m——第 k 段中速列车运行线运程,km;

$t_k^{m,f}$、$t_k^{m,d}$——第 k 段中速列车运行线分别与左、右相邻高速列车运行线之间的发、到间隔时间,min;

$t_{q,t}^m$——中速列车起停附加时间之和,min;

$\Delta t_k^{h,m}$——在 l_k^m 运程内高、中速列车运行时间差,$\Delta t_k^{h,m} = 60 l_k^m \left(\dfrac{1}{v_y^m} - \dfrac{1}{v_y^h} \right)$,其中 v_y^m、v_y^h 分别为中、高速列车的运行速度。定义 $C_v^m = 60 \left(\dfrac{1}{v_y^m} - \dfrac{1}{v_y^h} \right)$,则 $\Delta t_k^{h,m} = C_v^m l_k^m$。

到目前为止,还没有分析中速列车停站时间对能力计算的影响。由于中速列车的停站通常要结合高速列车越行进行,一般中速列车的标准停站时间 $t_{m,s}^标$ 设为 $t_k^{m,f} + t_k^{m,d}$(有特殊作业站除外,如某站有上水作业),当实际停站时间大于 $t_{m,s}^标$,超出部分可看作中速列车的车站冗余时间。可见,在式(5-9)中实际已考虑中速列车停站时间对能力计算的影响。式(5-9)中占用时间减去一个 I_h,主要是考虑越行高速列车占用能力已计算;但实际图上有些中速列车的停站并没有待避高速列车,从精确计算的角度考虑这种情况不需减去 I_h。考虑到无越行停站情况并不多,为了简便,统计分析法就不详细区分有越行和无越行停站这两种情况了。

(2) 图 5-3(b)中运行线段 p 为追踪运行线段,其能力占用应按式(5-10)计算,即

$$l_p^m I_m。 \qquad (5-10)$$

式中:l_p^m——第 p 段中速列车运行线运程,km;

I_m——中速列车追踪运行间隔时间。

(3) 图 5-3(c)中中速列车运行线段 i 为混合运行模式,计算其能力占用时将其非追踪运行与追踪运行部分分别按式(5-9)和式(5-10)计算,设 ρ_i 为其追踪运行比例(按里程计算),其占用能力计算式为

$$(1 - \rho_i) l_i^m (t_i^{m,f} + \Delta t_i^{h,m} + t_{q,t}^m + t_i^{m,d} - I_h) + \rho_i l_i I_m。 \qquad (5-11)$$

从式(5-11)可以看出,非追踪运行模式可看作 $\rho_i = 0$ 的特殊模式,追踪运行模式可看作 $\rho_i = 1$ 的特殊模式。

2) 中速列车总占用能力

中速列车总占用能力 G_m 应等于运行图上所有中速列车运行线段占用能力之和,其计算式为

$$G_m = \sum_{i=1}^{N_{m,s}}(1-\rho_i)l_i^m(t_i^{m,f} + \Delta t_i^{h,m} + t_{q,t}^{h,m} + t_i^{m,d} - I_h) + \sum_{i=1}^{N_{m,s}}\varphi_i\rho_i I_m l_i^m \text{。} \quad (5-12)$$

式中：$N_{m,s}$——中速列车运行线段总数，$N_{m,s} = N_m + M_{m,s}$，N_m 为中速列车总数，$M_{m,s}$ 为中速列车总停站次数；

φ_i——比例变量，式中增加该变量，主要是因为有些追踪运行线段可以利用其相邻运行线段与高速列车之间形成的较大三角区而不需增加或只部分增加能力占用，φ_i 为实际需要计算能力的比例，大多数情况取为 1 或 0；

$t_k^{m,f}$、$t_k^{m,d}$——取值对于具体的运行线段由于行车方式不同而不同，但总的来说差别很小，对于给定运行图可以通过统计取其平均值，分别为 $\overline{t^f}$、$\overline{t^d}$。为简便起见，定义 $t_c = \overline{t^f} + t_{q,t}^m + \overline{t^d} - I_h$。将 t_c、C_v^m 代入式(5-12)中，式(5-12)成为

$$G_m = t_c \sum_{i=1}^{N_{m,s}}(1-\rho_i)l_i^m + C_v^m \sum_{i=1}^{N_{m,s}}(1-\rho_i)(l_i^m)^2 + I_m \sum_{i=1}^{N_{m,s}}\varphi_i\rho_i l_i^m \text{。} \quad (5-13)$$

在继续推算前，先定义如下几个统计变量：

L_z^m——中速列车非追踪运行总公里，$L_z^m = \sum_{i=1}^{N_{m,s}}(1-\rho_i)l_i^m$，km；

L_z^m——中速列车追踪运行总公里，$L_z^m = \sum_{i=1}^{N_{m,s}}\rho_i l_i^m$，km；

L_m——中速列车总运行公里，$L_m = L_z^m + L_z^m$，km；

ρ——中速列车追踪比，$\rho = \dfrac{L_z^m}{L_m}$；

φ——中速列车追踪运行总公里中实际占用能力的比例，$\varphi = \dfrac{\sum_{i=1}^{N_{m,s}}\varphi_i\rho_i l_i^m}{L_z^m}$；

$\overline{l}_{m,s}$——中速列车平均停站距离，$\overline{l}_{m,s} = \dfrac{L_m}{N_{m,s}}$。

将上述统计变量代入式(5-13)，得

$$G_m = (1-\rho)L_m t_c + C_v^m y + \varphi\rho L_m I_m \text{。}$$

式中，$y = \sum_{i=1}^{N_{m,s}}(1-\rho_i)(l_i^m)^2$，经适当近似处理后，有

$$y = (1-\rho)\left[N_{m,s}(\overline{l}_{m,s})^2 + \sum_{i=1}^{N_{m,s}}(l_i^m - \overline{l}_{m,s})^2\right] = (1-\rho)L_m \overline{l}_{m,s} + (1-\rho)N_{m,s}\sigma^2,$$

式中，$\sigma^2 = \dfrac{1}{N_{m,s}}\sum_{i=1}^{N_{m,s}}(l_i^m - \overline{l}_{m,s})^2$，可看作 l_i^m 的方差。

将 y 代入式(5-13)，得

$$G_m = (1-\rho)[L_m t_c + C_v^m(L_m \overline{l}_{m,s} + N_{m,s}\sigma^2)] + \varphi\rho L_m I_m \text{。} \quad (5-14)$$

3）中速列车扣除系数

如果铺画相同里程的无停站高速列车，占用能力是 $L_m I_h$，那么中速列车扣除系数 ε_m 应为

$$\varepsilon_m = \dfrac{G_m}{L_m I_h} = (1-\rho)\left(\dfrac{t_c + C_v^m \overline{l}_{m,s}}{I_h} + \dfrac{C_v^m \sigma^2}{\overline{l}_{m,s} I_h}\right) + \varphi\rho \dfrac{I_m}{I_h} \text{。} \quad (5-15)$$

在 ε_m 的计算式中 t_c、I_m 一般变化不大,影响中速列车扣除系数的主要因素是 ρ、C_v^m、$\bar{l}_{m,s}$、σ^2,其中 ρ 主要反映了运行图结构中中速列车追踪运行情况,追踪运行比例越大扣除系数越小;C_v^m 主要反映高、中速列车速度差,速差越大中速列车扣除系数越大;$\bar{l}_{m,s}$ 为中速列车平均停站距离,停站距离越长扣除系数越大,如果要通过缩短 $\bar{l}_{m,s}$ 降低 ε_m,只能增加停站次数,这样又可能导致中速列车旅速进一步降低;σ^2 为中速列车平均停站距离的方差,σ^2 越大 ε_m 越大,因此为降低中速列车扣除系数应尽量使中速列车均衡停站。

3. 通过能力利用率的计算

通过能力利用率等于高、中速列车实际占用能力与总通过能力之比,$G_h + G_m$ 即为实际占用能力,至于客运专线全线总通过能力主要取决于检修天窗的形式与大小,当检修天窗确定后有效到发时间就可确定,假设有效到发时间内高速列车按无停站方式、追踪间隔时间为 I_h 所能铺画的列车运行线总里程为 L_z,那么按面积能力计算的总区间通过能力是 $L_z I_h$,全线通过能力利用率 γ 为

$$\gamma = \frac{G_h + G_m}{L_z I_h} \text{ 或 } \gamma = \frac{L_h \varepsilon_h + L_m \varepsilon_m}{L_z} \text{。} \quad (5-16)$$

客运专线各区段开行高、中速列车数量不同,相应各区段能力利用率 γ_i 不同;因此需要分别计算。由于各区段运行图结构不同,不同区段的高、中速列车扣除系数 ε_h^i、ε_m^i 应有所不同,一般情况下,为简化计算,可以用 ε_h、ε_m 代替 ε_h^i、ε_m^i,各区段能力利用率为

$$\gamma_i = \frac{L_h^i \varepsilon_h + L_m^i \varepsilon_m}{L_z^i} \text{。} \quad (5-17)$$

式中:L_h^i、L_m^i——分别表示第 i 区段高、中速列车总运行里程,km;

L_z^i——第 i 区段有效到发时间内高速列车按无停站方式、追踪间隔时间为 I_h 所能铺画的列车运行线总里程,km。

4. 通过能力利用率的合理取值

关于我国客运专线通过能力利用率的合理取值问题,专家学者提出了很多建议,有的借鉴国外高速铁路的运营经验,例如,日本山岸博士提出高速铁路能力利用率范围为 0.6~0.75,建议采用"高中混行"模式的京沪高速铁路取 0.6;有的通过铺画实验运行图并结合需要通过能力取 0.8;还有的通过理论分析建议取 0.75,这些建议值对进一步研究有重要的参考价值。但是,我国客运专线具有与国外高速铁路及普通双线铁路明显不同的特点,而且即便对同一张运行图,在不同干扰水平下采用不同的运输组织方法,运行图的执行性能也会不同;所以我国客运专线能力利用率的合理取值需要根据不同的运营条件和运营质量要求通过计算机模拟实验进行定量分析确定。根据上述参考值,建议选择通过能力利用率不超过 0.8 的运行图作为模拟实验的方案运行图。

能力利用率的合理取值跟计算方法还有一定关系。从推导高、中速列车占用能力计算公式的过程中可以看出,部分没有计算但受影响的能力实际可用性要受到一定限制,因此用统计分析法计算能力利用率来确定客运专线合理通过能力利用率时,取值最好偏低一些。

另外,通过"面积能力"的概念计算列车实际占用能力比较直观;但列车没有占用的能力非常零散地分布在运行图上,如果要对剩余能力估算可以加开列车的数量就不太直观了。为克服"面积能力"这一缺点,在考虑通过能力利用率的合理取值时,仍然有必要结合传统能力计量

单位"列车对数"及明确反映列车运程差别的"列车公里"等指标进行综合考察分析。

5.3.3 计算机模拟法

计算机模拟法是由计算机模拟人工铺图,严格按铺图标尺,通过紧密铺画高、中速列车运行线,进而精确确定客运专线区段或全线通过能力的方法。如前所述,由于高速列车之间的能力扣除及高、中速列车之间的能力扣除难以精确确定,更由于各种不同运程的列车难以简单相加;因此计算机模拟确定区段或全线通过能力,都是在某种特定条件下进行的,都是根据某种原则,在固定某些种类列车数量(当然这些列车可能有不同的铺画方案)的前提下,通过计算机模拟人工铺画满表运行图,确定其他种类的列车数量。例如,一般可在按设计能力确定各种高速列车数量需求的前提下,首先铺画满足需求数量的各种高速列车的运行线,然后在剩余时空域内,从长线到短线尽可能铺画各种中速列车运行线,从而获得某种高速列车方案下,即不同行程高速列车数量集合下由不同行程的中速列车数量构成的一个通过能力集合(简称中速能力集合),不改变不同行程高速列车的数量和比例关系,而只变换高速列车的铺画方案,重复上述过程,可以获得多种不同的中速能力集合,对足够多的中速能力集合考察其需求发展和其他质量指标,可以从中选择并确定出适合需求而质量较优的中速能力集合。

用计算机模拟法确定客运专线区段或全线通过能力的算法框图如图 5-4 所示。

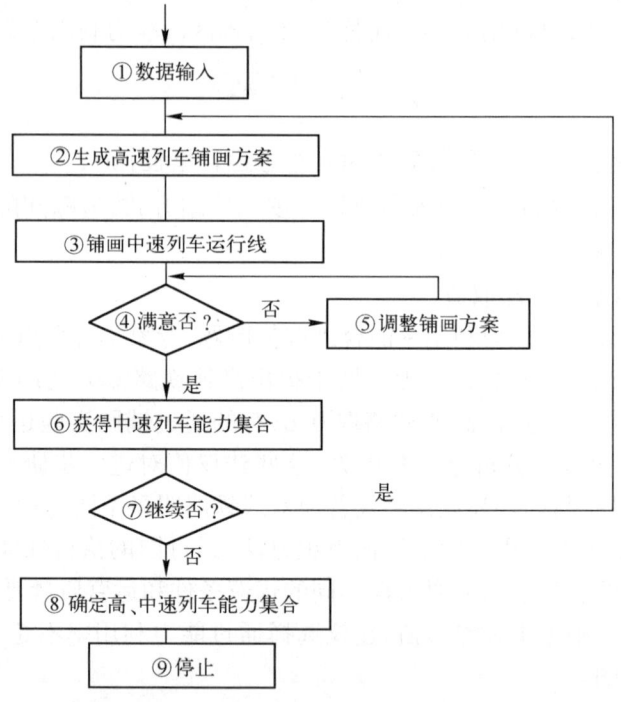

图 5-4 计算机模拟法确定客运专线通过能力算法框图

由于满足铺图标尺约束条件的可行方案数量巨大,因此方案的比选和优化算法相当复杂。此类问题属于非结构化或半结构化问题,一般只能应用专家系统方法或借助人机对话方式进行,寻求问题的近似最优解或满意解。

第6章　客运专线日常运输组织

6.1　客运专线行车组织的特点

客运专线行车组织的特点主要是高速度、高密度、高正点率。

6.1.1　高速度

客运专线主要技术水平的标志是速度。但旅客最关心的是旅行速度,而不是最高运行速度。为了保证客运专线的旅行速度应考虑以下几方面措施:

(1) 线路的限速地段不能过多;
(2) 列车牵引性能要好,加减速快,起停车附加时间短;
(3) 客运专线的行车组织工作,尤其是列车运行图的铺画,要在保证旅客上下车的前提下,尽可能地提高旅行速度。在满足一定服务频率的前提下,要减少列车停站次数及停站时间,一般大站 3~5 min,小站 1~2 min;
(4) 由于列车停站时间短,高速列车一般不挂行李车,行包由专列输送;
(5) 列车停靠站要准确地对好车位,车站要在列车到达前组织好旅客按车位等待。

6.1.2　高密度

高密度的行车组织模式是吸引客流的需要,也是客运专线,尤其是高速铁路的主要特点之一,如在客流最大时段,东京—大宫间新干线一小时连发 15 列客车。列车开行密度应从以下几个方面理解。

(1) 实际开行的对数与两种因素有关:一是客流量;二是列车定员。
(2) 客流量主要决定于客运专线沿线社会和经济发展水平,其他交通运输方式的情况及客运专线的运输质量和服务水平。
(3) 列车定员要根据各国国情确定。日本高速铁路的客流密度较大,采用 1 300 多人的大定员;而欧洲各国客流密度相对小一些,所以采用了小于 1 000 人的小定员。在保证完成运量的前提下,以较小的列车定员为好。
(4) 由于客流波动,在早晚集中出行、某些区段客流量较大时,可以考虑重联运行;但非高峰时段也要保证一定的列车密度,以利于吸引客流。

6.1.3　高正点率

各国都十分重视高速列车的正点率问题,并以此作为与其他交通运输方式竞争的重要手段。西班牙规定高速列车晚点超过 5 min 就要退还旅客的全额车票费;日本规定晚点超过 2 h

就要退还旅客的加快费,日本高速列车自1964年开通以来所有列车的平均晚点时间不到1 min;法铁对外承诺,当列车晚点超过30 min,按票额30%以交通券方式进行补偿。因此,客运专线在列车正点率方面对旅客应有所承诺。对旅客有所承诺对外可提高客运专线的声誉,对内可鞭策各部门、各岗位职工一丝不苟地工作。

为保证有较高的旅客列车正点率,区间通过能力的利用率不应太高,旅客列车运行图的铺画要为调度调整预留一定的弹性,甚至要铺画一定数量的备用线,供晚点列车使用。

6.2 高中混行条件下的行车组织

6.2.1 客运专线列车运行干扰分析

旅客列车运行干扰对旅客列车运行最直接的影响是导致旅客列车晚点,因此可以通过分析旅客列车晚点情况来了解运行干扰的出现规律。从导致旅客列车晚点的原因分析,旅客列车晚点可分为自身晚点与连带晚点两种形式。自身晚点指因旅客列车自身原因或其他直接作用于旅客列车的随机因素造成的旅客列车晚点;连带晚点指旅客列车本身能正点运行,但由于受其他旅客列车晚点影响而导致的旅客列车晚点。自身晚点或连带晚点造成旅客列车到达终点站的晚点称为终到晚点。没有跨线旅客列车的客运专线列车运行干扰主要应该根据旅客列车自身晚点情况进行分析。

对于采用"高中混行、列车跨线运行"模式的客运专线,从既有铁路跨线上客运专线的晚点旅客列车是客运专线上旅客列车运行的一个主要干扰,它的晚点规律取决于其在既有线上的波动积累;客运专线上运行的各种旅客列车也会出现晚点,但其晚点规律是由客运专线上的运行情况决定的。因此,可以从两个方面来研究客运专线的旅客列车运行干扰:一是既有线旅客列车的晚点规律;二是客运专线上高、中速旅客列车的晚点规律。对于跨线旅客列车的晚点,应视为跨线旅客列车在客运专线接轨站的自身晚点。

1. 既有线列车晚点规律分析

我国既有铁路提速前后旅客列车晚点情况变化较大。提速前晚点率较高,表6-1为京沪线上主要大站1995、1996年一段时间旅客列车晚点情况统计表,如果中速旅客列车按这种晚点情况上客运专线,客运专线的运营质量是难以保证的。

表6-1 京沪铁路旅客列车晚点情况统计表

车　站	统计车次/对	WDGL/%	WDSJ/min	QKWD/min
天津	11	53.5	13.2	8.05
济南	8	37.2	23.42	8.71
徐州	16	70.6	33.40	27.65
蚌埠	2	9.7	9.92	0.97
南京	2	11.25	16.36	1.84
上海	2	9.9	15.00	1.87

注:WDGL—全部旅客列车平均晚点概率;WDSJ—晚点旅客列车平均晚点时间;QKWD—全部旅客列车平均晚点时间。

调研发现提速后的沪宁线旅客列车始发及运行正点率较前几年有明显改善,对一段时间

实际运营数据统计后得出快速旅客列车始发晚点概率为1.62%,运行晚点概率为3.84%。上线中速旅客列车是既有线上等级较高旅客列车,通过严格管理,并随着我国既有铁路运营条件的改善,上线中速旅客列车正点率应该会有明显的改善。

2. 客运专线上高、中速列车晚点规律分析

对于客运专线列车晚点规律目前还难以进行实际查定,通过对国外高速铁路运营数据及广深准高速铁路和沪宁等提速列车的运营情况进行理论分析后,做一些可能的预测。

从国外实际运营情况看,高速线上运行列车普遍具有很高的正点率。

广深准高速铁路开通一周年(1994.12.23—1995.12.31,共374天)的运行情况是,共运行2 051列准高速列车,安全行车30×10^5 km,没有发生任何旅客伤亡事故,没有发生迟发、丢线,各种原因引起的运行晚点共计305列,正点率为85.1%,晚点总时间为2 653 min,晚点列车平均晚点时间为8.7 min。随着运营进一步稳定,准高速列车运行正点率也在提高,对1997年广深准高速铁路一段时间运营情况进行了调查,统计出列车晚点概率为1.3%,晚点列车平均晚点时间为12.68 min,所有列车平均晚点时间为10 s。

从国外高速铁路与我国准高速及提速列车运营情况分析,未来客运专线本身应具备很高的运营"可靠性",一般情况下列车运行波动应该很小。当然,列车在客运专线上总难避免受到人、环境、设备等因素的随机干扰引起列车晚点。

另外,还有一类难以用规律描述的运行干扰,如因自然灾害或事故引起的线路毁坏,由于这类干扰出现的概率非常小,而且一旦出现一般是导致一定时段、一定区域内的列车运行中断或减速运行,应作为一类特殊干扰进行研究。

6.2.2 客运专线列车运行调整的特点

未来的客运专线是我国铁路网的重要组成部分,"高、中混行,中速列车上线运行,高速列车下线运行"的运输组织模式将被一些线路采用,这种模式使得我国客运专线列车运行组织与既有线及其他国家高速铁路列车运行组织有较大的差异,也使得我国客运专线列车运行调整问题有其自身的特点。

从列车运行干扰分析看,上线晚点列车,特别是在既有线上运行时间较长的跨线列车将是客运专线列车运行的主要干扰,导致客运专线与普通铁路衔接地区的行车组织工作成为整个客运专线行车组织工作的一个重点,对于列车运行调整来说,就是上线晚点中速列车如何调整问题。从国外高速铁路实际运营经验看,高速铁路只要与其他线路衔接,其衔接点的运输组织工作就需要高度重视。如法国高速铁路,由于采用高速列车下高速线运行的运营方式,其行车组织工作的困难不在高速线本身而在于延伸线路与高速线路的协调;德国高速铁路各大枢纽站引入方向多,各方向列车的良好接续就成为德国高速铁路行车组织工作的重点。

另一方面,由于受到经济条件和技术水平的限制,我国的高速动车组不可能有较多的备用,高速列车运行紊乱必然导致动车组折返交路的紊乱,特别是在列车密度较大,高速动车组采用不固定区段使用方式时,问题会更突出。再者,由于高、中混行,高、中速列车速差大,运行图上高速列车的均衡到发性差,一定程度上也会影响动车组的良好接续。因此,当列车运行紊乱时,高速动车组的合理、高效运用将成为客运专线列车运行调整的另一个重点,而这也是日本高速铁路列车运行调整的重点。

总之,晚点跨线列车的调整与高速动车组交路的调整将是我国客运专线列车运行调整的两个工作重点,这集中了德、法和日本等国高速铁路运输组织工作的重点,使得我国客运专线运行调整的复杂度和难度都将加大。

6.2.3 客运专线列车运行调整的基本方式

晚点中速列车运行调整及高速动车组折返交路调整是列车运行调整的两个工作重点。中速列车由于速度低,在途中要经常待避高速列车,导致与一列中速列车相关的列车多,高速列车则被动车组折返交路关联在一起;因此中速列车运行调整和高速列车折返交路的调整不仅涉及多列列车而且要跨越较大的时段与空间,这决定了客运专线列车运行调整需要在一个较长时间段内综合、全局地优化。要做到这一点,要求在编制计划时,主要调整信息不能有太大的随机变动。从前面的分析可知,中速列车上客运专线时的晚点是客运专线列车运行紊乱的主要原因,晚点时间一般可以通过既有线的阶段计划获取,可以说主要调整信息是已知的。当然,列车在客运专线上运行总会受到各种随机因素的影响,随着时间与空间的推移,避免不了加入一些新的调整信息。考虑到上述特点,建议分两步完成列车运行调整:第一,在主要信息已知的情况下,采用知识工程与数学规划结合的方法,快速编制一个较长时间段内综合优化的阶段计划;第二,随着新的随机干扰的出现,采用重叠式、滚动优化的方法对阶段计划进行一些局部调整,实现阶段计划向实绩运行图的过渡。不过,这种思路是按照上线中速列车晚点较大、客运专线上只出现较小随机干扰这一普遍情况提出来的,对于其他情况,这两步并非同时需要也不必交替进行,例如:

(1) 上线中速列车正点,只在客运专线上出现一些小波动,这时只需对基本图进行第二步处理即可;

(2) 上线中速列车晚点较多,客运专线上列车运行正常,这时只需进行第一步处理即可;

(3) 上线中速列车晚点较多,在阶段计划执行过程中,客运专线上又出现较大的随机干扰,如自然灾害、事故等,这时需要让出现较大运行紊乱的时段和空间包括在一个新的阶段计划里,重叠编制阶段计划。

可见,客运专线列车运行调整的启动必须根据具体情况灵活变动,但只要具备上述两步功能就能处理各种情况;所以客运专线列车运行调整的基本工作方式应该是按阶段编制滚动式调整计划加必要时的局部调整。

6.3 客运专线调度指挥系统

6.3.1 客运专线调度指挥系统的类型

铁路调度指挥系统是铁路日常运输生产活动的管理中枢,又是对运输生产全过程进行实时监控调整的指挥中心,在协调各部门工作,提高列车运行质量,确保行车安全,保持运输生产整体节奏性等方面起着核心作用,对全面完成运输生产任务具有极为重要的意义。

调度指挥系统的类型与铁路运输组织方法和运营管理方式密切相关。目前,世界上有两种类型的调度指挥系统,一种是以德国高速铁路为代表的行车指挥中心,另一种是以日本新干线为代表的综合调度指挥中心。以德国为代表的行车指挥中心与我国既有铁路的调度指挥系统相似,其构建思路仅从狭义的运输系统出发,首要目标是保持运输生产稳定有序,业务范围较窄,只承担行车调度任务,系统结构较为简单,功能相应较弱,难以适应在高速度、大密度、快节奏、时效性强的条件下确保行车安全和正点的要求。以日本新干线为代表的调度指挥中心则是根据高速客运专线的特点和要求,从广义的运输系统出发,即把运输系统视为包含车、机、工、电、辆等多部门组成的庞大而复杂的人—机—环境动态系统,建成的综合性调度指挥机构。该系统充分考虑了高速铁路的高风险性及运输安全保障对调度指挥系统的高度依赖性,突出了安全的重要地位,首要目标是保证运输生产安全、高效、正点和稳定有序。它是以计算机技术、现代通信和信息技术为基础,以列车调度为核心,涉及铁路运输、机务、工务、电务、安检等业务系统的综合调度、管理、控制系统。

对于"高、中混行"的运输组织模式,行车组织工作复杂,只有建立一套具有"高度工作协调性、计划准确性、安排超前性、实施快速性和应急可靠性"的强大功能的调度指挥系统,才能满足行车安全需要,经专家学者多年研究,认为我国客运专线应该建立日本新干线方式的综合调度指挥中心,调度指挥系统采用综合调度中心和车站两级管理体制。

6.3.2 客运专线调度指挥组织原则

客运专线与既有铁路既相互联系,又相互独立,其调度指挥系统有别于既有铁路,所以客运专线有着与既有铁路不同的调度指挥组织原则,主要表现在以下几个方面。

(1) 一般情况下,由综合调度指挥中心对客运专线全线进行集中领导和统一指挥。
(2) 凡与运输生产有关的部门和工作,都必须在运输调度的统一指挥下进行工作。
(3) 客运专线和既有铁路的调度应按各自管辖的调度指挥权限指挥列车运行。
(4) 当综合调度中心出现故障时,车站层调度机构可以根据列车运行图独立地控制其管辖范围内的信号、道岔并指挥列车运行。
(5) 当对中速列车运行紊乱进行调整时,既有线调度要服从客运专线调度员的指挥,优先考虑上下客运专线的中速列车,以保证客运专线的正常运行。

上面介绍了客运专线调度系统的类型及调度指挥原则,作为列车运行调整的执行机构,研究客运专线列车运行调整问题应该注意以下几点。

(1) 客运专线列车运行调整问题的研究需要改变普通铁路以调度区段为工作对象的思路,改为以全线为研究对象,但要考虑分段建设的要求。
(2) 考虑调度人员的分工适当分项研究列车运行调整包含的各项运输组织问题。研制列车运行模拟实验系统应该根据调度职能适当划分功能模块,但要加强各模块的信息交流,以保证工作的连续性和整体优化。
(3) 在权限划分时强调了既有铁路调度服从客运专线调度的原则,如果既有线能力许可,晚点较大的中速列车可以考虑下高速线运行的调整方式。

6.3.3 客运专线行车指挥自动化系统

一些主要发达国家的铁路,如德国、法国等,其现代化程度很高且通过能力富余,便于实施严格按图行车。当列车运行秩序紊乱时,一般通过人机对话方式进行一些局部调整就可完成,这些国家的行车指挥自动化系统普遍侧重于列车运行监督与控制,自动调整方面的研究较为简单,但也有一些偏向于理论化的研究。不过,这些国家都非常重视列车运行模拟系统的开发,在铁路系统实现的早期阶段用来分析运输需求及列车开行方案;在系统规划阶段用来评估信号和控制系统的安全性能,也用来研究发生故障时系统稳定性能的测试,这些实验系统对于保证运输系统投入运营后的安全稳定与运营效益有着重要的意义,例如德国西门子公司开发的运营模拟工具(Train Analysis and Simulation Tool,TRANSIT),可以用来研究在既有设备升级改造,或者在运营控制、系统控制及信号和安全系统装设新设备时产生的各种各样问题。从功能上来说,TRANSIT 可以作为实验系统,承担超前综合试验的任务,由于运用该系统能够比人工控制的实验设备测试更多的复杂的作用流程,从而极大地减少了运输系统试运行阶段的后续工作。该系统也涉及了自动调整功能,但是调整方法很简单,主要就是把某列车的运行延误分散到其前行或后行列车的停站时间上。

日本新干线经过 30 多年的实践,形成了一套非常有效的列车运行组织方法,其中最具特色的是新干线行车管理系统(Computer Aided Traffic Control System,COMTRAC),该系统 1964 年在东海道新干线开通时开始采用,调度中心在东京,为防止地震等自然灾害,在大阪设置了备用中心,主要功能见表 6-2。

表 6-2　日本东海道—山阳新干线 COMTRAC 功能概述表

子系统		主要功能	计算机分类
运行计划系统	基本计划	·编制基本、季节性计划 ·编制车辆检修计划 ·当列车运行大面积紊乱时,辅助编制次日调整计划	EDP
	实施计划	·编制次日日班计划 ·输出执行运行图	
车辆及乘务员运用管理系统	车辆运用	·编制车辆运用计划	
	检修管理	·管理车辆各级检修 ·管理车辆运转结果	
	乘务员运用	·编制乘务员运用计划 ·掌握乘务员当前位置、检测计划执行情况	
运行管理系统	运行管理	·预测列车运行 ·安排接发车股道 ·判断列车到发顺序,编制阶段计划	
	信息传输	·把调度命令、运行图变更、列车晚点及事故等信息传输到各工作点 ·传输车辆、乘务员运用及其他有关数据	
进路控制系统	进路控制	·根据列车运行图设定进路	PRC
运行显示系统	运行指示	·监视列车运行状况 ·监视沿途设备状况	MAP
旅客向导系统	旅客向导	·根据列车运行图及晚点信息,自动控制车站指示牌及向导广播	EDP
资料管理系统	编制管理资料	·统计每日列车、车辆及乘务员运用实绩 ·输出统计报表及实绩运行图	EDP

该系统对列车运行组织的全过程实行了计算机管理,使得新干线在列车密度很大的情况下,几十年来保持了非常高的列车运行正点率。值得注意的一点是,在新干线投入运营10年左右,随着运输密度加大,设备故障增多,列车晚点也相应增加,为了解决运行调整问题,日本国铁技术研究所于1977年专门开发了新干线列车运行模拟系统(Shinkansen Train Traffic Simulation System,STARTS),用以模拟多方式列车运行扰动时,各种调整策略的调整效果,实际的调整靠人机对话完成。随着列车速度和列车密度的进一步提高及高速铁路线的延伸,第一代COMTRAC已经不能满足运输生产的需要,1995年11月,将东北、上越、北陆新干线各子系统进行整合,形成了新的(Computerized Safety Maintenance and Operation System of Sinkansen,COSMOS)系统。COSMOS是日本最新、功能最全的调度指挥系统,调度中心设在东京(和东海道、山阳调度中心在同一大楼内)。COSMOS由8个子系统构成,其系统构成如图6-1所示。

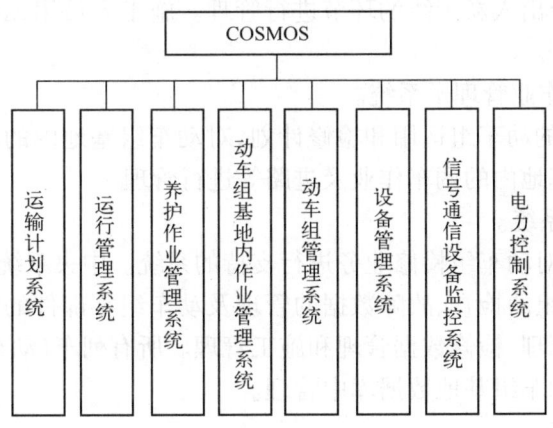

图6-1 COSMOS功能子系统构成图

各子系统的功能如下。

(1) 运输计划子系统。

运输计划子系统是新干线运输计划的编制及管理的系统。主要编制列车开行计划(包括基本运行线、季节波动运行线、日别波动运行线及团体旅客需求的临时运行线)、动车组运用计划、乘务员运用计划、动车组检修计划的基本计划,同时进行统计资料的编制、汇总和计划传输。

编制好的计划以日为单位向运行管理系统等进行传达,次日以后的计划向车站、乘务所(机车乘务员)、乘务区(列车乘务员)及总公司、分公司等部门自动传达。在车站开行情况表、乘务所乘务表等都自动输出。

本系统从运行管理系统接收当天列车运行变更情况,进行列车走行公里等统计工作。

(2) 运行管理子系统。

运行管理子系统是基于运输计划系统编制好的列车时刻表,调整列车运行和向旅客提供信息。主要有列车运行调整、运行表示、列车时刻表管理、进路控制和旅客服务指南等业务。

运行管理系统由中央运行管理和车站运行管理两级系统构成,两者由专门网络连接。

中央运行管理的调度员在显示器上对运行线直接进行操作,包括列车运行变更、列车进路构成操作等。当需要慢行时调度员直接进行临时速度控制。ATC设备故障时的代用安全保障方法可以只由中央调度员和司机实施。

车站运行管理由车站 PRC 管理系统、控制系统和旅客向导装置构成。车站 PRC 管理系统对进路控制、运行信息、运行图、手动控制等进行管理;车站 PRC 控制系统从车站 PRC 管理系统接受进路构成指示,对进路冲突条件等进行检查并向信号装置输出。在养护维修时间段内,由养护作业用终端进行养护动车组进路的控制。旅客向导系统根据车站 PRC 的实际信息对旅客进行广播和对信息板进行控制。

从中央向车站运行管理传送当日及次日的运行图信息,车站根据轨道回路的情况等进行控制;因此当网络发生故障时仅依靠车站 PRC 也能进行列车控制。

(3) 养护作业管理系统。

养护作业管理系统是支持有关养护作业计划、实施等的系统。中央系统与各养护区的终端以通用网络连接。在各养护区的终端上登录的作业计划在中央系统保存,中央系统对当日养护作业的开始、结束及出入新干线的环节进行管理。施工人员用无线电话进行作业申请和报告作业的开始、结束等。

(4) 动车组基地内作业管理子系统。

基于计划系统编制的动车组运用和检修计划,对动车组基地内的具体作业、人员安排、场地和时间的分配,以及基地内的调车作业及进路等进行管理。

(5) 动车组管理子系统。

动车组管理系统是对动车组检修业务进行支持的系统。中央系统与动车组基地用通用网络连接。主要进行动车组的检查、故障数据的管理及动车组零部件的管理。主要功能有动车组档案管理、故障数据管理、检修数据管理和施工管理。所有列车(动车组)的数据在中央系统管理,零部件的管理在动车组基地数据库中管理。

(6) 设备管理子系统。

设备管理系统是对线路、电力、通信信号等设备检查数据进行管理的系统,中央系统与各检修区段系统用通用网络连接。中央系统将来自综合检测车的数据进行处理并传送到相应的部门。各检修区加工和管理本区的设备维修数据。中央系统和计划系统共用硬件设备。

(7) 通信信号设备情报监控系统。

通信信号设备情报监控系统是对新干线的沿线防灾情报及信号通信设备的状态进行监控的系统(Centralized Information Monitoring System,CMS)。中央系统通过专用的线路可以集中监视来自车站的信息(风、雨、轨道温度、ATC 信号的水平及联动设备的动作状况等),中央系统也可以进行远程控制。

(8) 电力系统控制系统。

电力系统控制系统(监控管理系统)进行新干线变电所的控制和定时停送电的管理,中央系统和各地区的系统由专用网络连接。中央系统可以对各地区的系统进行控制。

COSMOS 系统,其核心完全转变,成为一个软件定位系统,完全是人机交互操作方式,而以前的 COMTRAC 是一个硬件定位系统,其主要设备由各种各样控制和显示面板组成。原有的 COMTRAC 由信息处理系统(EDP)及进路控制系统(PRC)组成,新系统又开发了以 CRT 为主体的运行显示系统(MAP),大规模地改善了人机系统。与 COMTRAC 相比,COSMOS 在下述几个方面形成了新的特色。

(1) 列车运行图预测与列车控制技术。

根据列车运行实绩预测将来的到发时刻,若与计划的运行图不符,则以不同颜色提示。

晚点列车可以按照预测运行图调整,在列车运行发生大面积紊乱时减轻劳动强度,分3步完成运行调整:①重新编制未来3h阶段运行图并显示给调度员;②如果需要,调度员对其进行修改;③基于新的阶段运行图,对股道、动车组及乘务员计划进行相应调整。

(2)临时列车速度控制和沿线防灾技能。

中央系统可以直接限速。沿线的防灾信息与运行管理系统在线连接,可以根据灾害情况自动提出减速等方案。

(3)养护作业支援。

中央系统可以接受无线电话进路设定的请求,并办理进路。

COMTRAC 和 COSMOS 主要参数对比如表6-3所示。

表6-3　COMTRAC 和 COSMOS 主要参数对比

项目		COMTRAC	COSMOS
列车	总列车列数	最多700列/日	最多1 500列/日
	同时在线列车列数	最多150列	最多200列
	1列车辆数	最多30辆	最多30辆+2
	列车车次	阿拉伯数字4位+英文字母1位(A~P)	阿拉伯数字4位+英文字母1位(A~Z)
	运行时刻表示单位	15 s	无限制
车站	总站数	最多40站	最多64站
	到发线数	最多10线/站	不限
	其他站线	最多8线/站	最多10线/站
	站名	假名4位以内	汉文文字4位以内
	列车出发顺序表	最多250列/日	最多360列/日
动车底	总车底数	最多150组	最多150组
	1列车车辆数	最多16	最多20
	动车底名	英文1位+阿拉伯数字3位(A~P)	英文2位+阿拉伯数字3位(A~Z)
	每列车的最大动车底数		3组以内
运用计划	输入时间	4日/月	无限制
	执行计划	40日	300日
	速度类别变更	不可	途中变更可能
	最小停车时分	45 s	30 s
旅客向导系统	停车站向导	128种模式	无限制
	广播及图形表示	定型	定型+书写方式
其他	日历	5年	10年
	调度员登录数	1 000名	不限
	列车别名	最多10种	最多30种

续表

项　目		COMTRAC	COSMOS
动车底运用	周转	最多 200	最多 200
	运用编号	最多阿拉伯数字 4 位	不限
	每运用内接续列车数	最多 16 列/运用	最多 25 列/运用

6.4　客运专线综合维修

6.4.1　综合维修天窗及综合维修体系

客运专线的线路、牵引供电、通信信号等固定设备与设施的养护与维修作业通常在同一天窗时间内进行，维修天窗时间一般安排在 0:00—6:00 点间，白天一段不安排固定维修天窗。为满足夕发朝至和部分跨线列车运行的要求，可考虑采用分线维修的方式，即天窗时间内保持一条单线运行，另一条线进行维修。为保证维修作业的安全，除必要的防护及避让措施外，列车通过施工地段必须限速(如 160 km/h 及其以下)。另外接触网及一些上、下行线接合部设备如渡线需要一定的上、下行可同时维修的时间，该时段可设在 0:00—6:00 点间，或周六、日；但运行图上必须有保证，不能采取临时取消列车的做法。

根据有关研究，京沪高速铁路综合维修体系由综合检测中心、大型养路机械段、综合维修段、综合工区组成，承担工务、电务、牵引供电、水电、建筑等设备维修、养护。综合检测中心负责对中心检测设备和全线工务、电务、牵引供电等检测设备进行检查，维修和标定；负责全线工务、电务、牵引供电等有关设备状态的综合质量检测、监督等职能管理；负责将所采集的信息进行处理并传输给相关业务部门，为制定维修、保养计划提供依据。大型养路机械段是工务维修的生产单位，接受综合维修段的委托，承担由大型养路机械担当的线路维修任务；负责大型养路机械的管理及检修。综合维修段负责制定工务、电务、牵引供电、水电、建筑等设备的综合维修计划及其维修工作。综合工区负责以上设备的日常保养。

6.4.2　综合维修调度系统

综合维修调度系统由中央系统的相关子系统和维修基地系统组成。彼此以高速数字回线连接。中央系统分别由列车运行计划、动车组、电力、供电、防灾报警等若干调度台组成。各类调度台子系统包括相应的运行管理系统，信息管理系统，设备管理系统及相关的管理、监视、控制等执行系统。维修调度台与各类调度台一样作为中央调度系统的一个重要组成部分独立运作，同时又与其他相关调度台之间保持着密切业务关系。

1．维修调度台功能

(1) 接受总调度台指令，服从综合调度的整体性工作；维修调度台包括调度设备及其信息管理系统，为高速铁路固定设备保持良好的状态和运行特性提供支持。

(2) 与各调度台、区间站段及相邻既有站段的维修调度之间建立传送网络进行信息交流，实现数据交换和信息共享。

(3) 负责对沿线及站段维修作业的监控，对客运专线线路固定设备周期性维修、临时性维修的计划编制和计划实施。

(4) 接受各类维修基地作业终端提出的维修作业计划申请,经中央主机对其维修条件核实,经维修调度台下达作业终端维修实施计划。

(5) 维修调度台的设备调度应能根据登录的信息调整维修进度,把握整体的作业计划。

2. 维修调度台工作内容及作业范围

(1) 维修调度台与中央各相关子系统(如运行管理、信息管理、设备管理、监视系统等各类系统)有关的信息经由中央局网登录维修作业管理计算机。包括对因突发性灾情、破坏导致运行设备伤损或超标准限值时,由中央各子系统的监控装置、信息管理系统将有关数据登录维修基地信息管理系统。

(2) 常规周期性维修计划应通过电气综合实验车对线路、接触网供电、通信信号等各类设备的技术状态作实时记录,经轨道电路传入检测中心信息处理系统,数据处理后登录维修基地,然后经基地管理计算机数据处理,编制维修计划并经高速数字回路向中央系统申报。

(3) 维修计划由维修基地向中央系统提出申请,经中央对维修内容、维修时间段、供电停止时段等核实后下达维修实施计划由基地终端执行。

(4) 维修、抢修车辆进路需经过维修基地作业终端与车站 PRC(程序自动进路控制系统),在取消原进路并做人机对话调整后建立实施进路。

(5) 维修、抢修作业开始及作业终了的确认可参照日本 JR 综合调度系统,采用携带无线电话与维修管理系统进行声音应答。

第7章 高速铁路安全保障系统

7.1 高速铁路安全面临的主要问题

与常规铁路相比,高速铁路对安全的要求更为严格,其突出的问题,即在技术上主要的难点,有下列几个方面。

(1) 地面信号显示与线路状态辨认难。

列车运行的速度如果超过 160 km/h,司机对于地面的信号显示和线路状态就难以辨认,更难以迅速做出反映。因此,在高速铁路区段上行驶的机车在司机室内应设置机车信号,反映地面状态(如曲线等限速地点)的显示。传统的自动闭塞和机车信号制式都是以地面信号为主体信号,高速铁路要以机车信号为主体信号。同时,原来信息传输的数量也不能满足要求,不但作为信号显示的数量要增加,而且在进、出车站,道岔和线路弯道等限速区段也要增设必要的信息。

信号和线路状态的表示从地面转移到车上,从以固定设备为主的防护系统改为以移动设备为主的保障系统,这是设备和系统在空间上的转移,是铁路列车安全系统在设备功能上的一次大变革,是高速铁路提出的高等级要求。

(2) 列车牵引功率大,动能大,牵引难,制动也难。

列车牵引的功率与速度的三次方成比例,要提高列车速度,列车功率必须成倍增加。

(3) 设备标准高,可靠性高,技术解决难。

高速铁路上运用的机车车辆、线路、桥隧和通信等设备,与常规铁路表面上区别不太大,但是所有的铁路设施,由于速度的提高都提高了相应的标准。从安全角度出发,对各种设备的零部件的可靠性和耐久性有更高的要求,从而增加了设备技术解决的难度。

高速铁路的设备,为了保证安全,不但普遍对元器件和电路等应用"故障－安全"的原则,而且对重要的控制系统,如列车控制电路这类直接危及行车安全的电路,还采用冗余技术和容错技术等,以提高可靠性。为预防火灾,机车车辆的一些零部件和隧道内的一些设备要使用难燃材料。还有,为了确保旅客安全,车辆需要采用密封性能良好和强度较高的材料。

(4) 列车－线路系统(轮轨系)作用强度大,技术处理难。

高速列车对线路的作用,其垂向力与横向力都将大大加剧。轮轨垂向作用力,约与速度的平方成比例,是影响运行阻力的因素之一,而轴重(轴质),尤其是簧下重量(质量)会严重影响轨道下沉、变形,导致轨道不平顺,造成磨损与破坏,并波及轨枕、道床和路基。因此,控制高速列车的轴重,减轻簧下重量,加强轨道结构,改善轨枕与扣件性能,提高道床与路基质量是保证高速列车运行安全的关键性基础条件。国外很多高速铁路已在这方面进行了大量工作。轮轨的横向作用力影响列车的稳定性与曲线通过的安全,这要从机车车辆与线路两方面来改善,包括改进转向架和弹簧系与减振器的参数及加强道床、改善道碴、保证轨道结构的横向稳定性。

(5) 克服空气阻力难。

空气阻力与列车速度的平方成比例,速度越高,空气阻力越大。列车速度超过 160 km/h,其空气阻力的矛盾将十分突出,当列车速度在 250 km/h 以上时,空气阻力占主导地位:速度在 250～300 km/h 时占 75%,速度在 350～400 km/h 时,占的比重高达 90% 左右。因此,空气阻力成为列车速度提高的限制性因素。故车头的流线化措施,一直成为各国追求的目标。此外,空气阻力的加大,还造成噪声的增大,增加了对环境的污染。

(6) 列车密度大,行车组织难。

高速列车的列车间隔在高峰期为 4 min,甚至更小,常规铁路列车间隔通常为 8 min,最小为 6 min。因此,高速铁路行车组织比常规铁路困难。由于我国高速铁路部分线路可能采取"高、中速列车混行"的方式,这将使行车组织更加复杂,既要考虑高速运行的列车,还要考虑与既有线衔接的中速列车。而既有线是一个庞大的系统,情况复杂多变。高速铁路要兼容与既有线衔接的中速列车,必然增加行车组织难度。

(7) 弓网关系复杂,稳定供受电难。

在高速铁路上,确保动车受电弓与接触网的良好接触,并降低离线率,是动车牵引能量接收和再生制动能量反馈的必要措施。

动车受电弓的离线率决定于列车运行时接触导线的波动传播速度。国外运用的经验表明,高速列车运行的速度与接触导线波动传播的速度之比约为 0.7,为此必须提高接触导线的抗拉强度,减轻接触导线的质量,采用先进的接触网悬挂方式与特性,使离线率控制在 5% 左右。

弓网之间既要保持一定的接触压力,又要使相互间能连续滑动,具有良好的动态特性,以满足稳定供受电的需要。为此,需要减轻受电弓质量,改善滑板品质,并采取措施,避免产生谐振。

(8) 隧道"活塞效应"大与防灾难。

列车进出隧道时的空气动力效应远比在空旷地带强烈与复杂。列车进入隧道,由于活塞效应,头部受正压,尾部受负压,四周形成环流,造成更大的空气压力。列车穿越隧道时,形成压力脉冲(压缩波与膨胀波),并不断传递、反射、干扰和叠加。

由于压力冲击波的幅度与速度的平方成比例,因此高速列车通过隧道受到更大的危险。当两列高速列车交会时,头尾部引起的压力扰动给对向列车一个强大脉冲压力,情况更为严重。因此,要加强车体、门窗和联结通道等处的密封性能与侧墙和玻璃的强度,合理选择线间距离和隧道净空面积,扩大隧道入口和控制遮堵系数(列车与隧道横截面之比)。

隧道(特别是长隧道)发生事故后果严重,处理也更难;因此隧道中的安全保障更为重要,如英法海峡隧道高速铁路,除备有应急安全通路外,还采取各种防灾措施。

(9) 设备维护要求高,检修难。

高速铁路的设备,由于标准高,引进不少高新技术,增加了技术维护的难度。同时,高速运转的设备,要及时或提前发现设备的隐患,进行诊断。设备状态的检测和零部件故障的诊断在技术上提出了更高的要求。这是因为运动中的设备,如不能及时检测出可能出现的事故隐患,其后果不堪设想。

(10) 障碍物、侵入物(包括在道口)与列车的冲撞及自然灾害的袭击,后果严重。

一旦有障碍物侵入高速列车运行的轨道,其侵入物只要超过车体重量的 10%,就能使列车脱轨,造成严重的行车事故。因此,必须及早探测到障碍物的存在,并采取必要的应急措施。

在高速运行的线路上,几乎不允许有平交道口和汽车通行,必须采取立体交叉。同时,为防止对人畜伤害,对轨道要实行封闭。此外,地震、塌方等灾害的袭击,也将造成严重的事故。

(11) 突发事故,应急处理难。

环境的变化,各种无法预见的天灾人祸等突发事件造成高速列车颠覆、人员伤亡时,必须考虑在发生事故情况下,使事故中人员伤亡和财物损害减少,避免二次事故的发生。

7.2 高速铁路安全保障系统的特点

高速铁路由于列车速度高、密度大,对行车安全保障体系提出了更高的要求,其特点主要表现在以下几个方面。

(1) 行车调度统一指挥,安全信息实时处理,列车运行自动控制。普速铁路的行车追踪间隔一般为 6~10 min,而高速铁路的最小行车追踪间隔可达 3 min。在如此高的行车密度下,要求车辆、机务、工务、电务、运输等部门必须统一调度指挥,建立安全信息实时监测、传输、处理与决策控制中心,在人机控制系统失误或失灵时,列车应能够根据报警信息自动减速或停车,以保证行车安全。

(2) 列车与地面的信息自动交换,实时传输。当列车运行速度超过 160 km/h 后,司机对于地面的信号显示和线路状态难以辨认,不能迅速作出反应。因此,高速铁路要求信号和线路状态等信息从地面转移到车上,实现地面与列车间更大容量信息的实时传输与自动交换。

(3) 维持轨道的高平顺性、高稳定性。列车以高速度运行,轨面上微小的不平顺,都可能引起列车的强烈震动,使得列车运行的舒适、平稳、安全性降低,甚至恶化。而轨道的高平顺性依赖于轨道的高稳定性,同时也依赖于路基的高稳定性和均匀性。因此,要采取利于维持路基、轨道高稳定性的安全监测措施。

(4) 关键设备的运用状态实时自诊断。高密度行车要求设备不间断运行,因此列车、供电、通信信号等关键设备必须具有自诊断功能,并能将信息及时传送到行车指挥中心及安全信息处理中心,以保证行车安全。

(5) 预防自然灾害的突然袭击。

(6) 采取必要措施,严防侵入物撞击高速列车或侵入线路。

(7) 具有对突发事故的应急处理能力。

基于上述特点,安全监控系统对保障高速铁路安全运行起着至关重要的作用,是综合调度中心的一个重要组成部分。它提供各种自然灾害情报数据,为列车运行控制提供依据;提供各种设备运行状态,以保证列车正常运行;提供有关防灾数据(预警、限速、停运等决策信息),为运行计划调整提供依据。它至少应包括移动设备、固定设备状态的监测及自诊断功能,自然灾害监测与预警功能,突发事故的紧急处理与救援功能,防侵入物功能,安全信息的实施传输功能及决策统一指挥功能。

7.3 国内外现状

世界各国在建设高速铁路之前,就把确保旅客生命财产和行车安全放在首位,把安全技术作为高速铁路的先导型核心技术加以系统研究,并在实际运用中不断完善。通过实现基础设施高标准,技术装备高质量,运行管理自动化和安全监控实时化,力争达到高速运行万无一失的目标。以日本、法国、德国为代表的高速铁路,针对其所处的自然环境、地理条件及运营条件的不同,都分别采取了各自不同的安全保障措施。

1. 日本

日本新干线运行已 30 余年,以高安全性著称。其早期的列车运营管理自动化系统(COMTARC)包括行车调度、车辆调度、旅客调度、电力调度、通信信号调度及设备(线路)调度,其中的设备调度除负责线路的管理和维修保养外,还收集沿线气象、地震等信息,防止灾害的发生及指挥修复与救援工作。其典型的安全监测系统为气象信息系统(MICOS)及智能地震预警系统(UREDAS),1996 年东海道新干线开发引用了轨温监视系统。

2. 法国

法国高速铁路创造了当前世界上轮轨系交通的最高试验速度,运营速度达到 300~320 km/h,以机车信号为主的列车自动控制系统由 TVM-300 逐步发展为 TVM-400、TVM-430。在 TVM-430 系统中,增加了设备监测和报警子系统,进一步强化了列车运行安全的保障功能,其主要内容为接触网电压监测、热轴监测、降雨监测、降雪监测、大风监测、立交桥下落物监测等。

3. 德国

德国高速铁路不同于日、法两国,属客、货混运型,且隧道约占线路长度的 1/3。因此,隧道内的行车安全成为其安全保障的重点,除了采用安全监测系统外,还制定了严格有效的防范措施及运营措施。此外,在高速线上也采用了防灾报警系统(MAS 90),除可监督线路装备的运用状态外,还可识别和及时报告环境对行车安全的影响,以及移动设备发生破损的情况。

我国普速和提速铁路的安全系统尚在不断完善之中,对雨量、洪水、风雪等自然灾害的监测和对轨温、长大隧道、桥梁、列车等设备状态的监测,大多采用人工、间歇收集信息的方式,信息的准确性、实时性差,不适于高速铁路的要求。因此,借鉴国外经验,进行全面系统地研究,提出适合我国高速铁路运营模式及自然环境的安全监控系统方案,是高速铁路建设的一个重要环节。

7.4 高速铁路安全保障系统的构成

高速铁路安全保障系统是集成了电子技术、计算机技术、通信技术、信息处理技术、控制与系统技术和智能自动化技术等相关技术,以控制影响铁路运输的安全因素为目标,实现以"消除隐患、降低风险、防范事故、减少损失"为宗旨的移动、固定和人力资源的全方位、全时空的安全监管和规范化管理的运输保障系统。

高速铁路安全保障系统的特征如下。

(1) 整体性或系统性。所有的功能子系统都承担着特定的、不同层次的、分工明确的安全保障任务。子系统都是实现系统共同的总体安全目标不可缺的有机成分。

（2）综合性。涉及对高速铁路车、机、工、电、辆各个部门业务范围内相关技术、过程及执行功能的综合，特别是来自这些基础部门安全信息的综合开发和利用。通过综合，才有可能形成一个良好的结构框架，以便于把解决问题的全部过程分层次、有条理地逐步展开，从而得到良好的工程组态。

（3）广阔的时空概念。抛开"一时一地"固定的观点，重视变化发展的总趋势。系统中既有实时的信息，也有历史数据的归档记录和统计分析材料，还有对将来变化趋势和可能事态的预测。由于信息的及时通畅的交流，整个高速铁路全线可以被视为地理空间上几乎无距离间隔的一个虚拟场所。信息技术使系统中大量信息资源能够被"挖掘"和利用，并实现信息的迅速流动，最终能在更宽、更广的时空概念上去认识和理解高速铁路运输系统中行车安全问题，从而能够更全面实施控制、大范围内进行管理协调，作出各个层面的科学决策。

根据以上原则，高速铁路安全保障系统是由高速铁路安全监控预警系统、高速铁路风险评估系统和高速铁路应急救援系统 3 部分组成的联动系统，其中高速铁路安全监控预警系统是核心。

7.4.1 高速铁路安全监控预警系统

1. 自然灾害监测系统

自然灾害监测系统包括风监测系统、雨量及洪水监测系统、地震监测系统和其自然灾害监测系统，各部分的作用说明如下。

（1）风监测系统。

强风对铁路的影响主要表现在输电线路和接触网的振动与摆动大跨度桥梁的"风振"，此外侧风对高架桥上运行的列车也构成威胁。风监测系统一般由风向风速计、发送装置、接收分析记录装置组成。风向风速信号送至分析记录装置，记录显示装置设置在调度中心。

风向风速计的设置一般要结合其他探测设备（如雨量探测）综合考虑，便于维修，并安装在无遮掩、宽敞的场所，监测的数据应能代表该地域实际风量，设备运行满足该地自然环境条件的要求。

铁路沿线的特大桥、车站及大风区间，特别是空旷地带风期长、风力强劲的风口要设置风向风速计，其位置一般设于距线路中心水平距离 2.5～4.5 m，距轨面垂直高度 5～7 m 处。如需要，还可在桥梁上设置监测垂直地面纵向风速的超音波风向风速计。

（2）雨量及洪水监测系统。

洪水灾害不像地震、风灾那样具有突发性，它是按积少成多、循序渐进的规律形成灾害的，往往因汛期雨水多造成。铁路受雨及洪水破坏主要表现在路堤、桥梁及路堑自然边坡破坏 3 大方面。路堤破坏类型主要有边坡侵蚀、堤内水位上升、排水不良、周围环境影响，桥梁破坏主要有桥墩过度冲刷、桥梁撞击、水位过高，路堑自然边坡破坏很大一部分也是由雨水冲刷造成的。

雨量及洪水监测系统由数据采集设备、监测终端设备及监测主机设备构成。数据采集设备主要包括雨量计、水位仪、防撞监视仪、冲刷测量仪、洪水测量仪等。

水位计一般考虑设置在以下地点：河床变化引起桥下泄洪能力不足的桥址处；泄洪区的线路区间；通航河流可能发生船舶撞击桥梁的桥址处，同时考虑设防撞监视仪；冲刷威胁桥梁安全的桥址处,同时考虑设冲刷测量仪。必要时对历史上洪水频发地区、重要河流上游设洪水测量仪。

(3) 地震监测系统。

地震除直接破坏铁路基础设施外,还会直接导致列车脱轨、倾覆等灾害。为避免这些灾害的发生,要尽可能使列车在地震发生前或发生时降低运行速度或停车,特别对高速列车更为重要。在铁路沿线设置地震探测器,并有效利用国家地震台网的信息,构成地震早期监测报警系统是非常有价值的。

地震监测系统一般由两大部分组成:拾震(及数据处理)设备和中心监视设备。拾震设备包括地震仪及P波检测仪。地震仪作为列车地震防护装置使用时,有加速度报警仪和显示用地震仪2种,加速度报警仪可靠性高,当检测到地震动加速度值超过警戒值时自动报警;显示用地震仪能记录地震动加速度波形,可进一步确认加速度报警仪发出的报警信号,同时还有P波检测的功能,其检测到的数据经处理分析,为列车运行管制及恢复运营提供依据。P波检测仪是通过设置在特定场所(没有人为振动的地表基岩处)捕捉P波的始动,识别地震发生的方位并推测出到震源的距离和地震的震级。

(4) 其他自然灾害监测系统。

高速铁路同普速铁路一样,还应针对不同地理环境条件、不同的运营机制,设置相应的防火灾、防雷击、防冰雪等设施。防冰雪措施主要有:设置防雪栅或防护林;设置防雪崩装置;采用洒水器化雪和高压清洗积雪等措施;防止列车底架粘附积雪,造成车下设备损坏及防止当积雪融化下落时,威胁线路两侧的地面设备和引起道渣飞溅;防止道岔积雪直接威胁行车安全。

2. 固定设备安全监控系统

固定设备安全监控系统包括轨温监测系统、牵引供电安全监控系统和移动设备(移动物体)安全监控系统。

(1) 轨温监测系统。

轨温的升高使无缝线路钢轨的纵向应力加大,超过一定标准时会导致胀轨跑道事故,对行车安全有极大的危害。

现场设置钢轨及大气温度传感器,建立轨温监测报警系统,实时掌握钢轨温度,确定轨温控制标准,科学地进行轨温预报,能进一步为行车指挥提供决策依据。

轨温监测系统由以下几部分组成:设置在现场的钢轨温度传感器,大气温度、湿度传感器;设置在养路工区(工务段)的信息处理器、显示器,道床状态信息输入设备(报警器、记录仪等)。

钢轨温度传感器设置地点应选择在线路条件(如路基、道床、曲线、坡度等)不利的地点。由于轨温与气温有紧密的联系,一般认为70 km范围内的气温几乎相同;因此一般情况下,每隔70 km设置一处轨温监测装置。在桥梁较多地段或曲线较多地段,可根据实际情况适当增设。同时在线路选定地点附近,设气象信息采集点,以便对比决策。

(2) 牵引供电安全监测系统。

影响牵引供电系统安全运行的因素包括两部分:一是自身设备的可靠性;二是外部条件诸如自然环境、自然灾害等的变化对系统的破坏。

牵引供电安全监控系统包括牵引变电、接触网监控2个子系统。牵引变电系统包括牵引变电所、分区所、开闭所和自耦变压器等,是向接触网输送电能的供电设施,其中分布着充油设备,且大多为无人值班的场所;因此自然灾害及外界侵入物的袭击将严重影响供电设施的安全,危及高速铁路的运行。接触网系统包括支柱与基础、支持装置及接触悬挂。其中接触悬挂直接与机车受电弓衔接,向机车提供电源;因此风速的变化对其产生的影响直接关系列车的安全运行。同时,接触网末端电压的降低也将影响列车的运行与组织。

有效利用自然灾害监测系统的设备与信息,结合牵引供电自身设备的安全监测,可以构成完整的牵引供电安全监控系统。

(3) 移动设备(移动物体)安全监控系统。

崩塌、落物对铁路行车安全的危害极其普遍,除特殊地段可采用明洞或棚洞等遮挡建筑物进行防护之外,对于塌方、落物难以预测且整治投资大、施工困难的地段,根据预测的塌方范围及落物轨迹,设置崩塌、落物防护监测网,建立防护、监测报警系统,对行车安全极为有利。

各国高速铁路都具有较完善的车载故障监测和自诊断系统,目的是迅速识别和提示运行中发生的故障,以便及时排除;同时将运行过程中所发生的故障相关数据进行记录、储存;某些影响行车安全的重要故障信息通过列车上设置的故障信息集中及发送装置,传送到地面安全监控系统,由调度中心处理。列车自诊断的主要项目有牵引与制动控制系统、走行部的安全性、与旅客相关的设施状态等,这部分内容一般都纳入高速列车的研制与生产中。

3. 安全监控系统信息网络

安全监控系统由信息采集、信息传输和信息处理3部分组成。信息采集由各种传感器实现,包括风向风速计、雨量计、水位计、地震仪、轨温计、火灾探测器等;信息传输由各种信息转换器和传输通道实现;信息处理由监视控制报警计算机和信息管理分析软件实现。同时,系统还预留接收气象、地震等部门相关信息的条件。

高速铁路安全监控预警系统的信息传输网络依附于高速铁路通信网。从信息传输及系统监控的实时性考虑,需处理的信息可分为非实时处理信息、实时处理信息及移动设备的信息3种。

(1) 非实时处理信息。

采集信息主要用于安全因素的搜集、处理及监测,对传送网络的传输时延没有严格的要求。原始采集信息经过采集系统以音频或数据接口的形式接入沿线的区间信息接入设备,根据需要,进一步将各种信息传送至车站或调度中心。

(2) 实时处理信息。

对于地震监测、长大隧道安全监控等系统所采集的有关信息,按照上述各系统的要求必须实时地传送至控制系统,在第一时间内采取安全措施实施控制,要求传送网络原则上没有传输时延。对于紧急的安全信息,可以直接对有关设备实行就地控制,或通过通信传输网的专线通道直达控制地点实时控制,同时可通过非实时处理信息所采用的方式向调度中心传输有关信息。

(3) 移动设备信息。

由列车自诊断系统来采集、处理的信息,由高速铁路无线通信系统来传送。通过机车上设置的数据传输设备将安全监控信息发送至区间或站内的无线基站,再通过有线传输系统传送至调度中心进行处理。

此外,地震等监测信息的采集点,可能远离高速铁路,应根据采集点的具体情况具体处理。在地形条件允许时,宜采用光缆的传输方式传送至高速铁路专用通信网。在地形困难或市内条件不允许的情况下,一般采用无线接入的方式。

4．信息接口

信息网络的关键技术是系统接口。系统接口既包含对现场安全监测系统集成接入技术，也包含安全子系统互联或集成的信息交换技术。

系统接口按其技术内容和结构层次分为系统级接口和监测级接口。系统级接口是指对安全监控系统与各安全子系统的接口。系统级接口从系统互联的层面，分作用、性质、功能、结构等方面对子系统进行信息整合与规划，统一规范信息存储结构、组织结构、流通机制。监测级接口是安全子系统对现场采集的数据进行加工处理，产生规范化接口。监测级接口与自身安全设备的功能特性有关。

系统接口具有以下一些特点。

（1）子系统的无关性。监控预警系统涉及的子系统种类多，各子系统接入方式也都不尽相同，必须降低接入系统的复杂性，减少运行和维护成本。因此，监测级接口侧重于开放性和模块化，使接入的功能作用和接口编程模式统一，规范管理，实现用简单的接口平台接入多种子系统。

（2）通信驱动组件化。组件化的通信接口程序构成方式可实现系统接入的自由选型，避免了将各种接口固化为一体的种种弊端。组件化通信接口程序可以满足不同集成项目的不同需求，为工程实施、接口维护、系统优化提供自由的调整与扩展空间。

5．警报标准、事故处理及救援措施

警报标准的确定是个非常复杂的问题，报警限速虽然保证了灾害发生时的安全；但灾害没有发生就会使列车误点或停运，破坏正常运输。为此，设定限速标准时，要确实把握现场情况，既要保证安全，又要使运输损失控制在最小程度，同时还要根据恢复、整治的情况和环境的变化经常予以调整。事故处理与救援系统是保证高速铁路尽快恢复正常运行及减少损失的重要环节，包括设备故障抢修、自然灾害处理、救援、修复、故障或事故后恢复运营等方面，其具体措施在很大程度上取决于高速铁路的运营管理模式及行政组织机构。

总之，安全监控系统属边缘学科，监测设备特别是各类探测器、传感器的布点，选型与研制，主要技术条件的确定，各类警报标准及应用软件的研究等工作仍需深入开展。

7.4.2 高速铁路风险评估系统

高速铁路风险评估系统以实现运输安全为目的，利用系统工程的理论和方法，对风险源，即安全隐患进行识别、分析和评价，研究重大安全隐患的发生机理，制定有效的操作方案、操作程序、预防措施，对未来短、中长期的安全状况进行推断，为安全指标制定和安全标准规程的改善提供依据。

1．相关知识

1）隐患

导致铁路运输发生事故的最大原因是隐患。隐患是指在铁路运输中有可能造成人身伤亡或经济损失的不安全因素，包括主观隐患和客观隐患。客观隐患是指威胁铁路运输安全可能发生的一切客观因素，如自然灾害等。客观隐患是必然的且不以人的主观意识为转移，但是可以被发现、预防和解决。主观隐患是指由工作人员心理、生理因素造成的潜在的不安全因素，如安全意识淡薄等。铁路运输事故的发生，既有其偶然性，也有其必然性，究其原因，是由于主客观隐患相互联系，相互作用导致。只有客观隐患，无主观隐患，经过整改，可以预防事故发

生。既有客观隐患,又有主观隐患,必然发生事故。没有客观隐患,只有主观隐患,仍然会发生事故。消除隐患首先必须识别隐患,分析隐患,才能消除隐患,防止其转化为事故。主观隐患的主要因素如图7-1所示。

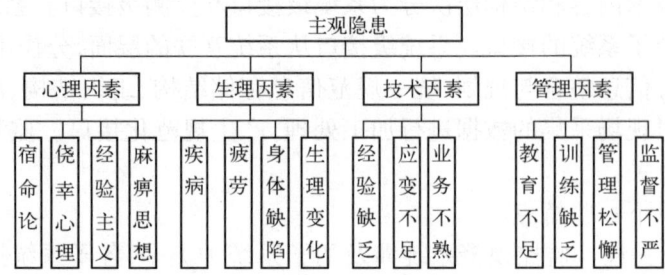

图7-1 主观隐患的主要因素

客观隐患的主要因素如图7-2所示。

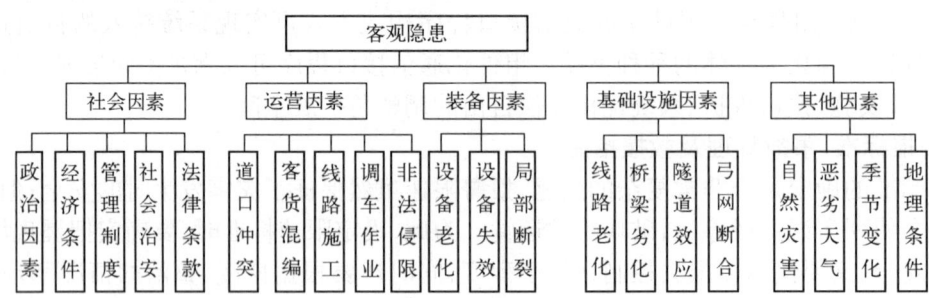

图7-2 客观隐患的主要因素

2)风险

风险是指由潜在危险导致人们不希望发生事件的可能性。铁路运输由于其规模大、周期长、技术集中,复杂性等特点,在实施过程中存在着许多不确定的因素,存在的风险比以前增加了许多,导致损失的规模也越来越大,使得铁路运输的风险评估得到了重视。

风险评估是以实现铁路运输系统安全为目的,利用系统工程的理论和方法,对隐患的主客观因素进行识别、分析和评价,制定有效的操作方案、操作程序、预防措施及应急补救措施,以达到降低运输作业危险的目的。

3)事故

事故是铁路运输系统运营过程中发生的影响正常运营的意外的、突发事件的统称,通常会使铁路的正常运行中断,造成人员伤亡或财产损失等不良后果。

事故的发生是随机的,很难预测,但也有规律可循。事故发生的根本原因是系统内潜在的隐患。事故是一个动态过程,有萌芽、发展、突发3个阶段。萌芽阶段是消除事故的关键时期,隐患往往会出现许多征兆,如果此时能被人们监测并加以控制,就有可能把事故扼杀在萌芽状态。发展阶段也是挖掘隐患的重要时期,如能及时采取措施,也能有效阻止事故的发生。对于突发阶段来说,安全工作已经转化为应急和救援的及时快速反应。

在铁路运输过程中难以完全避免事故。没有绝对的安全,只能让事故的风险趋近于零,也就是尽可能预防事故,或把事故的后果减至最小。

4) 损失

损失是人们对事故给铁路运输所造成的危害和破坏程度的度量。损失可以分为经济损失和非经济损失。前者是指可以用货币计量的损失,如铁路装备破损、装载货物损坏等;后者是指难以用货币计量的损失,如人员伤亡、环境污染等。

2. 风险分析

高速铁路风险评估系统的研究包括风险分析、风险评估和风险管理3个部分。风险分析是对风险源进行量化分析和研究,风险评估是指对风险本身的评估,风险管理是指对风险的监控和管理。

风险分析的目标是研究不利后果是怎样产生的,为什么会产生。实际上是指对风险源进行识别分类、建模的过程,通过掌握风险源的状态,进行风险管理,减小或控制风险。

1) 风险源分析

风险源分析的主要任务是研究风险源的组成要素——风险源因子发生的概率或重现期。任何风险源因子都需要3个参数才能加以完整的刻画,即时、空、强。

时:风险源因子出现或发生作用的时间(时间点或时间段)。

空:风险源因子所在的地理位置(可能是一个运行区间)。

强:风险源因子强度,如车辆晃动级别、车轮踏面擦伤级别。

为了从量化层次上对风险源因子进行分析,首先要定义风险源因子的测度空间。例如,车轮擦伤级别的集合{1级,2级,3级}就是车辆设备老化的一种测度空间。

风险的不确定性可以分为随机不确定性和模糊不确定性两种,主要是由风险源因子决定的。根据风险源的特点可以将其分为现实风险、概率风险和预测风险3类。

2) 事故损失评估

事故损失评估是对风险范围内一定时段内可能发生的一系列事故造成的损失进行评估。

3) 风险分析具体步骤

风险分析的目标是描述掌握风险源状态,以便进行风险管理,减小或控制风险。其具体步骤如图7-3所示。

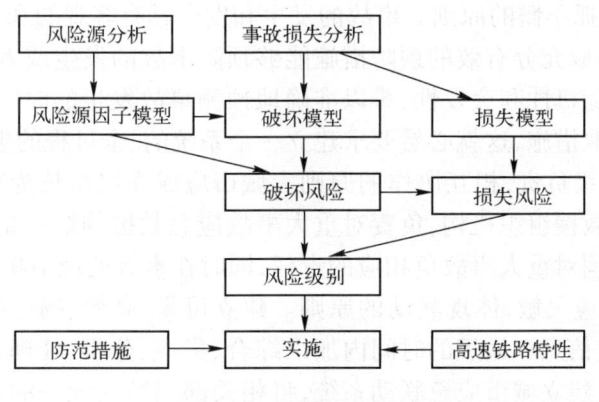

图7-3 风险分析步骤

3. 风险评估

风险评估包括描述风险源的特性,根据各种风险模型来评估风险的影响途径及趋势,制定系统框架,以便避免和控制风险。涉及的主要模型包括风险源因子模型、破坏模型和损失模型。

1) 风险源因子模型

风险源因子模型可以用概率关系式(T,G,I)表示,即在T时或时间段内,在G区域上强度为I的风险源发生的概率。

2) 破坏模型

破坏模型用来描述风险源因子强度和事故破坏程度之间的函数关系。实际中这种函数关系很难找到;因此破坏模型主要采用事故模拟,根据历史数据统计的方法来寻找近似的函数。

3) 损失模型

损失模型包括经济损失模型和人员损失模型,主要基于统计的方法获得。

4. 风险管理

风险管理是在风险评估的基础上,制定风险源的监控对策和管理机制,以消除或抑制风险源,规避风险。

风险管理包括设计管理方案,选择和实施管理系统,监控和核查。从监控风险主、客观因素出发,包括监控关键岗位营运作业操作行为;监控车辆运行状态、车辆装载状态、危险品远程运输过程;监控基础设施状态,以及铁路运输与其他运输方式安全交互等方面构成一套综合体系,实现铁路安全相关过程的"超前预警,控制风险,最小化损失",促进安全保障系统完善。

7.4.3 高速铁路应急救援系统

高速铁路应急救援系统的目的是迅速有效地组织事故施救工作,最大限度减少人员伤亡和财产损失。系统以铁路安全监控预警系统和铁路风险评估系统为基础,以包括语音、数据、静态及动态图像传输系统为信息支持,以 GPS/GIS 为定位手段解决各种事故现场感知的实时性、现场监视的多维性,为安全救援人员提供综合知识和完善的信息服务;给出安全形势评估结果和应急预案,指导协调专业部门业务流程,制定抢险救援方案,行使救援指挥。系统包括应急救援预案和应急救援体系。

应急救援预案的原则如下。

(1) 预防为主,常抓不懈的原则。事故的发生和发展具有客观的和人为的原因,并表现出一定的规律性,通过采取充分有效的预防措施能够预防事故的发生或者减少事故所造成的损失。事故的发生具有随机性和突发性,难以准确地预测事故发生的时间、地点,因而也就不可能当事故发生时才采取措施,这就必然要求建立一个系统的、全过程的事故预防和控制机制。

(2) 统一领导,分级负责,相互协作的原则。城市应成立以市长为首,各相关部门为成员的城市重大事故应急救援组织机构,负责对重大事故应急救援的统一指挥。城市各级政府和企业根据各自管辖范围对重大事故负相应的责任,同时在事故处理中相互沟通和协调。

(3) 信息畅通,反应灵敏,体现联动的原则。建立可靠、高效、畅通的信息系统,保证在事故发生时,能够将事故信息在最短的时间内加以综合、集成、分析、处理,并及时传送到各相关部门,提供决策支持。建立城市应急联动系统,将相关部门纳入统一的联动中心,以实现信息资源和通信手段的共享。

快速应急救援的基础是建立敏捷的应急救援联动信息系统。利用集成的数字化、网络化技术,将现有的 110、119、120、122 等求助服务电话纳入统一的应急救援联动系统之一。将安全监管、技术监督、公安、消防、医疗、交通、民政等部门协调到一个系统,实现跨部门、跨警区及

第 7 章 高速铁路安全保障系统

不同警种统一的信息接收与处理平台,打破原有的应急系统各自为政的传统模式,不仅可以节省投资、集中资源,而且统一管理的方式便于实现信息资源和通信手段的共享,使系统反应快捷,缩短应急救援处理的时间,使事故损失尽量降低。

7.4.4 高速铁路安全保障系统技术标准体系

高速铁路安全保障系统涉及各种安全检测/监测系统和相关信息系统的整合、面向多层次应用需求的数据融合和信息网络平台,是一项建设周期长,规模庞大,技术覆盖面宽的系统工程,制定一套完善的技术标准体系将会大大降低整个系统集成的技术复杂度,减少项目研发和实施的总体费用,并有利于整个系统的平滑发展和演化。其技术标准体系包括监控预警规划设计相关技术标准、条件和性能要求,信息集成相关技术标准,应用系统相关技术标准等。

7.5 高速铁路安全管理

安全管理的职责就是实现安全目标的长期稳定,铁路运输业安全管理的职责就是实现铁路运输业安全目标的长期稳定。要实现安全管理的目标,就需要创造安全管理的条件,提供有利于安全管理的环境。

7.5.1 铁路运输业安全管理的主要影响因素

铁路运输安全管理一直是铁路运输业各级管理层关注的重点和工作的重心。然而,由于安全管理目标的长期性要求、铁路运输业大联动机的特点和复杂的铁路运输外部环境,决定了铁路运输业安全管理影响因素的多元性和管理的复杂性。

铁路运输业安全管理的主要影响因素包括如下几种。

(1) 行政管理模式。大致可分为传统行政管理模式、ISO 质量管理体系和 A 管理模式 3 类。

(2) 安全管理载体。最常见的载体是创建安全百日,此外还有建线,安全包保,安全大检查,职工代表巡视检查,安全分析制度,事故分析、通报制度,经验交流等。

(3) 安全管理考核机制。对领导干部的考核主要有年度经营责任制考核、季度工作考核、"五定三率"指标考核和领导干部责任追究制度等。对职工的考核主要有月度安全考核,安全积分考核制度,违章违纪处罚制度,事故赔偿制度,职工待岗、下岗办法等。

(4) 安全管理监控机制。安全管理监控机制主要有上级各类检查组、安全监察特派员制度、相关单位联控制度和相关岗位联控制度等。

(5) 内部改革。内部改革主要有分配制度改革、用工制度改革和干部制度改革等。

(6) 人员素质。包括领导层和职工层,每个层次按与岗位的适应程度大致可分为与岗位要求相适应、与岗位要求基本适应和与岗位要求不适应 3 类。

(7) 运输设备及指挥、监控系统。运输设备主要包括机车、车辆,线路,施工设备,车站微机联锁和电气集中微机监测装置等。指挥、监控系统主要包括调度指挥系统,车辆装载监测系统,列车运行、现场作业监控系统等。

(8) 外部环境。外部环境主要是社会治安,上级提供的工作环境,外行业、同行业外单位的改革等。

根据以上列出的影响铁路运输业安全管理的因素,以下逐个进行分析。

(1) 行政管理模式。传统行政管理模式是以实践为基础逐渐形成的管理模式,在铁路运输业占主导地位;ISO 质量管理体系是按照 ISO 9000 系列质量标准的要求建立起来的管理体系,在铁路运输业正被推广采用;A 管理模式在铁路运输业极少数单位采用。上述 3 种管理模式中,传统管理模式的弊端,如管理体系的不完整性、管理行为的随意性、管理理念的不适应性及管理内容相互冲突、系统改进方法缺乏等正逐渐被越来越多的管理者所认同;ISO 质量管理体系的先进之处,如先进的管理思想、健全的管理体系、有效的系统改进方法等正逐渐被越来越多的管理者所重视,适用于对产品的质量进行管理、控制和组织业绩改进;A 管理模式的成功之处是将企业经营者日常的管理经验理论化和规划化,适用于组织的全部活动和所有相关方,企业组织基础是公司制企业,在大型合资企业应用比较广泛。

(2) 安全管理载体。安全管理载体收到的主要效果,一是促进职工群体的安全意识增强;二是强化安全基础;三是加强对安全管理的监督;四是从事故中汲取教训;五是从经验中启发思路。收到的负面效应,一是为了共同的经济利益或为了领导层的政绩,弄虚作假,责任者得不到追究,管理者不敢理直气壮地管理,群体安全意识日渐淡薄;二是众多、频繁的载体容易产生群体的厌倦心理,在实施中走形式,被动应付。

(3) 安全管理考核机制。安全管理考核机制收到的主要效果,一是促进全员的工作责任意识增强;二是促使管理层重视对安全过程的管理;三是约束管理层不负责任的行为和职工违章违纪行为;四是管理失职或工作失职的后果较为明晰。收到的负面效应,一是为了职工的岗位或领导层的位置或经济利益不能认真考核;二是以安全结果考核代替安全过程考核;三是为应付考核弄虚作假。

(4) 安全管理监控机制。安全管理监控机制收到的主要效果,一是加强了对安全管理工作的监督;二是有利于现场作业控制;三是促进有关安全问题的解决。收到的负面效应,一是护短现象普遍,相关单位或相关岗位不愿过多曝光别人的问题,被检查者在上级领导或检查组面前极力总结成绩,掩盖问题,本系统不想过多地暴露本系统的问题,上级领导不希望看到或听到下级有过多的问题;二是对检查者的软约束,容易滋生检查者行为的随意性。

(5) 内部改革。内部改革收到的主要效果,一是增强职工群体的爱岗意识、竞争意识、改革意识;二是增强职工群体遵章守纪、学习业务知识的自觉性;三是提高单位个体的工作效率和工作质量及单位整体的服务质量和竞争力;四是促进职工个体收入由隐形走向透明。收到的负面效应,一是改革的利益失去者成为单位乃至社会不稳定的因素;二是单位内部、系统内部、铁路内部收入攀比,造成新的心理不平衡并在工作中表现出来;三是改革的难度和改革中出现的问题产生对改革的畏惧心理并在工作中表现出来。

(6) 人员素质。人员素质对安全工作的影响,一是领导者的素质影响着安全管理模式和安全管理的质量;二是职工队伍的素质影响着安全工作的质量。

(7) 运输设备及指挥、监控系统。通常运输设备的质量越高,安全系数越大;运输指挥、监控系统越完善,预防事故的能力越强。

(8) 外部环境。不良的社会治安环境,如偷盗铁路运输物质和铁路运输设备(信号设备和车辆设备)、拆除铁路封闭网等增加了安全管理的难度;上级领导和职能部门的行政干预制约着本单位的安全管理工作;外行业、同行业外单位的改革也影响着本单位的改革。

7.5.2 铁路运输业安全管理探讨

每个企业都有一套自己的行政管理模式,重要的是管理模式的适用性。分析目前铁路运输业在长期的实践中建立起来的传统的行政管理模式,所暴露出来的弊端对其自身的适用性已经提出了质疑。A 管理模式从目前的应用范围——合资企业移植到铁路运输业其可行性和适用性有待进一步论证。ISO 质量管理体系在广州铁路集团公司站段一级全面铺开,其他铁路局正处在站段一级试点阶段。ISO 质量管理体系是由国际标准化组织制定的、在产品的质量方面指挥和控制组织的管理体系,针对的是产品质量,关注的焦点是顾客,核心是预防而非事后补救,目的是满足顾客要求并争取超越顾客期望。

7.5.3 将 ISO 质量管理体系应用在铁路运输业的几点理由

(1) 铁路运输业具备应用 ISO 质量管理体系的前提条件,铁路运输业提供的产品就是铁路运输服务,而服务是 ISO 质量标准体系中规定的 4 种通用产品类别之一。

(2) 实施 ISO 质量管理体系可以为铁路运输业为实现自身的管理目标提供管理方法和持续改进的方法,最大限度满足顾客要求和期望。

(3) 铁路各级管理层的高度重视为 ISO 质量管理体系的建立提供了保障。

(4) 全员日益提高的质量意识为 ISO 质量管理体系的建立提供了思想基础。

安全是铁路运输业服务产品的重要特性,如果通过实施 ISO 质量管理体系能对铁路运输业提供的服务产品的质量进行有效控制,那么通过实施 ISO 质量管理体系也就可以实现对铁路运输业安全工作的有效管理。

7.5.4 建立 ISO 质量管理体系所要考虑的主要问题

(1) "贯标"(即贯彻 ISO 质量管理标准)的单元如何确定。

目前,以运输站段为"贯标"单元的做法值得探讨,如果以铁路局为"贯标"单元则更能体现出明显的优越之处。首先,铁路运输业是一个大联动机,运输指挥高度集中在铁路局调度所一级,同时铁路局机关是站段的领导机关,掌握着领导权和管理权,领导机关和指挥机关不"贯标"或独自"贯标",容易导致上下不一致。其次,运输站段之间及运输站段与上级之间均存在许多的结合部,铁路局比运输站段一级更有能力和条件解决结合部的问题。再次,铁路局作为一级法人组织对外代表着一个企业,其所辖的不论哪个运输站段发生的服务质量问题都将影响到该铁路局的利益和形象。

(2) 安全工作的重要地位如何体现。

安全管理在 ISO 质量管理体系中的重要地位,首先,要体现在质量方针目标上,把安全工作目标作为主要的企业管理目标内容。其次,要体现在控制程序上,确保提供安全工作必需的人力资源、设施和工作环境,力求避免在管理和结合部上出现空挡。再次,要体现在作业指导书上,做到有据可循。

(3) 与其他质量管理体系和优秀管理模式之间的关系如何处理。

一个组织的管理体系包括若干个不同的分体系,如质量管理体系、财务管理体系、环境管

理体系、职业卫生与安全体系等,各个管理体系是互有联系的,最理想的做法是把它们合成一个总的管理体系,同时可借鉴其他优秀管理模式。在 ISO 质量管理体系系列中,ISO 9001:2000 针对的是产品的质量,ISO 9004:2000 针对的是组织的业绩。随着"贯标"工作的纵深推进,在建立 ISO 9001:2000 的基础上,融合其他管理体系,将体系功能按 ISO 9004:2000 标准进行扩展,将更好地体现企业的目标。

(4) 合理的安全管理评价体系。

安全管理评价体系影响着安全工作的好坏,合理的评价体系将促进安全管理,否则制约着安全管理。合理的安全管理评价体系需要满足以下基本条件。

① 获得认可。得到用户、社会和上级管理层等多方面的认可,其中最重要的是用户认可。

② 定位准确。对各级管理层的安全管理目标定位力求准确,铁道部、铁路局和运输站段各级管理层的安全管理目标明确区分层次。

③ 切合实际。安全管理目标力求真实反映当时的安全管理水平,不能搞"左"倾冒进。

④ 过程与结果相结合。安全管理评价体系要体现管理过程和管理结果的结合,不能用过程代替结果,更不能用结果代替过程。

⑤ 落实责任制。安全管理评价体系要有利于各级管理层落实逐级负责制、分工负责制和岗位责任制,真抓实干,抓小防大,夯实基础。

⑥ 公平公正。安全管理评价体系要体现一视同仁,公平公正,不要因管理层的个人意愿而改变其效力和公正性。

7.5.5 有效的安全管理方法

安全管理方法影响着安全管理的效果,有效的方法会收到预期的效果或超越预期的效果。尽管不同类型的管理者各自拥有自己独特的管理风格,但有些方法所产生的效果是不容忽视的。

1. 问题意识

问题如矛盾一样到处都有,旧的问题解决了,新的问题又会产生。即使是在企业的鼎盛时期也是这样。问题意识的体现,首先在对事物的看法上,更多的是要看到不足的地方和需要改进的方面,已经有不少的基层站段建立了自己的安全问题库;其次在解决问题上,发现问题是前提,解决问题是目的,安全问题解决的越多,安全隐患就越少,安全可控程度就越高;再次在分析问题上,充分利用已经存在的问题库资料,从定期、不定期、专题的分析中找出规律,提高预防问题发生的能力。

2. 依法行政

依法行政的体现就是管理者的行为要符合单位自身建立的行政管理规范,行政管理规范不全的按法定程序补充,行政管理规范不合适的按法定程序修改,特定时期开展的安全活动出台的一些管理规定不要与行政管理规定相冲突。

3. 真抓实干

真抓实干的体现,首先在事故的定责和处理上,做到不隐瞒、不讲情,让不负责的人承担责任;其次在岗位竞争上,真竞争、真考核,促使全员爱岗敬业;再次在自我要求上,大胆管理,勤奋工作。

4. 持之以恒

安全是铁路运输永恒的主题。持之以恒的体现,首先在责任心上,任何时候都要把安全工作摆在重要的位置,决不能有任何麻痹和侥幸心理;其次在管理上,任何时候都不能放松对安全的管理,任何时候也不能降低安全管理的标准;再次在宣传教育上,要不厌其烦引导职工时时树立安全意识。

第 8 章　高速铁路的外部性及社会成本

8.1　外部性的含义及产生原因

8.1.1　外部性的含义

外部性(externality)也称外部效应(external effect),其定义如下:当生产和消费无意中给其他人带来附加的成本或收益时,外部性就发生了,即成本或收益施加给其他人,但施加者并没有为此付出代价或因此得到报酬。更确切地说,外部性是一个经济主体的行为对另一个经济主体的福利所产生的效应,但是这种效应并没有从货币或市场交易中反映出来。

在讨论外部性时,社会效益和外部效益经常被混淆。社会效益通常是由经济学家用来描述某些活动产生的高于生产成本的那部分效益,或称福利。这种福利可以由消费者受益,也可以以利润的形式由生产者受益。有些社会效益是存在于市场体系内部的,即内部性的;而另一些则存在于市场体系之外,即外部性的。

为了更好地理解外部性的含义,同时也更好地理解社会成本和效益的含义,可以通过例子来说明。

假设有一条道路可供行驶,道路使用者需向道路管理者支付相当于边际财务成本的通行费。为简便起见,假设维持道路的费用将随交通量的增加而上升(尽管这种假设对讨论没有实质性的影响),如图 8-1 所示。图 8-1 中 MC 表示道路使用者边际成本曲线,MB 表示交通需求(通行者的边际效益),F_1 表示最优交通流量,此时每位通行者支付的通行费为 P_1。这时道路将产生如下两种类型的社会福利。

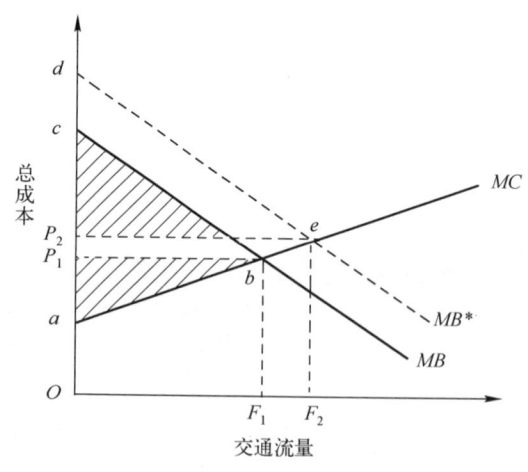

图 8-1　社会效益解释图

(1) 道路管理者将获得利润,在图 8-1 中由 abP_1 部分的面积表示,就是在交通流量 F_1 下征收通行费的总收入超过与 F_1 相对应的总成本而获得的剩余部分。

(2) 图 8-1 中 P_1bc 部分的面积则表示由使用者获得的效益超过他们实际支付通行费的那部分剩余,即传统的消费者剩余。产生消费者剩余可以有很多原因,而且也反映这样一个事实,即道路使用者愿意支付的价格比他们实际面对的通行费价格要高。在很多情况下,这种支付意愿反映了诸如制造业公司通过更多地使用道路而获得更高额外利润的能力,以及土地所有者因为道路的通达可以为他们赢得更多的客户提供便利而获得高额租金。

必须说明的是,为什么道路使用者愿意支付比图 8-1 中 P_1 更高的价格?为什么供给者愿意以这种价格提供道路服务?原因是运输服务可以同时给予两者相当的效益,而这种效益则是以各种形式出现的。例如,对使用者来说,可能是运输服务为他们的土地开发提供了可能(与土地租金有关);也可能是因为运输服务附加了其他资本项目(如工厂、港口等)的价值,或者与消费者的一些考虑相关(如去往运动场所或商店)。在实际中存在的一个危险就是将运输的这种社会效益与外部性相混淆,造成对效益的双重核算。

只有产生不属于以上过程的费用和效益时外部性才会出现。如果存在外部效益,则意味着整个社会的边际效益曲线要高于需求曲线(人们也许会欣赏某些运输设施的建筑,如桥梁,并从中获得审美感受),在图 8-1 中用 MB^* 表示。非常清楚地,如果运输设施的供给者能够因为这种特性而收费(如对喜欢桥梁的所有人征收一种费用),那么增加这类设施的供给以反映这种额外的效益,对整个社会来说是合理的。在图 8-1 中则意味着有效的供给能力增加到 F_2。在这一交通量下,道路系统所提供的总的社会效益将由面积 abc 增加到 aed(现在新的生产者和消费者的效益水平分别为面积 aeP_2 和 P_2ed),增加的面积为 $cbed$,这部分效益即为外部效益。

正如运输可以带来外部效益一样,外部成本也可能随之产生。外部成本可与运输系统自身的运作相联系,如拥挤问题;或者使非运输设施使用者的第三方受到影响,如空气污染、噪声问题及视觉障碍等。在这种情况下,道路使用者给其他人带来了影响,并没有为此支付费用。如图 8-2 所示,这就意味着当道路使用者对边际成本曲线 MC 作出响应时,他们实际造成的总成本则由一条更高的 MC^* 反映出来。其结果就是如果通过内部化考虑所有成本,那么运输设施带来的社会效益就从面积 abc 明显地下降到 fec 水平。原因是一些道路使用者享用了 $feba$ 部分的效益,而牺牲了经济与环境系统总的有效性。

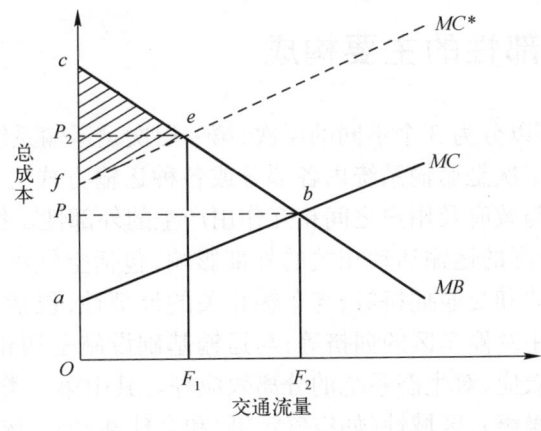

图 8-2 社会效益解释图

对于运输系统而言,如果存在某些外部效益,这种效益也是十分有限的,原因是如果真的存在这种外部效益,人们会在利益的驱动下,以一种不花费成本的方式将外部效益内部化,即将外部效益纳入到价格体系中;因此外部性在大多数情况下是指外部成本。

8.1.2 外部性产生的原因

外部性产生的原因可以分为直接原因和深层原因。直接原因是私人成本与社会成本的背离。任何经济活动都不仅会给活动者本人带来影响,也会给社会带来影响。经济活动使活动者本人必须承担的损失称为私人成本,经济活动使社会必须承担的损失称为社会成本。当私人成本与社会成本出现背离时,活动者本人就承担了别人应当承担的损失或让别人承担了自己应当承担的损失。

私人成本与社会成本的缺口称作外部成本,用公式表示为

$$社会成本 = 私人成本 + 外部成本。$$

外部成本可以划分为使用者对使用者的影响(有时也称为"俱乐部"影响)和使用者对非使用者的影响。在前一种类型中,交通状况以拥挤为特征。从道路使用者不顾自己的行为对其他人的交通状况造成的影响这种意义上说,拥挤问题对单个的使用者来说是外部性的,但对所有的道路使用者这个"俱乐部"而言,它又是内部性的。运输网络的经济效率就这样因为使用者的使用而降低。相反,使用者对非使用者的影响类型的外部性则是以污染和噪声为特征的;因为这种外部性更广泛地存在于道路使用者对社会造成的消极影响,尤其是对那些实际未使用道路的人们的福利的消极影响。当外部性以拥挤形式存在时,运输系统的经济效率会受到影响,而由于各种污染物的过量排放,环境会受到损害。

外部性产生的深层原因是某些稀缺资源没有建立有效的产权制度,即这些稀缺资源产权归属问题没有解决,同时这些稀缺资源的使用价值也难以确定。由于这些稀缺资源没有建立有效的产权制度,导致稀缺资源的利用者完全根据自己的利益需要和攫取能力来使用这些稀缺资源,而不考虑由此给稀缺资源所造成的真实损耗,这样就形成了对稀缺资源的利用成本即私人成本与稀缺资源利用过程中的真实损耗即社会成本的背离。自然环境、生活环境等就是稀缺资源,由于没有建立明确的产权制度,使得交通运输活动中过度消耗这种稀缺资源,造成环境污染、交通拥挤等。

8.2 交通运输外部性的主要构成

交通运输的外部性可以分为3个不同的层次,第一层次是运输系统与资源、环境系统的作用而产生的外部性;第二层次是运输系统内各部分或各种运输方式之间相互作用产生的外部性;第三层次是运输部门与政府及用户之间相互作用产生的外部性。按照来源的不同,交通运输的外部性又可分为与实际的运输活动相关的外部影响,包括空气污染、气候变化、水和土壤污染、噪声、振动、交通事故和交通拥挤等;与车辆相关的外部性,包括车辆生产和处置导致的污染、车辆停放的土地占用及停车区的拥挤等;与运输基础设施密切相关的外部性,包括视觉干扰、对社区的隔离障碍效应、对生态系统的分离效应等。其中第一类外部性按照其影响的范围又可以分为地方性(如噪声)、区域性(如空气污染)和全球性(如气候变化)的外部影响。

交通运输的外部性主要包括环境污染、生态破坏、交通拥挤、交通事故等几个方面,表8-

1 给出了具体说明。

表 8-1 外部性的主要内容

主要事项		具体内容
环境污染	1. 土地	土地占用,财产破坏,景观破坏
	2. 大气	地方性污染:CO,碳氢化合物,NO_x,SO_2 地区性污染:酸雨(NO_x,SO_2) 全球性污染:CO_2
	3. 水	地表径流对表面水体及地下水的污染,道路建设对水流的影响
	4. 固体废物	废弃的运输工具(车辆、船等)与运输线路
	5. 其他	噪声、振动、电磁波污染
生态破坏		上述环境污染均能造成不同程度的生态破坏
交通拥挤		时间价值损失,大气污染,噪声污染增加
交通事故		财产损失,人身伤亡损失

各种交通运输方式的外部性程度不同,定性比较的结果如表 8-2 所示。

表 8-2 各种运输方式外部性的比较

	大气污染	水污染	土壤污染	监控及安全	噪声污染	振动	交通拥挤
道路	***	*	***	***	***	**	**
铁路			**	*	**	***	**
内河运输		**	*	*			*
海洋运输							
空运	*	*	*	*	**	*	**

注:空白处表示影响极小或无;*—影响较小,**—影响较大,***—影响极大。

8.3 交通运输外部成本的估算与比较

对交通运输外部成本的估算,主是将运输的外部成本进行货币化,或估算在国民经济中所占的比重。交通运输外部性的货币化评估可以为运输部门有效配置资源提供依据。对交通运输外部成本的估算,可以达到以下目的:第一,可以获得对环境这种资源的有效利用;第二,可以获得对交通运输外部成本的一个宏观经济估计,与国民生产总值进行比较,评价外部成本使 GNP 损失的值;第三,为运输部门制定管制和定价政策提供依据,不同运输方式对环境影响的微观经济数据,对于确定决策策略是必不可少的;第四,评价环境影响,是运输投资的成本-效益评价分析中的一个重要部分,以往只能给出定性评价或程度评价,不能定量化,而对运输外部成本的评价可以给出环境的货币化估计值,使成本-效益分析更准确。

对外部成本的估算,主要集中在噪声成本、空气污染成本和交通事故成本等方面。由于估算中要考察环境、人类生命价值等难于采用市场价格计算的成本,因此精确地估算是困难的。目前,主要采用的估算方法有判例法、防护行为法、揭示偏好法、旅行成本法及宣述偏好法等。

判例法:主要考虑运输造成的环境损害的法律裁决(如石油泄露的赔偿),以及从事恶劣环境条件下工作人员的职业补偿性支付。

防护行为法:包括估计采取隔离手段所需要成本,或通过改变行为以减少不利的环境所需成本。例如,为减少噪声,采用双层玻璃所需要的成本。

揭示偏好法:考察当存在实际的环境成本时,人们所做的实际选择。它通过一个次级市场来内在地反映外部性的隐含市场。例如,通过考察房屋市场中房屋价格的差异来反映受环境影响的不同水平。

旅行成本法:是揭示偏好的一种特殊形式,用以估计诸如公园和重要的自然景点的价值。例如,通过考察人们参观景点所花费的旅行费用(汽油、旅行时间等)来估算环境的价值。

宣述偏好法:通过一组精心设计的隐含假设的问题,得到个人对某一环境估值的信息。通常,在预先设定的具体情况下,向被调查者提供几个假设性选择,并要求他们作出选择,所得到的结果可以为外部因素赋值提供指导。

不同的国家和不同的研究人员,采用不同的方法,得到的结论会存在一些差别。大卫·麦迪逊在《绿色经济的蓝图——公路运输的真正费用》一书中详细地探讨了公路运输的外部成本问题。表8-3给出了其对公路运输各项外部成本的估算结果。

表8-3 英国公路运输部门的外部成本

项　　目	估　算　值
二氧化碳边际损失/(美元/t)	5.87
甲烷边际损失/(美元/t)	45
一氧化二氮边际损失/(美元/t)	833
污染物排放总量造成的总外部健康费用/亿英镑	197.2
柴油的边际外部费用/(便士/l)	84
汽油的边际外部费用/(便士/l)	43
无铅汽油的边际外部费用/(便士/l)	9
公路运输噪声对英国造成的损失/亿英镑	26
城市中心高峰期交通拥挤的边际外部费用/[便士/(辆·km)]	36.37
城市中心非高峰期交通拥挤的边际外部费用/[便士/(辆·km)]	8.74
交通事故边际外部费用/(便士/km)	0.7~2.3

注:以上价格均以1993年价格为标准。

1994年,世界产业工人联合会对西欧17国按不同交通方式、外部性的不同表现估算了交通运输外部成本,结果如表8-4所示。

表8-4 1991年西欧17国交通运输外部成本绝对值　　　　单位:×10^{8}ECU

运输方式		交通事故	噪　声	空气污染	气候变化	合　　计	百分比/%
公路	小汽车	106.0	15.0	22.0	22.0	165.0	60.39
	公共汽车	4.2	1.9	1.8	1.2	9.1	3.33
	摩托车	16.0	4.4	0.6	0.3	21.3	7.80
	货运卡车	21.0	12.0	13.0	10.0	56	20.50
	合计	147.2	33.3	37.4	33.5	251.4	92.02

续表

运输方式		交通事故	噪声	空气污染	气候变化	合计	百分比/%
铁路	客运	0.5	0.9	0.6	0.8	2.8	1.02
	货运	0.2	1.2	0.2	0.3	1.9	0.70
	合计	0.7	2.1	0.8	1.1	4.7	1.72
航空	客运		2.1	3.5	6.8	12.4	4.54
	货运		0.7	1.1	2.2	4.0	1.46
	合计		2.8	4.6	9.0	16.4	6.00
水运	货运				0.5	0.2	0.7
总计	客运	126.7	24.3	28.5	31.1	210.6	77.09
	货运	21.2	13.9	14.8	12.7	62.6	22.91
	合计	147.9	38.2	43.3	43.8	273.2	100

注：ECU 为欧洲货币单位；2732×10^{10} ECU 相当于当年 GDP 的 4.6%。

表 8-4 的数据说明，不同交通运输方式及客运、货运所产生的外部成本是不同的。旅客运输产生的外部成本为 2.106×10^{10} ECU，为总外部成本的 77.09%，是货运的 3.6 倍。公路产生的外部成本为 2.514×10^{10} ECU，占总外部成本的 92.02%，是其他 3 种运输方式的 11.53 倍；公路的外部成本主要由小汽车造成，为 1.650×10^{10} ECU，占公路外部成本的 65.63%。在公路、铁路、航空 3 种运输方式中，铁路的外部成本最低。

更多的研究是对整个社会成本（包括外部成本和私人成本）的估算，如果能够准确估算出社会成本，减掉私人成本，那么外部成本就可以估算出来了。表 8-5 给出了欧盟及美国的交通运输事故的社会成本的估算结果。事故成本的估算是用死伤人数及受损物质的数量乘以死伤及物质损失的单位成本。死伤成本的估价包括直接成本（医疗护理、往来交通成本等）、间接成本（生产力损失等），物质损失的估价等同于损坏物质的货币化成本。表 8-5 是采用各国官方公布的人类生命价值数据估算的结果。

表 8-5　交通事故社会成本的估算（1989 年）　　　　单位：$\times 10^6$ ECU

国家	公路	铁路	GNP	占 GNP 百分比/%
比利时	2 335	8	146 200	1.60
丹麦	635	5	97 800	0.65
德国	14 033	132	1 080 900	1.31
芬兰	1 649	60	89 000	1.92
法国	7 423	51	748 900	1.00
英国	11 879	86	760 000	1.57
卢森堡	60	1	6 600	0.92
荷兰	1 130	5	204 500	0.56
挪威	359	5	78 000	0.47
奥地利	1 973	34	115 100	1.74
葡萄牙	152	2	40 000	0.39

续表

国家	公路	铁路	GNP	占 GNP 百分比/%
瑞士	2 020	21	165 000	1.24
西班牙	4 426	10	350 800	1.26

将实际旅行时间与在没有交通流量时可能花费的旅行时间进行比较,1989 年美国 50 个主要城市由于交通拥挤丧失的时间折算的成本为 7.80 亿美元,而 1988 年为 7 亿美元。以实际旅行时间与"正常"状况所需时间的差异为准进行计算,可以得到拥挤的社会成本:法国,占 GNP 的 2.10%;英国,占 GNP 的 3.2%;美国,占 GNP 的 1.30%;日本,占 GNP 的 2.0%。

8.4 高速铁路的社会成本

从前面内容可知,交通运输的社会成本应该包括生产成本和外部成本,为了更好地比较各种交通对社会经济发展的综合影响,这里将使用者的成本也纳入到社会成本中,以京沪走廊为例,对各种交通方式的社会成本进行比较,以期给出几种方式的社会成本的定量结果。

生产成本是指交通工具运输时所付出的直接成本,包括工具的购置、运营、维护,土地占用,道路或场地建设、管理、维护,能耗等。

使用者成本是未来可使用这些被消耗资源的人们的利益净损失及乘坐交通工具的人消耗的时间的价值。

外部成本是由于交通工具的使用对他人或其他资源造成的损失,主要内容为破坏环境,包括空气污染、温室效应和飘尘等的损失和事故的损失等。

对京沪走廊未来 3 种主要旅客运输方式(铁路、航空和高速公路)的社会成本初步估算,结果如下。

1. 生产成本

对京沪高速铁路的有关研究报告和国外的资料进行了调查和整理,在参考国外相关数据的基础上,对一些必要的数据进行了估计,对京沪走廊未来的 3 种主要旅客运输方式的生产成本估算如表 8-6 所示。

表 8-6 各种运输方式的生产成本 单位:元/(人·km)

高速铁路	航空	高速公路	普通铁路
0.130 8(京沪高速铁路高、中速列车的加权平均)	0.520 0	0.138 0	0.069 0
0.123 7(沪宁高速铁路高、中速列车的加权平均)			

注:表中生产成本指交通工具自身成本与固定设备成本之和。

2. 旅客的时间价值

按早期研究"京沪高速铁路运量预测与客流分析"中的结果,京沪走廊旅客 1996 年的时间价值约为 9.2 元/h,一般情况下时间价值是与收入成比例增加的。假定收入按一定比例增长,可计算出年度 2010 和 2015 年旅客的时间价值分别为 21.37 元/h 和 25.97 元/h,各种运输方式每人公里时间价值如表 8-7 所示。

表 8-7　各种运输方式的生产成本　　　　　　　单位：元/(人·km)

年　份	高速铁路	航　空	高速公路	普通铁路
2010 年	0.129 0	0.030 6	0.267 0	0.267 0
2015 年	0.158 0	0.037 2	0.328 0	0.325 0

注：高速铁路旅客旅行时间按高、中速列车的加权平均值计算。

3. 各种交通方式的事故损失

除德国 ICE 列车 1998 年发生过一次重大事故以外，其他高速铁路还没有发生过事故；因此将该事故分担到高速铁路运行公里中，计算结果可忽略不计。其他方式的计算结果如表 8-8 所示。

表 8-8　各种运输方式单位运输量事故损失　　　单位：元/(人·km)

运输方式	高速铁路	航　空	高速公路	普通铁路
交通事故损失	约为 0	0.007 40	0.064 40	0.001 81

4. 噪声和大气污染等对环境破坏的社会成本

交通工具对环境的破坏主要有噪声、排放的二氧化碳造成的温室效应和排放的氧化氮和氧化硫对大气的污染。参照欧洲和日本各种运输方式噪声和空气污染的社会成本，推算我国各种运输方式环境破坏的社会成本值如表 8-9 所示。

表 8-9　各种运输方式的环境社会成本　　　　　单位：元/(人·km)

运输方式	高速铁路	航　空	高速公路	既有铁路
噪声	0.001 95	0.010 40	0.001 95	0.001 95
二氧化碳(温室效应)	0.017 00	0.059 80	0.080 80	0.008 26
氧化氮、氧化硫	0.018 40	0.113 00	0.038 80	0.013 20
飘尘	0.003 04	0.000 00	0.010 90	0.002 90
合计	0.035 10	0.183 00	0.132 00	0.026 30

5. 总社会成本

将生产成本、使用者成本和外部成本求和，可得各方式总社会成本，如表 8-10 所示。表 8-10 说明，京沪走廊几种运输方式中高速铁路的社会成本明显低于高速公路和民航，在考虑运量水平的差异，高速铁路可创造的社会效益是巨大的，是京沪走廊最佳的交通方式。

表 8-10　各种运输方式的社会总成本　　　　　单位：元/(人·km)

运输方式	高速铁路	航　空	高速公路	既有铁路
2010 年	0.294 9	0.741 0	0.601 4	0.364 1
2015 年	0.323 9	0.747 6	0.659 4	0.422 1

进一步计算表明，修建京沪高速铁路与仅在京沪走廊内修建普通速度的第二双线方案相比，计算期内(25 年)的社会成本节省可达 3 624 亿元，平均每年带来的社会成本的节省为 145 亿元，计算期内创造的社会效益为建设投资的 4 倍左右。可见在修建京沪高速铁路方案的条件下，全社会为满足京沪走廊的旅客出行需求所付出资源和环境及其他方面的总体代价最小，是保证我国未来经济能够得以稳定持续发展的最优方案。

第9章 高速铁路的技术设备

9.1 高速铁路的线路

9.1.1 概述

铁路线路是铁路运输的重要技术设备之一。它由路基、桥隧建筑物及轨道组成。铁路线路各部分的材质虽然不同,却是一个整体的工程结构,它们共同一致地工作。其中任何一部分结构和强度的改变,都会引起其他部分和整个线路工作的改变,引起机车车辆与线路间相互作用的改变。

列车以一定的重量和速度在线路上行驶,车轮会不间断地给钢轨以作用力。其中,除了重力以外,还有由于弹簧结构的振动、线路上或车轮上存在着不平顺及机车车辆在运行中未被平衡的惯性力和离心力等原因所产生的附加竖直力;由于制动和其他因素所产生的纵向水平力及由于机车车辆摇摆和在曲线中的转动而产生的横向水平力;由于温度变化而在钢轨内部还会产生温度力等,尤其是在无缝线路上。另外,铁路线路还受气象、温度等因素和水文、地质等条件的影响。这些力和影响因素并不是固定不变的,而是随时变动的。所以,铁路线路是处于极其复杂的工作条件下的工程结构。

为了保证列车能按规定的最高速度,安全、平稳和不间断地运行,铁路线路不论其整体或各组成部分,都应当具有一定的坚固性和稳定性。

随着运输强度的不断增加和行车速度的不断提高,铁路线路的结构也需要不断改进和加强。目前,世界各国的铁路,钢轨重量加重,道岔号码加大等,都是为了适应高速、重载列车在线路上行驶的要求。

在高速铁路上,列车运行速度很高,要求线路的建筑标准也高,包括最小曲线半径、缓和曲线、外轨超高等线路平面标准,坡度值和竖曲线等线路纵断面标准,以及高速行车对线路构造、道岔等的特定要求等。由于高速线路比一般线路的修建与养护标准高,且要保持更严格的容许误差;因此必须采取提高钢轨重量、采用焊接长钢轨、使用新型弹性扣件和高质量的衬垫及新型道岔等必要措施。为了适应高速运行和繁重运输任务的要求,必须加强线路的检测、监视和维修养护工作,采用先进的设备,以保证线路的质量和行车安全。

9.1.2 线路的平面与纵断面

高速铁路的线路平面和纵断面的设计,更须满足行车安全、平顺,保证旅客舒适和便于线路维修等要求,而且力求从工程和运营两方面综合考虑经济上最为合理。

1. 线路平面

线路平面是由直线和曲线组成的。高速铁路的曲线同样包括圆曲线和缓和曲线。

1) 曲线的影响

曲线一般能较好地适应地形的变化,减少工程量。但是,它也带来一些缺点,表现在如下两方面。

(1) 降低行车速度。曲线会给运行中的列车造成一种附加阻力,称为曲线阻力。众所周知,曲线半径越小,曲线阻力越大,运营条件越差,在其他条件相同时,运行速度也越低。

(2) 增加轮轨磨耗。列车通过曲线时,轮轨磨耗增加。曲线半径越小,磨耗增加越大。

2) 超高度

车辆在曲线上运行时会产生离心力,为了平衡所产生的离心力,必须把曲线线路的外股钢轨加高,称为超高。计算曲线外轨的理论超高度,一般公式为

$$h = 11.8 \times \frac{v_{平}^2}{R} \text{(mm)}。$$

式中:$v_{平}$——通过曲线的各次列车的平均速度,km/h。设计新线时,采用 $v_{平} = 0.8 v_{max}$。

可以看出,h 与 v 关系密切。超高度设置是否合适,在很大程度上取决于平均速度选用是否恰当。

最大超高度的选择应保证在曲线上停车而又遇到大风时,也不致使列车倾覆,并考虑不同速度列车所产生的未被平衡的横向加速度不致过大。目前,除日本东海道新干线规定最大超高度为 200 mm 外,其余各线及法国高速干线上最大超高度均为 180 mm。

未被平衡的离心加速度或未被平衡的向心加速度可以理解为由于外轨超高度不足(欠超高)或外轨超高过大(余超高)所产生。

3) 最小曲线半径

最小曲线半径是线路平面设计时允许选用曲线半径最小值。有条件时应尽可能选用较大的值,这样,可以改善运营条件,节省较多的运营费用。

最小曲线半径的选定主要应考虑行车速度、地形条件和机车牵引种类等因素。其中,行车速度是选定最小曲线半径的主要依据。

对于高速客运专线,因为速度比较划一,最小曲线半径选择和确定的公式为

$$R_{min} = \frac{11.8 \times v_{max}^2}{h_m + h_Q} \text{ (m)}。$$

式中:R_{min}——最小曲线半径,m;

v_{max}——列车最大速度,km/h;

h_m——实置超高值,mm;

h_Q——允许的欠超高值。

在客、货混跑的铁路线上,由于旅客列车与货物列车的速差较大,此时,一方面要保证旅客的安全舒适,另一方面应使低速列车通过曲线时,不过于挤压与磨耗内轨,载运的货物不发生移位,为此,其最小曲线半径应为

$$R_{min} = 11.8 \times \frac{v_1^2 - v_2^2}{h_Q + h_e}。$$

式中:v_1、v_2——旅客列车和货物列车速度,km/h;

h_Q、h_e——欠超高与余超高,mm。

4) 缓和曲线及最小夹直线长度

在直线与圆曲线之间设置的缓和曲线,其作用在于列车由直线(或圆曲线)驶向圆曲线(或直线),使离心力逐渐产生或消失,并减缓外轮对外轨的冲击。因此,在设计高速铁路的缓和曲线时,应考虑:在缓和曲线始终点和缓和曲线范围内运行的列车应有较好的稳定性,以确保行车安全和舒适;缓和曲线线形要力求简单,便于测设与养护;缓和曲线应尽量短些,以减少工程量和投资费用。

5) 线路间距

在高速复线铁路上,当两列车相遇时,最初的风压力使列车相互排斥,到接近列车尾部时变为相互吸引。不论是作用在相互排斥的方向或是相互吸引的方向,所发生的最大压力是不相上下的。试验结果表明,这个压力概略地与双方向列车相对速度的平方成正比。因此,为避免强大风压造成损害,许多国家根据其具体情况选择了适当的线路间距。

日本铁路曾对此做过研究与试验,在区间线路上,当两列时速 250 km 的列车相对开行时,作业人员站在两车距离为 0.8 m 的中间是安全的,从而规定线路中心距至少 4.2 m(车辆限界宽度为 3.4 m)。在站内线路上,除考虑安全距离 0.8 m 外,人宽约 0.4 m,则站内线路间距定为 4.6 m。法国以 TGV 动车组进行空气动力试验后,认为在 300 km/h 情况下,4 m 线路间距是可行的,但考虑未来发展和便于设置渡线,此值规定为 4.2 m。德国则规定为 4.5 m。

2. 线路纵断面

线路纵断面是由坡段及连接相邻坡段的竖曲线组成。

1) 最大限制坡度

限制坡度的大小,对设计线的运营和工程影响很大。在运营方面,限制坡度增大,牵引重量减少,列车速度降低;而在工程方面,可以适应地形,减少建设线路的工程量。

坡度大小是根据地形和经济条件决定的。比如法国 TGV 东南线,沿线经过一连串高度在 500~900 m 之间的山岭。如采用同巴黎—里昂旧线相一致的限制坡度,即 8‰,就得建造很多高架桥和隧道。由于确定新线只开行轻快旅客列车,决定采用 35‰ 的限坡,都是动力坡,共有 4 段。这样,就使高速旅客列车在巴黎—里昂间的行程缩短到 426 km,比旧线少 86 km,而且不需修建隧道,没有平交道口,共只有 6 处高架桥和 7 处立交;因而不但工程费用,而且运营费用都能大为节省。在日本,由于地形险峻,即使采用陡坡,仍不得不保留长大隧道和桥梁。因此,日本除在东海道新干线采用 20‰ 的限坡外,山阳、东北、上越新干线的限坡均为 15‰。

2) 竖曲线

竖曲线一般采用圆曲线形的。竖曲线半径的大小,除应保证列车经过变坡点时车钩不脱钩、车轮不脱轨外,还应考虑在竖曲线上产生竖向离心加速度和离心力对旅客舒适的影响。法国 TGV 东南线的竖曲线半径采用 25 000 m;TGV 大西洋线采用 16 000 m;而日本除东海道新干线采用 10 000 m 以外,其余各线均采用 15 000 m。

9.1.3 路基与桥梁

1. 路基

路堤和路堑是路基最常见的两种基本形式。高速铁路区间主要是电力牵引复线路基,横断面除应为适应高速行车需要外,还要为线路检查维修提供方便,设计较宽的路肩。路堑形式的路基,要注意水对路基的侵害。法国高速铁路在路堑中修建了带盖的钢筋混凝土排水沟,用以代替侧沟,并将电杆建立在侧沟外测的专设平台上。为了使维修车辆、机具和维修人员通过,也修建了护道,在路堑情况下从排水沟边起,护道宽为1.2 m。

路基的稳定性与坚固性直接关系线路的质量、列车的正常运行及安全,特别是高速列车,运行时更需要有良好的路基基础。为保证路基状态的完好,保证线路质量和列车的安全、正常运行,路基应满足下述要求:

(1) 路基面必须平顺并应有足够宽度,路基面的上方应形成与铁路限界规定相符的安全空间,不得侵入铁路建筑限界,以保证列车运行与线路作业安全的要求;

(2) 路基应具有抵御各种自然因素影响的足够的坚固性和稳定性,坚固性是指路基本体须有足够的强度,不发生超过允许的沉落;稳定性是指路基边坡和基底应保持固定的位置,不发生危及正常运营的变形;

(3) 水的活动往往是造成路基病害的重要原因,为保证路基的坚固和稳定,必须做好路基的排水工作;

(4) 路基的设计、施工与养护应符合经济合理的原则。

2. 桥梁

桥隧建筑物是铁路跨越河流、山谷或穿过山岭及其他障碍的建筑物,是铁路线路的组成部分。一般桥梁的用途是为了跨越河流和山谷,而有些桥梁是为了跨越铁路或公路而修建的跨线桥。当铁路线路通过城市区、工业区或农作物区,为保留线路通过地段的空间或少占土地,不修路堤而以桥梁通过,这种桥称为旱桥或高架桥。

机车车辆以较高速度过桥时,由于振动的影响,上部结构会产生更大的应力及挠度,同时,还会使桥上轨道的几何形状发生变化。桥面在平面和纵断面方向挠曲变形过大,会导致振动加剧,影响行车安全,对旅客乘车的舒适性也有影响。这种现象,必须加以控制,并要求桥梁结构本身具有足够的强度,同时在高速行车条件下桥上轨道的几何形状能保持良好状态。

高速行车要求结构物有高度的抗挠和抗扭刚度,通常不应采用柔性结构;刚构和框架结构可以减少维修工作量,且有局部损伤时也不影响整体。多跨连续的钢筋混凝土桥梁,从受力上看,比较安全可靠。在日本,短跨(跨度≤20 m)桥推荐采用型钢混凝土梁、钢筋混凝土板或预应力混凝土板梁或 T 型梁、结合梁结构;中跨(20 m<跨度≤60 m)桥推荐采用钢筋混凝土或预应力混凝土箱型梁与结合梁结构;大跨(跨度>60 m)桥推荐采用穿行衍架桥,钢、钢筋混凝土或预应力混凝土拱桥。

为了保证高速行车条件下的桥梁安全,国际铁路联盟及法国、日本等国家都就高速行车条件下对铁路桥梁的冲击系数、挠度与转角等作出了规定。此外,还对桥梁进行疲劳检算,对桥墩和下部结构的下沉量注意监测,增加线路维修与巡回检查次数等。

9.1.4 轨道

1. 轨道结构的基本类型

(1) 道碴轨道。道碴轨道即所谓常规轨道,多为欧洲各国所采用。这种轨道结构形式简单,造价低,线路的弹性和减振性能较好,而且噪声较小;但其缺点是轨道的横向抗力较小。为了满足高速列车运行平稳与安全的需要,在道碴轨道结构中,法国高速铁路采用了 UIC 60 型焊接长轨,钢轨强度为 900 N/mm^2,以保证钢轨和车轮不致被毁坏。为了使线路安全稳定,必须将道碴夯实,道碴厚度应达到规定要求,必要时再设路基抗冻保护层。轨枕采用双块式混凝土轨枕,其数量应达到 1 722 根/km 以上。采用弹性扣件加上 9 mm 厚带槽橡胶垫板等以加大横向抗力,保证高速列车运行的平稳。

(2) 板式轨道。板式轨道是从混凝土整体道床的基础上发展起来的新型轨下基础,目前只有日本、德国高速铁路采用。这种轨道结构形式一经筑成,线路就能保持稳定、平顺,同时由于取消了道碴层,不仅大大减少了线路的养护维修工作量,而且在很大程度上减轻了工人的劳动强度,改善劳动条件。但是,这种轨道要求较高的施工精度和特殊的施工方法,对扣件和垫层也有特殊要求,在运营过程中一旦出现病害,整治比较困难,且噪声较大,弹性小。

2. 轨道的组成部分

1) 钢轨

在轨道上,钢轨是直接承受车轮压力并引导车轮运行方向的。它应当具有足够的刚硬性和柔韧性。刚硬性是为了承受车轮的强大压力,同时防止过快地磨耗;柔韧性是为了减轻车轮对钢轨的冲击作用。因此,钢轨中除含铁以外,还含有碳、锰、硅等元素。

钢轨的类型或强度,以每米重量的公斤数表示,如 50 kg/m、60 kg/m、70 kg/m 等。在日本、法国、德国和意大利等国的高速铁路上,采用的都是 60 kg/m 钢轨。

高速铁路的轨道均采用无缝线路,以克服有接缝轨道所存在的弊端。对焊接好的长钢轨要进行检查,内部缺陷主要采用着色探伤和超声波探伤方法,表面缺陷则用磁粉检查。

钢轨与轨枕之间用联结扣件联结。联结扣件应具有足够的强度、耐久性及一定的弹性。

2) 轨枕

目前各国广泛采用钢筋混凝土轨枕以代替木枕。这是因为混凝土轨枕材源较多,又能保证尺寸一致,使轨道的弹性均匀,稳定性高,可以满足高速度、大运量的要求。混凝土轨枕不受气候、腐朽、虫蛀及火灾的影响;能节省大量木材;坚固耐用,使用寿命长;此外,还具有较高的道床阻力,对提高无缝线路的横向稳定性和轨道强度,也是十分有利的。混凝土轨枕也存在不少缺点。和木枕相比较,它的主要缺点是重量大,弹性较差,在同样的荷载作用下,轨枕受到的力要比木枕大 25% 左右,冲击作用也比较大;所以要求道床质量高,铺设厚度大,并在钢轨底部要增设缓冲垫层。

在高速铁路上,为保持轨道的良好几何状态,确保旅客的舒适度和减少那些只能在夜间进行的维修工作,应该采用较重型的轨道设备;因此各国大都采用预应力混凝土轨枕。

3) 道床

道碴材料应当坚硬、稳定、有弹性并利于排水。高速铁路对道碴的要求比一般线路更为严格,以便尽可能减少养护工作。同时,为了保证路基坚固稳定,不致发生翻浆冒泥;因而对碴下垫层的选择也比较严,即不仅要求所用的碎石应是有一定破碎指数的硬砾石,且其压实度也要达到规定标准,因为轨道的弹性是非常重要的。如果没有弹性,列车就不可能高速行驶。采用碎石作为道床材料是因为它具有较好的弹性和渗水性。一般要求道碴颗粒尽量大小均匀(粒度为 25~55 mm),以保证排水通畅。

在高速铁路线路上,道床应有足够的厚度,以减少路基面所受的压力和振动,保证路基顶面不发生永久性变形。因此,一般采用双层道床。为了使道床的水能够迅速下渗,防止翻浆,在垫层底部要加设用塑料和沥青等材料制作的各种形式的封闭层。

4) 道岔

高速道岔转辙器部分的尖轨一般较长,为保证尖轨转换安全、可靠及转辙器部分技术状态良好，必须安装有足够功率的转辙机。同时，在扳动道岔后，除转辙机本身应当锁闭外，还通过密贴监督装置控制开通进路，以保证尖轨转换后正常密贴。

道岔号数(通常用英文字母 N 表示)是代表道岔各部分主要尺寸的，一般习惯上用辙叉角 b 的余切表示(有些国家也用正切表示)。

$$N = \cot \alpha$$

道岔号数与辙叉角成反比关系。α 角越小，N 越大，导曲线半径也越大，机车车辆通过道岔时越平稳，允许的过岔速度也就越高。所以，采用大号码道岔对于列车运行是有利的。因此，在高速铁路上均采用大号码道岔。各国高速铁路的轨道结构情况汇总如表 9-1 所示。

表 9-1 各国高速铁路的轨道结构情况汇总

	法国		德国高速线		意大利高速线	日本			
	TGV东南线	TGV大西洋线	(1)	(2)		东海道	山阳	东北	上越
区间	巴黎—里昂	巴黎—勒芒、图尔	汉诺威—维尔茨堡	曼海姆—斯图加特	罗马—佛罗伦萨	东京—大阪	新大阪—博多	上野—盛冈	大宫—新泻
轨距/mm	1 435	1 435	1 435	1 435	1 435	1 435	1 435	1 435	1 435
线间距/m	4.2	4.2	4.7	4.7	4.0	4.2	4.3	4.3	4.3
最小曲线半径/m	4 000	6 000	7 000	7 000	3 000	2 500	4 000	4 000	4 000
竖曲线半径/m	25 000	16 000	25 000	25 000	2 000	1 000	15 000	15 000	15 000
最大坡度/‰	35	25	12.5	12.5	8.5	20	15	15	15
最大超高/mm	180	180	150	150	125	200	180	180	180
钢轨	UIC$_{60}$	UIC$_{60}$	UIC$_{60}$	UIC$_{60}$	UIC$_{60}$	60kg/m	60kg/m	60kg/m	60kg/m
混凝土轨枕及长度/m	PC 单块，2.6；PC 双块，2.3	PC 双块，2.3	PC 单块，2.6	PC 单块，2.6	PC 单块，2.6	PC 单块，2.4	PC 单块，2.4	PC 单块，2.4	PC 单块，2.4
道床及道床厚度/mm	碎石，350	碎石，300	碎石，300	碎石，300	碎石，350	碎石，250	轨枕板，300	轨枕板，300	轨枕板，300

9.1.5 轨道技术检测与维修管理

由于列车不间断地运行及自然界和人为的作用，往往使高速铁路线路发生各种变形或损坏。为了确保列车能按规定的最高速度安全、平稳、不间断地运行，以及延长线路各部分的使用寿命，必须加强对线路的养护维修和监测，保证线路设备经常处于完好状态。尤其是对高速铁路线路，必须及时检测轨道状态，因此各国都更加重视对线路的管理和检查。

1. 线路的维修养护与管理

高速铁路需要有相应的轨道维修养护制度。虽然维修养护工作基本上还是可分线路大修与日常维修，但是其内容及工作方法，却和常规线路有所区别。

高速铁路轨道设备磨损较快，更新周期短，轨道设备的运送、组装等都采用工厂化、机械化施工方式。由于采用了无缝线路和板式轨道，其使用寿命和维修周期大致相近，便于大修计划的安排与实施。日常维修则包括按周期进行的计划维修和随时进行的紧急补修。计划维修除少量更换损伤的轨道部件外,还对轨道进行整修和校正;紧急补修是对行车引起的轨道变形,及时整修到规定标准,使线路经常处于良好状态。

为了检查和测定轨道状态和线路上电气设备的性能,在高速铁路上编有由电气试验车和轨道检测车组成的综合试验列车。这种列车同正常营业的列车一样纳入运行图,可隔几天运行一次。综合试验车测得的数据经计算机处理后,供制定线路维修计划使用。

2. 养路机械与监测设备

为适应高速列车运行的要求,在高速线路上采用了一系列现代技术和设备,从而实现了减少维修工作的目的。但是,由于列车间隔时间短,利用列车间隔施工的养路方式及采用小型养路机械,都不能满足要求。这自然要使用高效率的大型机械,大力发展各项养路工作的机械化。在法国,大修作业机械化程度在90%以上,维修养护作业机械化程度也达到50%以上。日本和德国也都基本上采用了各种养路机械进行作业。实行机械化养路以后,不但大大提高了工作效率,而且由于机械性能和养路作业技术的不断改进,养路工作的质量也得到了提高。

高速行车的线路,变形比较频繁。为及时掌握轨道各组成部分发生不良现象的程度并分析其形成的原因,对轨道必须经常进行检查。轨道检查与监测实现机械化、自动化,是保证高速行车、指导线路维修作业的一项重要措施。

1) 高速轨道检测车

高速轨道检测车可以在高速运行中检查动荷载下的轨道几何状态,并能及时处理数据。当轨道变形超过规定限度时,能在现场自动喷射涂料,在轨道上留下标志。

轨道检测车可以在 200 km/h 以上速度运行条件下测定动态的轨道变形情况,轨道检测车可以测定轨距、水平、方向、高低(轨道超高)、20 m 弦割距、车辆振动加速度、轴重等项目。此外,还能测定噪声强度。

轨道检测车的测定设备主要由检测部、运算部和记录部等组成。现代检测车的重要特点是使用计算机和各种分析仪器,及时处理轨道检测数据,完全取消了费时费事又会发生错误的人工判断。检测数据记录除用磁笔模拟记录在纸上外,各国还采用了模拟磁带和数字磁带记录,并装有光学示波器记录装置。

2) 钢轨探伤车

钢轨探伤由原来采用手工操作的探伤仪,发展成自动化超声波钢轨探伤车。探伤车是利用超声波探伤原理进行探伤的。

钢轨探伤车上装有探伤器、钢轨接头检测器、里程检测器、钢轨缺陷分类器、记录器等。探伤器的探头为旋转式的。旋转探头、钢轨接头检测器和导向轮则安装在垂挂于车体上的测定架上。测定架由压缩空气操作,其他装置则通过装在车体上的配电盘进行操作。探伤车由其他动力牵引,一般以内燃发电机组作为动力。

3) 钢轨磨削车

在高速铁路上,对轨头顶面的管理是十分重要的。轨头顶面损伤的原因有:在钢轨焊接处由于高速列车的撞击使轨头顶面产生微小凹凸,这会引起车轮及钢轨的损伤;车轮与钢轨间接触应力反复作用产生的疲劳伤,使钢轨产生裂纹;制动地区会使钢轨产生波状磨耗。为了对这种波状磨耗作磨削处理,在高速铁路上使用了多种钢轨磨削车。

4) 融雪装置及地震检测警报系统

穿行寒冷和地震地区的高速铁路,为了确保列车的安全和可靠运行,必须十分重视防雪、防震等有关问题。

在防雪方面,通常在列车头部安装犁雪机以排除轨道上的积雪,或采用可以在钢轨下储存降雪的高架构造。此外,还可以采用设置于轨道沿线的洒水器喷洒盐水融雪的方法。为监视雪情变化,还可以设置工业电视和积雪深度测厚仪等设备。

在防震方面,除对建筑物在进行设计时就已考虑抗震因素外,还可以在轨道沿线设置地震仪,采用一旦测得较大地震时便让列车自动停车,以减轻灾害所造成的损失。

9.2 高速铁路的牵引动力

9.2.1 概述

牵引动力是实现高速行车的重要关键技术之一,涉及许多方面的新技术:

(1) 要开发出比现有机车更大的牵引功率和牵引力的新型动力装置和传动装置;

(2) 牵引动力的配置已不能局限于传统的机车牵引方式,而要采用分散的或相对集中的动车组方式;

(3) 高速条件下新的制动技术;

(4) 高速电力牵引时的高可靠度的受电技术和装备;

(5) 车载微机控制的列车牵引、制动和智能诊断技术;

(6) 适应高速行车要求的车体、走行部的结构及减少空气阻力的新的外形设计等。

1. 高速列车对牵引功率的需求

高速列车对牵引功率的需求是根据高速列车的总质量、最高运行速度和该速度下的列车单位阻力来计算的,计算公式为

$$\overline{N} = \frac{Q \cdot \omega \cdot v_{\max} \cdot k}{3\,600}。$$

式中:N——高速列车所需的牵引功率,kW;

　　　Q——高速列车的总质量,t;

　　　ω——高速列车的单位阻力,N/t;

　　　$v_{\max}$——高速列车的最高运行速度,km/h;

　　　k——裕量系数。

参照国外高速列车的运行情况及一些经验公式进行计算,可得:若列车总质量确定为 800 t(可运送旅客 1 000 名),最高运行速度达到 200 km/h(第一速度级)时需要的总牵引功率为 6 400 kw;最高运行速度达到 250 km/h(第二速度级)时需要的总牵引功率为 8 800 kw;最高运行速度达到 300 km/h(第三速度级)时需要的总牵引功率将达 13 600 kw。而同样质量的列车,在常规速度(100~110 km/h)时所需的总牵引功率仅为 1 600 kw。应当指出,上述计算中都考虑了功率储备,以确保有一定的富裕加速功率或能达到略高于该档速度运行所需的功率。

上述计算所得数据表明,从常规速度级提高到第一速度级,速度增加一倍而所需的总牵引功率需要增加 4 倍。这不仅是因为牵引功率与最高运行速度成正比(由公式可知),更主要的是因为在高速情况下,列车单位阻力要比常速情况下大大增加的缘故。

2. 高速列车的阻力

列车运行时的阻力由列车运行基本阻力和各种附加阻力组成。

列车运行基本阻力是指机车或动力车及其附挂的客车或货车的运行基本阻力,它由列车的空气阻力和机械阻力组成。各种附加阻力是指坡道附加阻力、曲线附加阻力、隧道空气附加阻力等。列车运行基本阻力随运行速度的不同而异。低速运行时,机械摩擦阻力是主要的;运行速度达到 100 km/h 左右时,空气阻力与机械摩擦阻力大致各占一半;当运行速度达到 200 km/h 时,空气阻力占运行基本阻力的比重为 70%;空气阻力与列车运行速度的平方值成正比。

3. 牵引动力及其配置

1) 牵引动力的形式

电力牵引和内燃电传动牵引同样都能满足牵引高速列车的要求。从世界各国发展高速路的情况看,尽管电力牵引初始投资较大,但绝大多数国家的高速列车都采用电力牵引。这是因为电力牵引具有牵引功率大、轴重小、经济性能较好、利于环境保护等一系列优点。可以说电力牵引是高速铁路的最佳选择。内燃电传动牵引可用于尚未电气化的高速网路区段,也可作为加速发展高速铁路建设的一种过渡牵引形式。高速列车的牵引可以采用传统的机车牵引形式,也可以采用动车组牵引形式。由于动车组的轴重低,可以减小对线路的破坏作用;因此目前世界上大部分高速列车采用动车组牵引形式。

2) 牵引动力的配置

高速列车的牵引动力配置有以下几种方式。

(1) 牵引动力集中配置于一端方式。

这是传统的牵引方式,即机车牵引客车方式。高速列车由一台或几台机车集中于一端来牵引。一般应用于既有线改造为客货混用的高速铁路上,其最高运行速度为第一速度级(200 km/h 左右)。它在高速化的初期为不少国家所采用,可采用内燃机牵引或电力牵引。但这种牵引方式机车总功率较小,难以满足进一步提高速度的要求,仅局限于满足最高运行速度为 200 km/h 的高速客运的需要及低于该速度的货运需要。

(2) 牵引动力集中配置于两端方式。

高速列车两端为动力车,中间全部为无动力的挂车,牵引采用前挽后推方式。两端设动力车往返运行时不必转向,并有利于前后端流线型处理。

集中于两端的动力车可以有两种模式。一种是机车模式,即两端的动力车实际上就是一般的机车,而中间的无动力挂车即为一般的客车,如德国的 ICE 高速列车。这种模式在列车长度方面机动性较大,可随意加大或缩小编组。另一种是动车组模式,即两端的动力车与无动力挂车具有共用转向架和铰接机构,构成动车组,如法国的 TGV 高速列车。这种模式可保持整列车的载荷均匀,运行相对平稳;但由于编组固定,因而在列车长度方面的机动性较差。

(3) 牵引动力分散配置方式。

这是一种动车组牵引方式,也有两种模式。一种是完全分散模式,即高速列车编组中的车辆全部为动力车,如日本的 0 系列高速列车,16 辆编组中全部是动力车。另一种是相对分散模式,即高速列车编组中大部分是动力车,小部分为无动力的拖车,如日本的 100 系、700 系高速列车,16 辆编组中有 12 辆是动力车,4 辆是拖车。

采用动车牵引是当前高速牵引的主要方式。它将高度集中的牵引动力配置改为分散(或相对分散)配置,即将牵引动力分散到各个动力车上,克服了传统机车牵引方式总功率受限制的缺点,可以提高高速牵引的总功率,从而使运行速度进一步提高到第二速度级和第三速度级。这种牵引方式主要应用于新建的高速客运专线和新建的客、货混用高速线上,如日本、法国、德国、瑞典、意大利等国的高速铁路就采用这种牵引方式。

9.2.2 受电弓与传动装置

在电力牵引条件下,无论是机车或动力车,一般仍是由受电弓与传动装置、车体、走行部、车钩缓冲装置及制动装置组成。

1. 高速受电与受电弓

1) 高速受电的特点

与常速列车的电力牵引相比较,高速列车电力牵引的受电主要有如下一些特点:

(1) 受电弓沿接触网导线移动的速度快,使接触网与受电弓的波动特性发生变化,从而对受电产生影响;

(2) 所受的空气阻力远大于常速列车,空气动态力也是影响高速受电的一个重要因素;

(3) 高速列车所需的牵引功率远大于常速列车,若采用多弓受电必然会增加阻力、加大噪声,并引起接触网的波动干扰,因而受电弓的数量不能太多,这就需要解决受电弓从接触网大功率受电的问题。

2) 接触网-受电弓系统

高速列车的受电是通过受电弓与接触网的接触导线紧密接触而实现的,因而受电是否正常直接取决于接触网-受电弓系统的技术状态。一个工作可靠的接触网-受电弓系统是确保高速动力车良好取流的根本条件。

(1) 接触网的基本功能是通过与受电弓的直接接触将电能供给动力车。对高速受电用的接触网应有更高的要求。

(2) 在最高行车速度和更大的速度变化范围内应能保证正常供电。

(3) 应有更高的耐磨性和抗腐蚀(包括抗电蚀)能力。

(4) 对接触网的结构和布置应有更高的要求。

(5) 在接触网的接触悬挂方面,在常速列车供电中采用的弹性半补偿链形悬挂和弹性全补偿链形悬挂已不能适应高速的要求,应有更为先进的接触悬挂装置。

2. 传动方式与传动装置

高速列车的牵引传动采用电传动方式,就是将外部输入的能源(如电力动力车)或本身产生的能源(如内燃动力车)通过一整套电能变换和传递装置,将电能转换为机械能,驱动动轮轮对以牵引列车。这种进行电能变换和传递的装置称为电传动装置。

按照电传动装置所采用的牵引电动机的类型,电传动方式可分为如下两大类:

(1) 以直流(或脉流)牵引电动机为动力的直流电传动方式;

(2) 以交流牵引电动机为动力的交流电传动方式,交流电传动方式又根据采用的同步或异步牵引电动机的不同分为交流同步电传动方式和交流异步电传动方式。

国外一些高速列车采用的电传动方式列于表9-2中。

表 9-2　国外主要高速列车的电传动方式

国　别	列车名称	电传动方式	投入运用年份	国　别	列车名称	电传动方式	投入运用年份
日本	0系列	直流	1964	英国	IC 225	直流	1989
日本	100系列	直流	1985	德国	ICE	交流异步	1991
日本	300系列	交流异步	1991	意大利	ETR450	直流	1988
法国	TGV-PSE	直流	1983	意大利	ETR500	交流异步	1992
法国	TGV-A	交流同步	1989	瑞典	X2	交流异步	1990

从表 9-2 中可以看出，早期投入运用的高速列车大部分采用直流电传动方式。但随着大功率可控硅变流技术的发展，使三相交流传动技术得到了实际应用，从而相继出现了交流同步传动方式、交流异步传动方式。

9.2.3　动力车车体及走行部

1. 动力车车体

对于高速动力车车体的基本要求是，车体结构轻量化和车体外形要符合空气动力性能。

1) 结构轻量化

所谓结构轻量化是要求高速动力车车体的承载结构在确保其动力强度的前提下，尽可能降低其重量，但是将会产生以下一些困难。

(1) 高速动力车上要安装更多的附属设备，如制动装置、测试和诊断装置等。由于动力车的横截面受限界的限制，高速动力车的承载结构比一般动力车或电力机车长些。

(2) 高速动力车在采用交流电传动方式时，希望将变流、变频装置布置在牵引变压器的上方，势必造成动力车车体中部重量更加集中，再加上高速动力车转向架的中心距较大，使车体承载结构的最大弯矩更大。

(3) 在采用交流电传动方式时，重量明显地从转向架转移到车体上。

高速客车轻量化，除可以节约能源消耗外，更主要的目的是减轻对线路的磨耗和损伤。

2) 外形流线化

外形流线化是要求高速动力车车体外形应呈流线型，以尽可能减小空气阻力，使动力车具有良好的空气动力性能。在高速运行条件下，空气阻力已成为动力车总阻力中最主要的一部分。

为了减小空气阻力，高速动力车车体外形应达到如下要求：

(1) 细长、无棱角的流线型外形，前后两端动力车(或控制车)的头部应呈尖凸状并装有低位整体流线挡板；

(2) 顶部应平整光滑，除受电弓外，顶板上尽可能不安装其他部件(包括高压电缆)；

(3) 车体外表面应完全平滑光整，车窗、车门应与车体齐平，手把、扶杆应凹装在车体表层内。

2. 走行部分

高速列车对动力车及拖车的走行部分，在安全性、耐久性和舒适性方面提出了更高的要求。高速动力车的走行部均采用转向架式。对高速动力车转向架的总体要求如下：

(1) 在从零到最高速度的全部速度范围内能保证平稳、安全地运行；

(2) 在直线和曲线段上以最高速度运行时,能保证在垂直和水平方向上对线路的动力作用最小；

(3) 能保证由于线路不平及通过曲线时传给牵引传动装置及车体的动力作用和冲击最小；

(4) 能保证最充分地利用黏着重量；

(5) 具有良好的适检性和适修性,零件应有较好的耐磨性和耐腐蚀性。

9.2.4 制动技术

列车制动是指对行进中的列车施行减速或使其在规定的距离内停车。制动的重要性不仅在于它直接关系到运输安全,还在于它是进一步提高列车运行速度的决定因素。列车速度越高,对制动的要求也就越高。

1. 高速列车制动的特点

高速列车的制动与常速列车的制动,原理相同。但由于高速列车的速度很高,动能很大,要在规定的时间和距离内将这些动能消耗或吸收,用常速列车的单一闸瓦制动方式是无法达到的；因此高速列车的制动必须采用综合方式,即多种制动协调使用,方能获得较好的效果。

2. 制动方式

根据列车动能消耗的方式不同,现有的制动方式基本上分为摩擦制动和动力制动两类。

1) 摩擦制动

通过机械摩擦来消耗列车动能(将动能转化为热能而散发于大气)的制动方式,称为摩擦制动。这种方式的优点是：制动力与列车速度无关,无论在高速和低速时都有制动能力,特别在低速时能对列车施行制动直至停车。可以说,摩擦制动始终是列车最基本的制动方式,高速列车的最终停车也必须依靠这种制动方式。摩擦制动的缺点是：制动力有限,这是受热能散发的限制而直接影响制动功率增大的缘故。

摩擦制动包括闸瓦制动(又称踏面制动)、盘形制动和摩擦式电磁轨道制动等。电磁轨道制动是利用装在转向架上的制动电磁铁,经通电励磁后吸压到钢轨上,制动电磁铁在轨面上滑行,利用其与钢轨之间的机械摩擦来消耗列车的动能,从而产生制动作用的一种制动方式。

2) 动力制动

利用能量转换装置,将运行中列车的动能转换为其他形式的能量(如热能或电能)并予以消耗的制动方式,称为动力制动。这种制动方式的特点是制动力与列车速度有很大关系,列车速度越高,制动力越大,随着列车速度的降低,制动力也随之下降。

动力制动包括电阻制动、再生制动、电磁涡流轨道制动、电磁涡流转子制动等。

(1) 电阻制动。基于牵引电动机可逆转为发电机运行,在制动时利用动力车(包括电力动力车和电传动内燃动力车)车轮的转动,带动牵引电动机使之转为发电机工况运行,将列车的动能与位能转变为电能,并将其消耗在制动电阻上转变为热能散发,从而产生制动作用的一种制动方式。

(2) 再生制动。再生制动的工作原理与电阻制动类同,也是利用电力动力车车轮的转动,带动牵引电动机作为发电机运行,产生的电能不是消耗在制动电阻上,而是将电能反馈到供电系统,从而产生制动作用的一种制动方式。电力动力车使用再生制动时,不仅具有制动列车的作用,而且能将列车的动能与位能转变为有用的电能,从能量综合利用角度看,再生制动是一种比较理想的制动方式。

(3) 电磁涡流制动。通过电磁铁和电磁感应体相对运用,将列车的动能转换成电磁涡流并产生热能,达到制动的目的。

3. 高速列车的制动方式

随着高速列车的最高运行速度和最高试验速度的不断提高,制动问题也越来越突出。从目前国外开行的高速列车的制动技术来看,均采用综合制动方式。部分国家的高速列车制动方式列于表 9-3 中。

表 9-3 部分高速列车制动方式一览表

国 别	列车名称	动力车制动方式	非动力车制动方式
日本	0 系列	电阻制动+盘形制动	
	100 系列	电阻制动+盘形制动	电磁涡流转子制动+盘形制动
	300 系列	再生制动+盘形制动	电磁涡流转子制动+盘形制动
法国	TGV-PSE	电阻制动+闸瓦制动	盘形制动+闸瓦制动
	TGV-A	电阻制动+闸瓦制动	盘形制动
	TGV-N(研制中)	再生制动+盘形制动	盘形制动+电磁轨道制动
德国	ICE	再生制动+盘形制动	电磁涡流轨道制动+盘形制动

从国外高速列车所采用的制动方式分析,可以得出以下几点结论。

(1) 高速列车的制动不能依靠单一的制动方式,必须采用综合制动方式,即几种制动方式共同作用,构成一个联合制动系统,相互配合,合理控制使用,以期达到最佳的制动效果并确保安全。

(2) 动力车的制动绝大部分采用电阻制动或再生制动,并辅以盘形制动。这是因为这几种制动方式都具有优良的高速制动性能,而且盘形制动还具有在较大速度范围内良好制动性能的特点。

(3) 非动力车的制动几乎都采用盘形制动,同时再加上诸如电磁涡流制动或电磁轨道制动。这些制动方式都可以在较大速度范围内具有良好的制动性能。

(4) 电磁涡流制动有较大的发展前景,但需解决好钢轨和转子的散热问题。

(5) 电磁轨道制动也是一种非黏着制动方式,可以实现较大的制动力。由于制动时钢轨发热,磨损严重,磁极也有较大的磨损,所以仅限于紧急制动时附加使用。

(6) 闸瓦制动在高速列车上仅有法国 TGV-PSE 及 TGV-A 作为辅助制动方式采用,只是在列车速度降至常速后方开始使用,并直至停车。总的看来,闸瓦制动在高速列车上有被淘汰的趋势。

9.3 高速铁路的车辆

9.3.1 概述

高速客车包括动力车和非动力车(拖车)。高速客车的动力车一般也有客室,也运载旅客,它的客室部分与拖车完全一致。而拖车则与一般车速的客车一样,由 4 大部分组成:车体和车内设施、走行部(转向架)、制动装置和车钩缓冲装置。此外,为了控制车内的通风换气和保持空气参数在舒适的范围之内,高速客车还必须有空气调节装置(简称空调装置)。

与一般车速的客车相比,高速客车在设计制造中要解决以下一些技术问题:
(1) 研制在高速运行条件下动力性能良好的转向架;
(2) 优良的制动系统;
(3) 车体结构轻量化,并具有良好的空气动力性能。

此外,还有控制噪声、提高气密性、强化防火措施和空气调节设施等。

9.3.2 车体和车内设施

车体是供旅客乘坐的部分。根据内部设施和乘坐舒适度的不同,国外高速客车分为一等车、二等车和普通车。为了使旅客在高速运行条件下具有较高的舒适度,与一般车速的车体相比,高速客车车体重量轻,运行阻力小(呈流线型),重心低,气密性和隔声性能好,防火措施严格。

1. 轻量化的车体结构

国外高速客车车体结构重量一般为 10 t 左右,比我国干线 22 型普通客车车体钢结构轻 3~4 t。为了减轻车辆自重和提高耐腐蚀性,高速客车对车体材料提出了新的要求。因此,普通钢质材料已逐步淘汰,耐候钢也很少采用,目前各国高速列车车体的主要材料是铝合金和不锈钢,玻璃纤维增强塑料(简称玻璃钢)也用于制造车体的部分构件。从发展趋势看,铝合金将成为高速客车的主导材料。

为了减轻车辆自重,减少噪声,防止某些部件的腐蚀,玻璃钢在高速客车上被广泛采用。如国外高速机车、客车的流线型车头采用玻璃钢,工艺简单,成本低;玻璃钢与耐水胶合板、铝板制成夹层板,可作车体结构材料。此外,客车座椅、内顶板、内墙板、窗框、整体盥洗室、集便箱、车顶水箱、通风管道等部件均采用玻璃钢制造。

2. 流线型外形

对于速度在 200 km/h 以上的客车,为减少空气阻力,需将车体外形设计成流线型。除了高速列车的头车要设计成流线型外,高速客车的侧墙板做成内倾式,倾角为 3°~5°,这样不仅能减少空气阻力,而且还能减轻气流对窗玻璃的压力。

3. 提高气密性

列车通过隧道或在运行中与其他列车会让时,车内压力发生变化,旅客会感到不适。为了解决这个问题,必须提高车体的气密性,使车厢内的压力不受车体外部压力的影响。

根据人体正常舒适度对气密性要求的测试结果,当高速客车客室容积为 140 m³ 时,各部分缝隙面积的总和应不大于 14 cm²。因此,高速客车车体应进行密封处理。例如,车体金属结构尽可能采用连续焊,不能施焊的部位用密封胶密封;采用固定式车窗;侧门采用塞拉门;两车连接处采用橡胶大风挡;厕所、洗脸室的水要通过密封装置排出车外等。

4. 提高隔声性能

随着运行速度的提高,噪声也相应增大。一般速度每提高 10 km/h,噪声相应增加 1~2 dB。为了提高高速客车的舒适性,各国对客车车内噪声均做了规定。如国际铁路联盟(UIC)规定客车车内噪声应小于 65 dB(A)。

为了降低车内噪声,一方面要削弱噪声源发出的噪声,另一方面要提高车体的隔声性能。高速客车的声源主要是轮轨声、空气沿车体流动产生的湍流声及风挡处的撞击声等。车体呈流线型并保证外表面平滑,这不仅能减小空气阻力,而且能减少湍流声;采用橡胶风挡可克服铁风挡的撞击声;采用带防震橡胶的弹性车轮,可有效地降低轮轨噪声。提高车体隔声性能的措施有在车体金属表面涂刷防振阻尼层,可减少固体声;采用双层墙结构可减少由地板、侧墙和车窗传入的噪声;采用带空气层的双层车窗,提高车窗的隔声量;上述提高车体气密性的措施,同样可使隔声量显著提高。

5. 防火措施

高速客车的车体结构材料,需根据车型和部位不同,选择不同等级的防火、防烟毒材料。例如,法国 TGV 高速客车车体材料的防火、防烟毒等级远高于速度为 200 km/h 的列车,车顶部位高于侧墙和地板。同时,卧车包间的隔墙全部用防火板包上,隔墙里填加阻燃材料;侧门为自动控制的塞拉门,火灾时能安全疏散旅客;车窗上设有应急手柄或备有应急手锤。平时,手锤用铅封封装在盒内,火警时操纵应急手柄打开车窗或用手锤把窗玻璃击碎。此外,还设置烟雾探测失火报警装置,并与地面防火系统联防。

6. 空气调节装置

高速客车都采用固定车窗,车体采用气密性高的结构,必须很好地解决车内的通风换气问题。在外界气温变化时,车内应保持一定的温度和相对湿度,为旅客创造舒适的旅途生活条件。因此,空气调节装置是高速客车的主要设备之一,并具有高可靠性、高舒适性、适应车外压力波的变化、适应高速车辆轻量化及小型化的要求、低噪声和低振动。

9.3.3 转向架

支承客、货车车体并使之在轨道上运行的装置称为转向架,亦称走行部。转向架配置在车体下方,它在结构上是一个独立的部件。除了有轮对、轴箱、轴承和构架等基本部件外,在轮对与构架之间、构架与车体之间设有弹性元件,分别称为轴箱弹簧装置和中央弹簧装置。

提高列车速度首先遇到的障碍是车辆转向架运行的安全性、稳定性和平稳性,所以提高列车速度的过程也是车辆转向架技术发展的过程。

1. 高速转向架应具备的性能

要确保高速列车安全、平稳地运行,高速转向架应具备以下性能。

1) 高速运行的稳定性

由于铁路车辆的车轮踏面具有锥度,轮缘与钢轨侧面之间有间隙,因此车辆在运行中,压装在同一车轴上的左右两个车轮就会以不同的滚动直径与轨面接触。于是,轮对在前进的同时,还做周期性的左右运动,轮轴中心的运动轨迹如图 9-1 所示。轮对如此周而复始地运动就是蛇行运动。

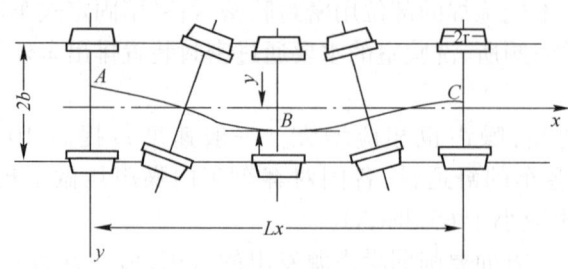

图 9-1 轮轴中心的运动轨迹

如果蛇行运动的振幅随时间延续而逐渐衰减,则轮对或转向架的运动是稳定的,反之就是不稳定或失稳。失稳后振幅逐渐扩大,直至轮缘碰撞钢轨,损伤车辆及线路,甚至造成脱轨事故;同时,转向架和车体也可能出现大振幅的剧烈振动,使车辆的运行性能恶化,旅客的舒适度下降。国外高速转向架的试验研究证明,当车辆的运行速度超过 200 km/h 时,有可能出现这种不稳定的蛇行运动。因此,抑制蛇行运动,确保车辆运行的稳定性,是研制高速转向架需要解决的主要问题之一。

2) 良好的曲线通过性能

单独一个轮对在曲线上运行时,由于左右轮轨接触点的半径可能不同;因此不需要司机操纵,轮对就能自动转向。可是,构成转向架后就难以实现理想的转向。因为在车轮和钢轨间将产生侧向压力,并造成车轮、钢轨的磨损。一般车速运行时,轮、轨的磨损问题尚不突出,但高速客车通过曲线时,过大的侧压力会造成轮、轨的剧烈磨损。

一般来说,改善车辆的曲线通过性能与蛇行运动稳定性往往是矛盾的。因此,在选择高速转向架的有关设计参数时,要进行合理折中,兼顾两方面的性能要求。

3) 满足旅客舒适度的要求

旅客舒适度是反映旅客在旅途中疲劳程度的综合性指标。影响舒适度的因素很多,如车内设备、通风、照明、温度、湿度、噪声、瞭望和振动等。其中,振动是整个运行过程中始终存在的、一直起作用的主要因素之一。通常用平稳性指标来表示,它反映车辆振动对舒适度的影响程度。

理论分析和实践经验表明,车辆的垂向和横向运行平稳性随速度提高而下降。在一般速度下平稳性满足要求的车辆,在高速时就不一定能满足要求。为此,除对线路构造、养护标准有严格要求外,也应合理设计转向架的悬挂装置和选择其参数。

除以上 3 方面外,高速化引起的噪声污染和对线路的破坏作用也要控制到最小限度。

2. 高速转向架的结构特点

在 20 世纪五六十年代,国外高速转向架的形式多种多样,就车体悬挂来说,有带摇动台和无摇动台的,有摇枕和无摇枕的;车体的支承方式有心盘支重和旁承支重;中央弹簧有螺旋弹簧和空气弹簧;轴箱定位方式更是形式不一。20 世纪 80 年代以来,随着旅客列车速度的进一步提高,高速转向架的形式逐步趋于类同,主要特点是无摇枕、空气弹簧悬挂,有回转阻尼、加装弹性定位等。表 9-4 中列出了几个国家部分高速转向架的结构形式和主要参数。

表 9-4 世界一些国家高速客车转向架结构形式与参数

国 别	法 国			日 本			德 国		英 国		意大利
转向架形式	Y 32	Y 231	Y 237	DT 200	TTR 7001	WDT 205	MD 52	MD 52-350	BT10	BT41	ETR 500
最高运行速度/(km/h)	200	270	300	210	270	300	200	250	200	225	275
自重/t	6.3	7.8	7.0	10	6.6	6.5	6.2		5.8	6.9	
固定轴距/mm	2 560	3 000	3 000	2 500	2 500	2 500	2 500	2 800	2 600	2 500	3 000

续表

国别		法国			日本			德国		英国		意大利
轮径/mm		890	920	920	910	810	860	920	920	915	920	890
弹簧型式	轴箱	螺旋弹簧	螺旋弹簧	螺旋弹簧	螺旋弹簧	螺旋弹簧	螺旋弹簧	螺旋弹簧	螺旋弹簧	螺旋弹簧	螺旋弹簧	螺旋弹簧
	中央	高柔圆簧	高柔圆簧	空气弹簧	空气弹簧	空气弹簧	空气弹簧	螺旋弹簧	螺旋弹簧	空气弹簧	空气弹簧	高柔圆簧
中央弹簧横向跨距/mm		2 000		2 500	2 450	2 600	2 580	2 580	1 982	2 000	1 900	
摇枕吊长度/mm								600	600	664		
减震器型式	轴箱	液压式	液压式	液压式	液压式	液压式	液压式	液压式	液压式	液压式	液压式	液压式
	中央	液压式	液压式		垂向—固定节流孔,横向—液压式	可变节流孔	主动控制悬挂系统	液压式	液压式	垂向—固定节流孔,横向—液压式	垂向—固定节流孔,横向—液压式	液压式
回转阻尼形式		抗蛇形减震器	抗蛇形减震器	抗蛇形减震器	旁承摩擦力矩	抗蛇形减震器	抗蛇形减震器	旁承摩擦力矩+机械式回转阻尼	旁承摩擦力矩+机械式回转阻尼	旁承摩擦力矩	抗蛇形减震器	抗蛇形减震器
抗侧滚装置形式		扭杆式		扭杆式						扭杆式	扭杆式	扭杆式
牵引装置		钢丝绳	拉杆式	拉杆式	纵向牵引拉开	单拉杆式	单拉杆式			钢丝绳	拉杆式	纵向力传递系统
轴箱定位方式		转臂式	筒形夹层橡胶	转臂式	拉板式	圆筒橡胶	转臂式	双拉板式	双拉板式	转臂式	转臂式	双拉板式

3. 转向架轻量化

降低转向架自重是高速转向架技术开发的一个重要方面,它对改善车辆振动性能和减小轮轨之间的动力作用等均具有显著效果。国外高速转向架轻量化的主要措施之一是采用无摇枕结构,此外,还有很多轻量化措施。

(1) 轮对轻量化。采用空心车轴和小直径车轮,采用波形薄辐板车轮。

(2) 构架轻量化。采用焊接构架以减轻自重。日本从1984年开始研究铝合金在构架上的应用,使同类结构的铝合金构架比钢制构架减轻重量三分之一,而且可靠性高。1987年前后,德国MBB公司为高速列车ICE开发了玻璃钢(FRR)构架,其重量比钢质构架减轻25%

(只有 5 t 重),1990 年初,两台这种材质的转向架已行驶了 15×10^5 km 以上。

(3) 轴箱和齿轮箱采用铝合金制作,铝合金轴箱的重量只有原来的 40%,齿轮箱亦可减轻到 56%。

9.3.4 牵引缓冲装置

牵引缓冲装置使机车与车辆或车辆与车辆之间实现连挂,并且传递和缓和列车在运行时所产生的牵引力或冲击力。

1. 牵引缓冲装置

表 9-5 列出了国外高速客车使用的牵引缓冲装置。由表 9-5 可见,日本高速客车采用密接式车钩。英、法、德等国早先采用链子挂钩,这类挂钩纵向间隙也很小,但不是自动连挂;因此既不安全,也不利于提高作业效率,目前已较少使用,并正逐步向密接式自动车钩过渡。

表 9-5　国外高速客车的牵引缓冲装置

国 别	车 型	最高运行速度 /(km/h)	牵引缓冲装置
日本	0 系	210	采用密接式车钩,纵向间隙很小:带风管、电气线路自动连接插头;橡胶缓冲器
	200 系	260	
法国	TCV-PSE	270	早期都采用链子挂钩与车端缓冲饼,纵向间隙很小。现在大部分采用密接式车钩,纵向间隙很小:带风管电气连接插头
	TGV-A	300	
德国	ET403 电动车组	200	链子挂钩,车端缓冲饼,纵向间隙为零;部分采用密接式车钩,纵向间隙很小,带风管电气连接插头
英国	HST	180~200	链子挂钩与 H 形刚性车钩,纵向间隙<10 mm,;部分采用密接式车钩并带链环,可与链子挂钩连挂
原苏联	PT 200	200	CA-3 型普通车钩,纵向间隙为 10mm,P-2A 型橡胶缓冲器

密接式车钩的优点是体积小、重量轻,两车钩连挂后各方向的相对移动量都很小(上下、左右、纵向间隙均小于 2~5 mm),可实现真正的"密接"。同时,对提高风管、电气接头自动对接的可靠性也很有利。缺点是强度较低,机加工量大,因而成本相对较高。

2. 高速对缓冲装置的要求

高速旅客列车要求车钩的纵向间隙小,风管、电气线路能自动对接;缓冲器容量适当,柔性较好;同时,整个系统的重量要轻。

缓冲器最好选用橡胶结构,日本、原苏联都采用橡胶缓冲器;因为橡胶缓冲器的柔性较好,并且由于其动态模数明显高于(1 倍至几倍)静态模数,尤其适用于高速。与间隙很小的密接式车钩配套使用时,缓冲器的容量不必过大,行程可减小,以利于提高纵向平稳性。

钩缓装置的连接形式,国外大多用螺栓,也有用销接的。不管采用哪种形式,都应尽可能减小纵向间隙,并使车钩在水平面和垂直平面内能适当转动,以保证车辆能顺利通过曲线和适应车钩高度的变化。

悬挂装置必须是弹性悬挂,以确保车钩的复原、连挂范围和车辆运行时车钩在水平面、垂直平面内摆动的需要。

9.3.5 摆式车体列车

列车通过曲线时,横向加速度使车上旅客产生不舒适感。这部分横向加速度与列车速度的平方成正比,由此限制了列车通过曲线时的速度。要克服这个问题,最好的办法是新修客运专线或彻底改造旧线,把曲线取直。但这样做投资大,工程任务繁重。因此,在利用既有线路并保留小半径曲线的条件下开行高速列车时,只能在车辆上采取措施,于是摆式车体列车就应运而生。

1. 摆式车体列车的发展概况

摆式车体列车的发展已有相当长的历史。1940 年,美国与法国各自进行了车体倾斜系统的实验,意大利也进行了与法国同样的实验。法国在客车的车体内部悬挂独立的倾斜系统,以 160 km/h 速度通过半径 800 m 的曲线,确认了摆式车体的效果。

20 世纪 50 年代末 60 年代初,许多欧美发达国家的铁路部门都采取了摆式车体的设计思想,即通过让车体倾斜使列车以较快的速度通过曲线而不影响旅客的舒适度。这类技术措施通过试验、开发而逐步成熟。但是只有意大利国铁、瑞典国铁、西班牙国铁和前日本国铁,经过坚持不懈的努力,把这一设计思想变成成熟的技术,使大批摆式车体列车能够投入商业运行,也使得原已放弃和中止试验研究的一些国家重新表现出极大的兴趣。

真正引起各国兴趣的,是意大利菲亚特的 ETR 450 摆式车体列车和瑞典 ABB(现在的 ADtranz)的 X 2000 摆式车体列车。许多国家对它们进行了比较试验后,德国、瑞士、芬兰、奥地利、葡萄牙等国引进了菲亚特技术,挪威则引进了 X 2000 的技术。目前,似乎菲亚特的技术更受青睐,但瑞典的 X 2000 摆式车体列车在提高速度的同时,注意了从车辆总体设计上全面满足旅客的需要,这可能是它在客运市场中取胜的重要原因之一。1995 年投入使用的菲亚特第三代摆式车体列车,也已在总体设计上作了许多重要的改进。

2. 摆式车体的原理

一般说来,提高车辆通过曲线的速度,受到 3 个因素的制约:①横向舒适度;②轮轨作用力;③脱轨和倾覆稳定性。三者之中最关键的是保证横向舒适度。

如图 9-2 所示,当车辆通过曲线时,由于惯性的作用,产生一个指向曲线外侧的离心力作用于车体重心,即

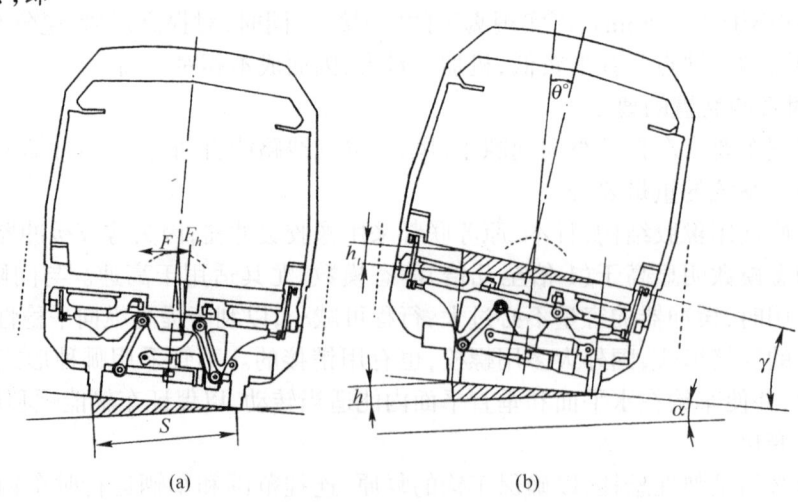

图 9-2 摆式车体的原理

$$F = m\frac{v^2}{R}。$$

式中：m——车体质量，kg；

v——列车通过曲线的速度，m/s；

R——曲线半径，m。

为了提高曲线的通过速度，通常用外轨超高的办法，来平衡离心力的影响。外轨超高将使车辆的重力产生一个指向曲线内侧的水平分力 F_h，即

$$F_h = mg\frac{h}{s}。$$

式中：h——外轨超高量，mm；

s——轮对左右滚动圆间距，mm；$s = 1\,500$ mm。

当 $F = F_h$ 时，表示车辆以平衡速度通过曲线，当车辆以较高速度通过曲线时，就存在一个未被平衡的离心力 F_c，即

$$F_c = F - F_h = m\frac{v^2}{R} - mg\frac{h}{s}。$$

相应的未被平衡的加速度 a_c 为

$$a_c = \frac{v^2}{R} - g\frac{h}{s}。$$

未被平衡的离心加速度 a_c 通常可以用重力加速度 g 为单位来表示，写成 g_c 有

$$g_c = \frac{v^2}{Rg} - \frac{h}{s},$$

进一步可以写成

$$h_d = g_c \cdot S = \frac{v^2 s}{Rg} - h。 \qquad (9-1)$$

当 $h_d > 0$ 时，h_d 称为超高不足量，或称欠超高。未被平衡的离心加速度或外轨欠超高，对旅客的舒适度具有显著的影响。

当 h 和 h_d 一定时，由式(9-1)可以确定车辆通过曲线的限制速度 v_h，即

$$v_h = \sqrt{\frac{R(h + h_d)}{11.8}}。 \qquad (9-2)$$

式中：v_h——曲线限制速度，m/s；

h——实置超高，mm；

h_d——规定的欠超高限度，mm；

R——曲线半径，m。

摆式车体的特点是当车辆进入曲线时，根据探测器测得的信息，控制车体产生一个向曲线内侧的倾斜角 γ，相当于增加了一个额外的超高 h_t，如图 9-2(b)。h_t 与车体倾角 γ 有关，$h_t = s \cdot \gamma$，这时，通过曲线的允许速度为

$$v_h = \sqrt{\frac{R(h + h_d + h_t)}{11.8}}。 \qquad (9-3)$$

常规车辆：$h = 150$ mm；$h_d = 150$ mm。

无源倾摆装置：$h = 150$ mm；$h_d = 150$ mm；$h_t = 90$ mm。相当于 $\gamma = 3.5°$。

有源倾摆装置：$h=150$ mm；$h_d=150$ mm；$h_t=170$ mm。相当于 $\gamma=6.5°$。

将以上参数分别代入式(9-3)，可得出无源倾摆装置(被动式)的摆式车辆和有源倾摆装置(主动式)摆式车辆比常规车辆通过曲线的速度分别提高 15% 和 30%。

3. 倾摆装置

从车体倾摆的原理划分，有两种摆式车体：一种是主动式摆式车体(又称有源式或强制式摆式车体)；另一种是被动式摆式车体(又称无源式或自然摆锤式摆式车体)。

1) 主动式摆式车体

意大利的 ETR 401、ETR 450 型摆式车体，瑞典的 XZ 型、X 2000 型摆式车体都是主动式摆式车体，它们是靠外部动力使车体强制倾侧。

2) 被动式摆式车体

被动式摆式车体的倾摆装置分为自然倾摆机构和带控制的自然倾摆机构两种。

4. X 2000 型摆式车体列车简介

X 2000 型高速摆式车体列车是一种动力集中式电动车组，通常编组为 6 节，1 节动车，5 节拖车，编组形式为 1M+5T。动车位于列车前端。拖车中有一辆是带驾驶室但不带动力装置的，位于列车的后端。

X 2000 型摆式列车良好的性能，主要依靠 3 个方面的关键技术：径向自导向转向架；车体有源倾摆系统；三相牵引传动系统。

1) 径向自导转向架

X 2000 型摆式高速列车的动车和拖车均采用自导向转向架。传统的构架式转向架在曲线上运行时，两轮对中心线基本上处于平行状态从而形成前导轮对的大冲角，轮对既要向前滚动，又要朝曲线中心移动，故产生较大的轮缘力，导致钢轨和轮缘磨耗严重。线路曲线半径越小，列车的运行速度越高，冲角愈大，轮缘力也就愈大。上述因素极大地限制了传统转向架在曲线上的运行速度。径向自导向转向架是柔性的、有适当阻尼的一系悬挂。每个轮对在其两端用人字形橡胶弹簧定位，弹簧的刚度在所有 3 个位移方向上可以分别适当选择，使总的弹簧性能达到最佳，以实现良好的径向自导向作用。可使轮对的轴线接近于曲线半径方向，因此避免了轮缘与钢轨内侧的接触，减少了轮轨之间的横向作用力和磨耗，为转向架在曲线上高速行驶创造了条件。

2) 车体倾摆机构和控制装置

X 2000 型高速摆式车体列车的拖车，借助于倾摆机构，使车体在曲线上向内侧倾斜，转动一个角度，抵消了一部分离心力，从而解决了列车高速运行时离心力的平衡问题。倾摆机构置于转向架上、下摇枕之间。上摇枕通过两根摆杆悬挂在下摇枕体上，形成一个对称的四连杆机构。两侧各设一个液压伸缩油缸，液压系统中装有带滤清装置的液压泵和伺服阀，油缸上下两端分别固定在上、下摇枕体上。

X 2000 型摆式车体列车上装有 TRACS 计算机控制系统。该系统主要由主控计算机和受控计算机组成。它可以控制车体倾摆机构、传动装置、空调装置、辅助传动机构及制动、通信、故障检测等装置。主控计算机安装在动车上和带驾驶室的拖车上，供司机使用；受控计算机安装在每节拖车上，以接受主控计算机的指令进行工作。

在列车两端的自导向转向架上(即动车和带驾驶室拖车转向架)，装有两个加速度仪。当列车进入曲线时，借助于传感器将测得的横向加速度信号传输到主控计算机。主控计算机再

根据测得的加速度值,以及列车的运行速度和各拖车所处的位置等数值进行处理,得出车体倾斜最佳控制量,然后向每辆拖车受控计算机发出指令。受控计算机经过数据修正后再按车辆进入曲线的先后顺序,依次启动各辆拖车的液压油缸,使之伸长或缩短,从而使得车体和上摇枕一道,在列车进入曲线后,根据曲线半径和运行速度的需要,使车体倾摆适当角度。车体摆动最大倾斜角度为8°,最大效倾角为6.5°。摆动角速度为4°/s通过曲线时,车体可以抵消70%的离心力,降低对旅客的影响,改善了旅行环境,提高了旅客的舒适度。在径向自导向转向架驶离曲线后,受控计算机按设定程序指令,再使每辆拖车依次恢复到原来状态。为保证车体不产生扭转,每辆车前后两个转向架同一侧液压缸并联同步动作。

3) 车体结构和动力装置

X 2000型摆式车体列车的动车和拖车车体均采用不锈钢制造。车体结构经过严格的隔声、隔热处理。地板采用浮筑结构,车内钢制构件与车体钢结构之间的连接,均使用橡胶隔声垫,从而大幅度地降低了车内的噪声值。在列车运行速度为200 km/h时,拖车客室噪声值在65 dB(A)以下,动车内部噪声值小于70 dB(A)。

每台动车的动力部分分为两个单元,每个单元均由2台驱动电机、2台电流变换器、一个直流中间电路、一台动力变频器、一台再生制动机组成。电流变换器带有GTO可控硅整流电桥,牵引电机为四极三相异步电动机。每台电动机额定功率为815 kW。

9.4 高速铁路的信号与控制系统

9.4.1 概述

1. 高速铁路信号与控制系统的发展

高速铁路的信号与控制系统,是高速列车安全、高密度运行的基本保证。高速铁路的信号与控制系统是集微机控制与数据传输于一体的综合控制与管理系统,是当代铁路适应高速运营、控制与管理而采用的最新综合性高技术,通称为先进列车控制系统。

日本在东海道新干线采用了ATC系统,法国TGV高速线采用了TVM 300和TVM 430系统,德国在ICE高速线上采用了LZB系统。这些系统的共同点是新系统完全改变了传统的信号控制方式,可以连续、实时监督高速列车的运行速度,自动控制列车的制动系统,实现列车超速防护;另外,通过集中运行控制,系统还可以实现列车群的速度自动调整,使列车均保持在最优运行状态,在确保列车安全的条件下,最大限度地提高运输效率,系统还可以发展为以设备控制全面代替人工操作,实现列车控制全盘自动化。国外这些系统的不同点主要体现在控制方式、制动模式及信息传输的结构等方面。

德国的LZB连续式列车运行控制系统,其运营速度可达270 km/h。它是目前世界上唯一采用以轨道电缆为连续式信息传输媒体的列车控制系统,可实现地面与移动列车之间的双向信息传输,同时还可利用轨道电缆交叉环实现列车的定位功能,控制方式是以人工控制为主。LZB系统首先将连续式速度模式曲线应用于高速列车的制动控制,打破了过去分段速度控制的传统模式,可以进一步缩短列车运行的间隔时分;因此能更好地发挥硬件设备在提高线路运输效率方面的潜在能力。

法国的TVM 300系统是早期产品,TVM 430型是在它的基础上进行数字化改造后的列车控制系统,在 TGV 北方线上采用,列车运行速度可达 320 km/h。TVM 430 系统的地面信息传输设备采用 UM 71 型无绝缘数字式轨道电路,由地面向移动列车实现地对车信息的单向传输。信号编码总长度为 27 个信息位,其中有效信息为 21 位。列车的定位功能也是由轨道电路完成的。TVM 430 型系统制动模式是分段连续式速度监督曲线,控制方式以人工控制为主,只有当司机没有按要求操作时,控制设备才自动完成其应执行的任务。

日本列车时速可达 270 km/h,当列车时速进一步提高到 300 km/h 以上时,由于模拟式轨道电路由地面向列车传输的信息量不够,必须增设地面与机车之间的应答器设备作为辅助信息传输装置。日本 ATC 系统的安全信息传输媒介采用有绝缘模拟式轨道电路,因此地面与移动列车之间为单向信息传输,信息量较少。近年来,日本对原有 ATC 系统进行了数字化改造,使地面向移动列车传输的信息量增加到 40~60 bit(比特)数据。因此,使新的日本高速铁路列车运行控制系统能够适应更高的列车运行时速的要求。

世界高速铁路列车自动控制系统的控制方式主要分为两类:一类是以设备为主,人控为辅的控制方式,这种方式以日本为代表;另一类是人机共用,人控为主的方式,以法国为代表。

日本、法国、德国 3 个国家所采用的高速铁路列车控制系统的性能、特点可以分析对比如表 9-6 所示。

表 9-6 日本、法国、德国 3 个国家列车控制系统对比

设备名称	法国 TVM 300	法国 TVM 430	德国 LZB	日本数字 ATC
运行速度/(km/h)	最高运营速度:270	最高运营速度:320	最高运营速度:270	最高运营速度:270
运营里程/km	850	150	432	1 831.5
闭塞方式	固定闭塞	固定闭塞	固定闭塞	固定闭塞
制动模式	分段阶梯式滞后速度控制	分段连续式速度控制	连续速度控制	分段阶梯式速度控制
控制方式	人控为主,设备为辅	人控为主,设备为辅	可由设备实行自动控制	设备控制为主,人为辅
安全信息传输	媒介:无绝缘模拟轨道电路 方向:地对车单方向 载频:1 700 Hz、2 000 Hz、2 300 Hz、2 600 Hz 信息量:18 bit	媒介:无绝缘模拟轨道电路 方向:地对车单方向 载频:1 700 Hz、2 000 Hz、2 300 Hz、2 600 Hz 信息量:27 bit	媒介:连续数字轨道电缆 方向:地—车间双方向 载频:36±0.4 Hz、56±0.2 Hz 信息量:83.5 bit	媒介:有绝缘模拟轨道电路 方向:地对车单方向 载频:750 Hz、850 Hz、900 Hz、1 000 Hz 信息量:10 bit
其他信息传输	媒介:短环线、查询应答器 方向:地对车或车对地单向	媒介:应答器、无线数传 方向:地对车间双方向	媒介:应答器、无线数传 方向:地对车间双方向	媒介:应答器、无线数传 方向:地对车间双方向
列车定位	轨道电路、车载测距设备	轨道电路、车载测距设备	轨道电缆交叉环、车载测距设备	轨道电路、车载测距设备
完整性检查	无绝缘模拟轨道电路	无绝缘数字编码轨道电路	无绝缘数字编码轨道电路	有绝缘模拟轨道电路

续表

设备名称	法国 TVM 300	法国 TVM 430	德国 LZB	日本数字 ATC
设备组成	轨道电路发送单元,电缆补偿匹配单元,电绝缘节,补偿电容	地面控制中心,轨道电路发送单元,电缆补偿匹配单元,电绝缘节,补偿电容。	地面控制中心,轨道电缆发送单元,轨道电缆接收单元,电缆补偿匹配单元,轨道电缆	轨道电路发送单元
设备器件	晶体管分立元件,小规模集成电路	大规模集成电路,超大规模集成电路	晶体管分立元件,小规模集成电路	晶体管分立元件,小规模集成电路
设备布置	电子设备集中放在室内,室外仅有无源匹配单元	电子设备集中放在室内,室外仅有无源匹配单元	室外每 600 m 设轨道电缆接收/发送设备一套	电子设备集中放在室内,室外仅有无源匹配单元
设备维护	与我国现有自闭系统相同	与我国现有自闭系统相同	室外轨道电缆维护复杂	与我国现有自闭系统相同
设备造价		与 TVM 300 相当	比 TVM 430 造价要高	比 TVM 300 造价要低
系统评价	系统结构简单,造价低廉,与我国现有移频自闭系统有较好的兼容,由于其采用分段阶梯式滞后速度监督模式,需有保护区段,对线路通过能力有一定限制	由于制动采用分段连续式速度监督模式,不需保护区段,对线路通过能力较 TVM 300 有一定的提高,设备采用大规模集成电路,生产、调试、安装、维护比较容易	由于制动采用连续速度控制曲线模式,列车根据其性能好坏自动调整追踪间隔,线路通过能力有较大提高,由于采用轨道电缆作为车地信息传输的媒介,区间有缘设备较多,系统造价高,生产、调试、安装维护比较困难	制动采用分段阶梯式速度监督模式,设备制动优先,不需保护区段,线路通过能力有一定提高。采用电源同步抗干扰手段提高设备抗干扰能力,不适合我国电网情况。同时日本采用的绝缘节与我国也不相同,不能在我国采用

2. 高速铁路信号设备的主要特点

高速铁路的信号与控制设备,是以电子器件或微电子器件为主的集中管理、分散控制为主的集散式控制方式,分为行车指挥自动化与列车运行自动化两大部分。

高速铁路信号与控制系统的主要特点如下:

(1) 管理集中、控制分散的微机综合列车自动控制系统;

(2) 具有较高的容错能力及安全性,即使调度中心计算机发生故障,各站微机也能按计划很好地完成各项控制功能;

(3) 具有较大的信息处理能力及系统运用上的灵活性,可以构成包括行车指挥、运行控制和运营管理在内的综合控制系统;

(4) 人－机关系合理,构成系统的主要设备及计算机的软、硬件都已模块化,功能综合,设备一体化。

3. 信号与控制系统的基本组成

各国所采用的较为完善的高速铁路信号与控制系统称为列车自动控制系统(Automatic Train Control System-ATCS),它由列车运行自动化及行车指挥自动化两大部分组成,如图9-3所示。

$$列车自动控制系统(ATCS)\begin{cases} 行车指挥自动化(ATS) \\ 列车运行自动化 \begin{cases} 列车自动防护(ATP) \\ 列车自动驾驶(ATC) \end{cases} \end{cases}$$

图9-3 列车自动控制系统(ATCS)

信号与控制系统包含如下3个子系统。

(1)行车指挥自动化系统。控制中心计算机系统根据计划运行图及列车实际运行情况实现实时控制,指挥列车运行。各站的控制计算机控制信号、道岔和排列列车进路。行车指挥系统可根据需要修改列车运行图,合理调整列车运行。列车的实绩运行情况,由中心计算机进行实时数据采集,绘制实绩运行图并可完成对各种数据的统计、打印、编制报表等功能。

(2)列车自动防护系统。列车自动防护系统是保证列车运行安全的基础设备。系统具有故障-安全技术的特点,其主要功能是检测列车的实际位置,限制列车在安全速度以下运行,保证列车的安全制动距离。

(3)列车自动驾驶系统。对于以设备控制为主的系统,在人的监督下,可以控制列车按照预先设计的最佳运行曲线进行列车操纵,保证进站后定点停车,并可根据中心计算机的实时指令调整列车速度,确保列车的最小追踪间隔,提高系统的运行效率。

9.4.2 行车指挥自动化

随着运行密度的加大、行车速度的提高,人为因素所产生的不协调和联络中的失误,对行车的调度与调整将产生严重的不利影响,特别是高速铁路,依靠传统的办法来指挥行车已经不能满足要求,开发行车指挥系统成为必然。构成高速铁路行车指挥系统的基本思路如下。

(1)取消分散安装在线路两侧的传统信号设备,将列车运行指挥控制中心集中于地面的调度中心。

(2)在调度中心控制范围内,由车载计算机辅助司机操纵列车运行。

(3)调度中心计算机自动跟踪列车运行并向列车传递运行计划与控制命令。调度员监督计算机的工作并给予必要的辅助调整。

(4)利用有线与无线的数据传输网络为调度中心与列车之间进行双向信息传递。

(5)调度中心计算机在调整列车运行过程中,向车站各分机分区、分时地下达列车运行计划。

(6)各站的控制分机根据中心计算机的运行计划,直接控制现场的有关联锁设备与进路。

9.4.3 列车运行自动化

在高速铁路上,由于行车速度的提高,如仍用地面的区间设备来调整列车运行,将产生很大困难。首先是地面信号机的显示不能给司机一个准确的速度限制,其中包括显示的距离及显示的数量;其次是固定的闭塞分区将影响区间的行车效率。因此,必须构建高速铁路行车自动控制系统。

构建高速铁路行车自动控制系统的基本思路如下：

(1) 取消分散安装在线路两侧的区间传统信号设备，列车运行控制功能集中于车上；

(2) 列车位置由车上设备进行自身检测，地面设备根据由车上传递的位置信息实现间隔控制；

(3) 列车运行安全速度是根据地面设备传递的信息，由车上设备进行自动控制；

(4) 地面、列车之间的信息传递可采用应答器、多信息无绝缘轨道电路及无线传输信道来实现。

我国铁路时速高达 300 km/h 的京沪高速铁路正在建设之中。从 20 世纪 90 年代初开始，作为高速铁路安全运行的关键设备，列车运行控制系统已成为研究的重要课题之一。为了使我国的列车控制系统能够从一个较高的起点上发展，几年来，研究人员在京沪高速铁路列车控制系统需求分析的基础上，对国外列车控制系统进行了较深入的研究。目前在列车控制模式、用轨道电路的各种类型来传输信息等方面都取得了令人满意的成果。对于用轨道电缆作为信息传输媒体，由于它具有信息量大及双向数据传输的特点，通过进一步研究，必将对我国发展列车控制系统起到借鉴作用。

我国高速铁路列车运行控制系统设计中的系统目标和系统功能如下。

(1) 系统目标。

我国高速铁路的建设应以安全、高效、舒适为基本原则，系统的设计应能首先满足下列各项基本要求。

① 保证列车运行安全。高速铁路区间不设地面信号机，站内不进行调车作业，列车运行完全由列车控制系统进行监督与控制，当列车实际速度超过规定允许值时，系统将自动对列车实施制动，使车速降至规定范围以内，确保列车运行的安全。

② 提高列车运行速度。列车控制系统应满足高速列车最高速度为 300 km/h 的要求。同时，为了适应我国高、中速列车混合运行的方式，系统还应满足中速列车最高时速 200 km/h 的速度要求。

③ 提高运输效率。列车控制系统应根据列车运行速度、制动性能等条件确定列车最小安全制动距离，能自动控制同一线路上同方向运行的列车以最小安全追踪间隔运行，最大限度地提高线路通过能力。列车控制系统应能满足列车运行间隔时间的要求。

④ 减轻司机劳动强度，改善运输服务质量。列车控制系统具有一定的自动驾驶功能，根据需要可以部分替代司机，自动调节列车运行状态，控制列车安全、舒适、正点运行。

⑤ 良好的系统兼容性。从运营整体上必须充分考虑高速铁路与既有线路之间列车控制系统与原有信号设备的连接与兼容所存在的问题。

⑥ 系统的安全性和可靠性。系统的安全性和可靠性是保证列车安全运行的基础，因此系统安全控制必须严格遵守信号设备的故障－安全原则。设备应具有高可靠性，系统还必须具有故障检出和容错功能，以保证列车的连续正常运行。

⑦ 系统的灵活性。在列车运行系统的设计方案中，应考虑系统及设备的升级和功能扩展的可能性，能灵活适应各种线路情况。因此，系统应具有开放式的体系结构，采用模块化的设计原则，更易实现设备升级和功能扩展。

⑧ 技术的先进性。系统应采用先进的计算机和通信技术，以保证若干年后仍具有强大的

生命力。

⑨ 系统的经济性。系统在满足功能需要的基础上，应优化结构，提高系统的性能价格比。

(2) 系统功能。

为了达到系统目标，系统应能完成以下功能。

① 列车超速防护。列车控制系统的地面控制中心应能根据联锁数据、环境检测器的状态和列车运行状态、线路数据、限速条件等生成列车安全运行信息，并通过连续式信息传输媒体发送给移动列车。数据由车载设备实时处理后生成速度控制曲线，当列车超过速度限制范围时，列车制动系统即自动实施制动，实现列车的超速防护。

② 列车运行自动控制。列车运行控制系统的地面控制中心应能根据调度计划、列车的实际位置、实时速度信息等条件，自动生成列车运行速度调整指令，并即时发送给列车。车载系统向司机提供指令显示，指挥司机驾驶列车，保证列车正点运行。考虑到功能扩展的需要，车载接收装置应能直接与控制设备相连接，达到系统升级为列车自动驾驶的功能。

③ 连续式双向信息。列车运行控制系统可以利用轨道电路实现连续式双向信息传输。地对车传输内容包括超速防护的安全信息、列车运行控制信息及辅助信息等。车对地传输内容包括用于超速防护计算的列车基本数据、列车实际运行状态信息等。

④ 列车的定位和测速。列车走行距离的测量结果直接影响实际目标距离的确定，实际运行速度的测量结果又与列车的制动相关；因此列车定位和测速系统应保证足够的测量精度。

⑤ 列车的占用与出清检查。区间线路应利用轨道电路或计轴设备实现列车的占用与出清检查，为信号联锁和列车控制提供安全输入信息。

⑥ 列车运行信息显示。车载设备应提供实时的列车运行显示，其内容包括目标速度、目标距离、允许速度、实际速度。速度控制命令显示包括加速、减速、常速运行。

⑦ 环境状况监测。系统应能对沿线环境状况实施监测，管理好各类环境状况检测器，生成车站控制中心和维护系统报警显示所需要的信息，报警时由列车控制系统自动生成限速命令。

⑧ 列车状态检测。列车状态检测包括轴温检测等，它产生车站控制中心和维护系统报警所需信号，并由列车控制中心产生相应的控制命令。

⑨ 人员和设备的防护。当线路施工或有事故发生时，列车控制系统应允许车站值班员通过人机交互平台下达局部限速控制命令，对人员或设备进行防护。

⑩ 与相邻列车控制中心的信息交换。相邻列车控制中心应通过信息通道相互连接，交换必要的信息。所交换的信息分为两类：①信号安全信息，即与行车安全有关的联锁信息和列车控制信息，以保证速度控制的连续性；②非信号安全信息，即车站行车管理信息等，以保证调度指挥的一致性。由于以上两类信息的安全级别不同，所以应采用不同的信息传输通道。

⑪ 系统诊断。无论是车载系统还是地面控制系统，都应具有硬件和软件诊断功能，可以实现冗余设备的故障转换，并可提供维护信息，便于实现及时维护，提高系统的可用性。

⑫ 系统维护。维护中心负责系统地面设备维护和管理，记录设备故障信息；各车站维护中心互相连接，形成维护网络，维护信息资源共享，可以实现异地诊断与维护。

9.5 高速铁路的通信系统

9.5.1 概述

通信在铁路运输中起着神经系统的网络作用,传输各种信息,完成以下3方面的主要任务。

(1) 保证列车运行的各种调度指挥命令的传输。无论是旅客列车还是货物列车,都必须严格按运行图和调度员的指挥命令行车。因此,调度指挥命令的传输十分重要。铁路必须具备各种通信手段来保证其及时、准确、可靠的传输。

(2) 为旅客提供各种服务的通信。铁路是为旅客服务的,一般来说为旅客服务的项目离不开通信。例如,预售客票就需及时把全国各地的售票情况汇总起来,这就必须有一个计算机数据通信网来实现预售客票中各种数据信息的存储与传输。车站内旅客的向导,也需要有通信线路把数据库中储存的各种信息调用和显示出来,以便指导旅客乘降或自动回答旅客提出的各种问题。

(3) 为设备维修及运营管理提供通信条件。例如,线路维修人员在沿线作业时需要及时互通信息,这就需要有沿线电话。列车乘务员在运行中出现的各种情况需要及时与调度员或车站值班员联系,这就需要用列车无线电话进行通信。其他如传真电报、地区电话等也是运营管理中不可缺少的通信条件。

9.5.2 高速铁路的通信特点

1. 高速铁路的通信特点

列车运行速度的提高,对通信提出了更高要求。高速铁路中通信系统的组成和所采用的各种通信技术,有如下一些基本特点。

(1) 通信应具有高可靠性,以保证列车的高速安全运行。自有高速铁路以来,人们关心的首要问题就是安全。迄今为止,世界上高速铁路的安全记录为世人所称道,其主要原因之一就是有先进的通信信号系统,而通信系统本身的可靠性必须达到很高的水平。因此,人们总是不遗余力,采取各种方法和措施来提高通信系统的可靠性。

(2) 通信应保证运营管理的高效率。建设高速铁路的目的就是要提高运输效率。通信要提供各种手段来保证行车调度指挥、运营管理及各种旅客服务能够高效地进行。相应地,对通信系统本身也要求有很高的效率。因此,各国在高速铁路中都采用了各种先进通信技术,增大通信容量等,以保证信息的传输、存储、处理能高效率地进行。

(3) 通信与信号系统紧密结合,形成整体。在现行列车低速运行的情况下,通信系统与信号系统基本上是各自独立的,在列车高速运行的条件下,这种分离的状况已不适应,而是二者日渐结合,形成一个高级自动化的通信、指挥、控制和信息系统。

(4) 通信与计算机和计算机网相结合,形成一个现代化的运营、管理、服务系统。计算机的广泛应用和通信系统将其连接成网,为各种服务提供先进的设备条件,旅客售票系统是一个典型的例子。这种通信与计算机和计算机网的结合,也是上述通信、指挥控制和信息系统实现的基础。

（5）通信应完成多种信息的传输和提供多种通信服务。除了语声信息的传输外，在高速铁路通信中还有大量的非话业务，即数据、图像、监控信号的传输与处理。随着近年来通信技术的飞速发展，铁路通信中的综合业务数字通信网（ISDN）将逐步成为现实。

（6）多种通信方式结合形成统一的铁路通信网。除了站间和地区的有线电话和数据通信网外，与运行中的列车实现通信联系是离不开无线通信的。目前，通信新技术的发展层出不穷，例如，移动通信、卫星通信、微波中继通信、室内无线通信等将与光纤通信、程控交换等相结合，形成一个多种方式和手段的通信网。它将大大提高通信的可靠性和有效性，满足高速铁路提出的各种需求，充分发挥通信保证行车安全和提高运输效率的作用。

2．高速铁路通信系统的确定原则

综观世界各国高速铁路数十年来发展的历史和现状，由于铁路通信种类繁多，要求各异，至今仍未形成一种统一的模式。近几年来通信技术的发展更是日新月异，新技术和新设备层出不穷，通信领域仍处在不断改造更新、改进完善的过程中。在建立我国高速铁路通信系统时应按照以下原则来确定方案制式。

（1）通信系统应满足铁路各业务部门的使用要求。

（2）应充分考虑列车运行速度提高带来的各种在列车运行控制和运营管理上的特殊要求。

（3）将通信系统与信号系统和列车自动控制系统结合起来，形成统一的列车运行自动控制信息系统，并使之达到高度可靠和稳定。

（4）将通信系统与运营管理计算机结合起来，形成统一的运营管理信息系统，满足各种提高服务效率和改善服务质量的要求。

（5）充分运用现有各种先进的通信技术，如光纤通信、程控交换、宽带综合业务数字网、数字蜂窝移动通信、卫星通信、无绳电话、室内无线通信及未来的个人通信（即任何人在任何时候和任何地方都能与世界上其他任何地方的任何人进行通信）等，并为未来技术的发展留有余地。

（6）要按照我国的生产技术水平和经济实力，制定切实可行的实施方案，制定的方案应经过充分的论证。

9.5.3 国外通信系统

1．日本新干线的通信系统概况

日本新干线的通信系统，可按以下两种情况分类。

1）按照高速铁路对通信的使用要求分类

（1）有关行车安全与提高效率的通信系统。

图 9-4 给出了这个系统的运用情况。

① 列车自动控制（ATC）用的通信。它用来传输 ATC 的控制信息，分别由轨道电路和 ATC 用的电缆构成。

② 变电所遥控（CSC）用的通信。它由调度所用来遥控沿线 25 个变电所、24 个开闭所和变频所的隔离开关。

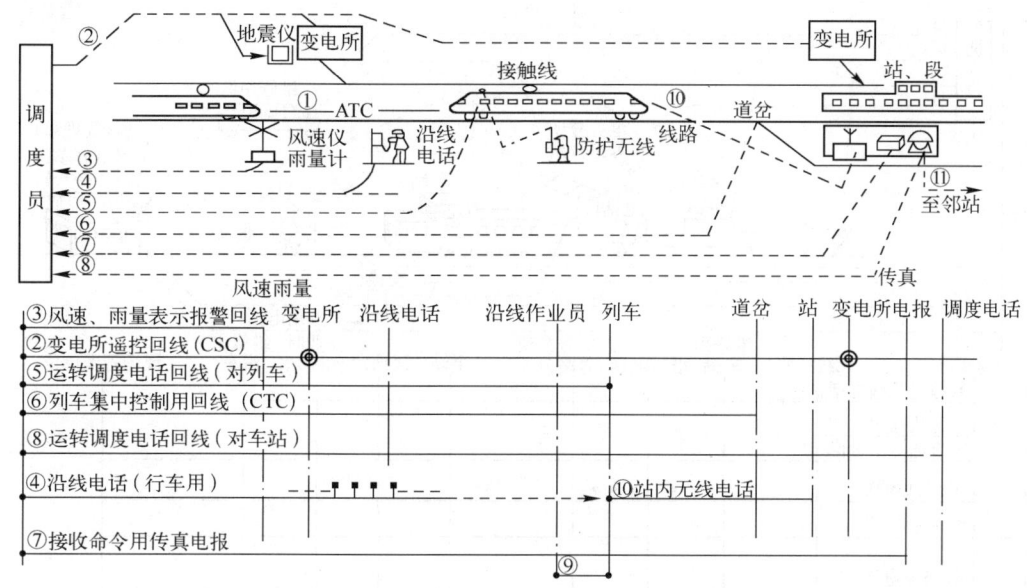

图 9-4 有关行车安全与提高效率的通信系统

③ 风速雨量监视用的通信。高速列车在穿过复杂的地形时，需要当地的气象条件及环境信息，以保证行车安全。在必要的地方安装风速计和雨量计等，在刮风、下雨时向调度所报警，需要有风速雨量监视用的通信系统。

④ 沿线电话。它是供沿线轨道和架空线路检查维修人员作业时使用。

⑤ 列车运转调度电话。它是调度员与列车司机之间运转调度用的列车无线电话。

⑥ 列车集中控制(CTC)用的通信。它是连接调度所与沿线 26 处信号室的信息传输系统，用以进行调度集中控制，安排沿线各站的列车进路。

⑦ 传真电报。它用来传达调度所向车站、运转室、车长发布的命令信息。

⑧ 车站运转调度电话。它是调度员与各站值班员及运转室、车长所之间的运转调度电话和营业调度电话，是能进行全呼或个别选呼的直通专用电话。

⑨ 防护无线。沿线作业人员在工作时设置防护无线，当列车接近时发出告警音响，以保证作业人员的人身安全。

⑩ 站间行车专用电话。它是在 ATC 发生故障而实行代用闭塞方式行车时所使用的直通电话。

(2) 为旅客服务的通信系统。

① 客票预售通信。它是各站客票预售窗口所用设备之间联系的通信。

② 站内旅客向导通信。列车到发时间、停靠站台等的表示及广播设备间的通信。

③ 车长列车电话。列车运转车长与调度所、各站值班员之间相互联系用的通信。

④ 客运调度电话。调度员与车站客运值班员之间通信。

⑤ 传真电报。它用来传达调度员向车站发布的客运调度命令信息。

⑥ 列车公用电话。它是旅客在车上与一般电话用户之间的通信。

(3) 设备维修及运营管理用的通信系统。

图 9-5 给出了这一系统的运用情况。

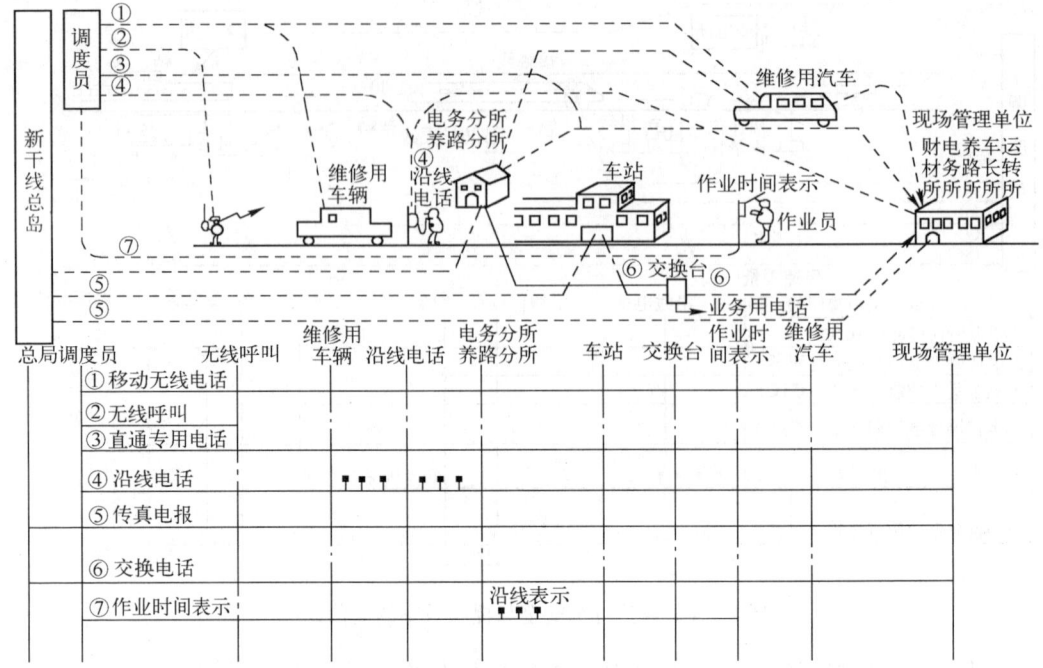

图 9-5　设备维修及运营管理用的通信系统

① 移动无线电话。在设备维修人员乘用的车上装设的无线电话,用以和有关单位联系。
② 无线呼叫。从中央综合调度所或地区调度所选叫在沿线进行设备维修的工作人员。
③ 直通专用电话。养路、电力、信号等业务单位相互间联系用的直通电话。
④ 沿线电话。
⑤ 传真电报。
⑥ 交换电话。
⑦ 作业时间表示通信。确认作业时间(即无列车运行的时间)表示的通信。

2) 按照通信的技术类别分类

(1) 语音通信,主要传输人的语言信号。

① 交换电话。利用交换机接续的电话通信,如地区电话、市内电话等。过去采用步进制、纵横制电话交换机,现在则逐步采用全数字式程控电话交换机。

② 专用电话。调度员所用的列车运行调度电话,即一种专用电话。现在多采用频率式调度电话。

③ 列车电话。列车在运行中进行的电话通信采用列车无线通信。它使车站与乘务员、乘务员与车长之间可进行电话通信,使列车和地面的通信成为可能。这对于保证行车安全,改善对旅客的服务具有很大作用。

④ 卫星通信。在铁路上利用卫星通信可传输地震信息,以及解决灾害及事故现场的通信。同时,卫星通信也可用来实现局间通信、会议电话和列车定位等。

(2) 控制信号通信,主要传送各种控制信号,是通信技术与信号技术相结合的结果。

① 电子闭塞装置、应答器等信号的传输。
② 联锁装置、信号装置信号的传输。

③ 行车指挥自动化系统的通信。
④ 程序进路控制系统的通信。
(3) 数据通信,主要传送各种信息系统的数据信号。
① 数据交换系统。从原来的电报交换机发展成现在的使用计算机的数据交换系统。
② 计算机坐席预订系统。采用计算机进行坐席预订,以取代人工售票。
(4) 图像通信,主要传送传真图像信号。
① 交换传真。实现双向通信的交换传真,构成传真交换网。
② 专用传真。用于单一目的的传真通信,如向各站和区间传送命令和信息的专用传真。

从上述日本新干线高速铁路通信系统概况可以看出,它是一个种类繁多、技术先进的系统,包含了各种通信方式和手段。没有这样一个现代化的通信系统,实现列车的高速运行是难以想像的。

2. 法国 TGV 的通信系统概况

法国 TGV 的通信系统也有其特点,图 9-6 中给出了其专用通信的简图。

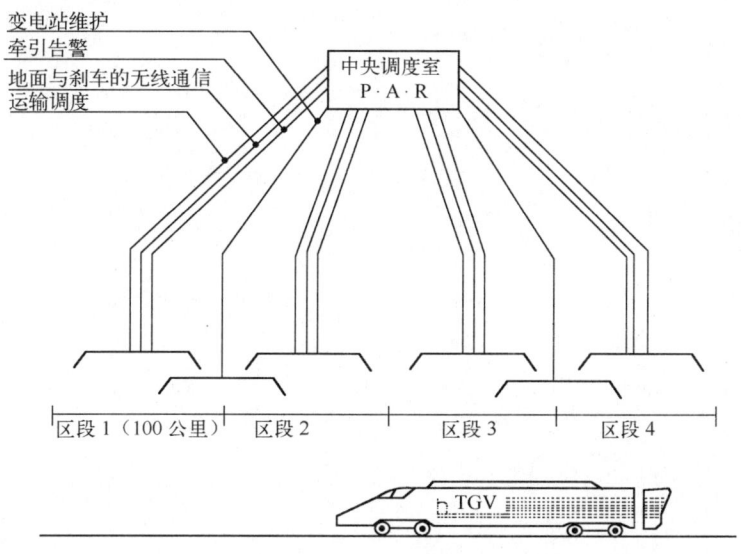

图 9-6 法国 TGV 的通信系统

法国 TGV 东南线的铁路线路分成 4 个 100 km 的区段。每区段的通信线路都直接与中央调度室相连。中央调度室设在巴黎,它控制整个从巴黎到里昂的 TGV 线路。每个区段都包含以下通信方式的专用线路。

(1) 运输调度通信。它用于中央调度台与区段调度台之间的通信联系。所有电话机都并联在每一区段的运输调度的电路上。中央调度台采用频率为 1 024 Hz 的电路对区段调度台进行编码集中选择呼叫。但区段台对中央台的呼叫是口头进行的。

(2) 牵引告警通信。这是各区段台到中央台的牵引告警通信,一般都是口头进行的,它采用 4 线传输。

(3) 地面与列车的无线通信。它主要保证司机与调度员之间的联络、无线电告警及紧急制动的告警识别信号。这 3 种通信用一条话路进行传输,但采用不同的频率。

(4) 变电站维护通信。从铁路沿线的电话机到中央调度台发送维护通信信号，由4线电路来传输。

除了上述专用通信外，尚有其他通信。每个调度员都能收到与沿线值班员直接或自动连接的各种线路的呼叫。

第 10 章 客运专线信息系统

10.1 概述

客运专线信息化作为铁道部和国家信息化的一部分,在符合国家和铁道部信息化建设规划的基础上,将统一规划、统一设计、分步实施,在确保核心系统安全的基础上,确保系统网络的正常运转及信息安全。

本章主要介绍客运专线的信息系统构成、系统功能、各系统之间的关系、资源共享实施方式、网络安全及与铁道部其他信息系统之间的关系等。

10.2 客运专线信息系统体系框架

10.2.1 系统体系结构

客运专线信息系统是在铁道部的统一领导下,由客运专线公司、综合调度中心、综合维修管理中心、综合检测中心和基层站段等机构分工协作,共同经营和管理。与此对应,信息化系统体系结构在铁道部的统一领导下,由中心和基层站段两级结构组成。其中,中心包括信息中心和综合调度中心,同时覆盖高速公司、综合维修管理中心和综合检测中心;基层站包括车站、动车段(所)、综合维修段(工区)等,如图 10-1 所示。为了便于指挥和管理,主中心和客运专线公司设于同一楼内,其他基层站段的设置按沿线设备的配置情况执行。

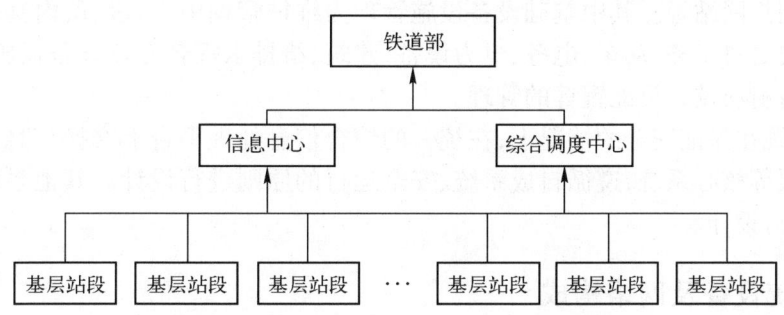

图 10-1 客运专线信息系统体系结构示意图

10.2.2 系统功能结构

客运专线信息化是以信息技术对企业的生产、经营、管理各个过程实现现代化的管理。信息化系统包括运输生产调度指挥管理、客运营销、企业管理 3 部分,其整体规划如图 10-2 所示。

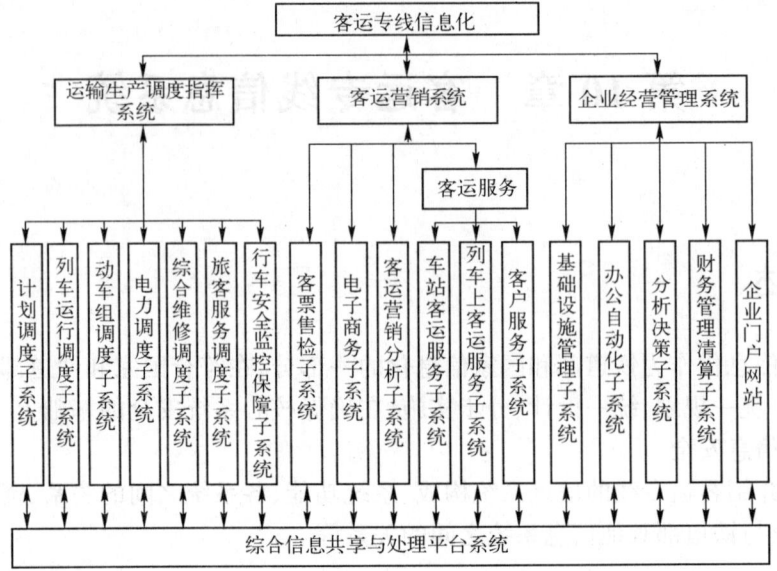

图 10-2 客运专线信息化总体规划

运输生产调度指挥管理部分,即综合调度系统,以运输计划为基础,列车运行调度为核心,综合了运输计划、行车控制、供电控制、与生产直接有关的各种基础设备设施的维护管理指挥及与行车有关的信息采集监视和处理系统,形成计划准确、安排超前、实施快速、调整得当、应急可靠、反应快速、工作协调的现代化调度系统,主要包括运输计划管理、列车运行调度、动车组调度、旅客服务、电力调度、综合维修与救援、安全监控等功能子系统。

客运营销部分主要包括客票售检、客运服务、电子商务、客运营销分析统计等。其中,客票售检包括客票预订发售、自动售检票等;客运服务包括车站客运服务、列车上的客运服务、多媒体的客户服务及网上客户服务等。

企业经营管理部分主要包括基础设备设施管理、办公自动化、地理信息、决策分析、财务管理清算、企业门户网站等。其中基础设备设施管理为维护管理中心、段、所内基础设备设施的管理系统,主要是对工务、动车、电务、电力设备、建筑、给排水等各专业设备设施的履历,维修检修,维修设备材料及人员配置等的管理。

信息化系统在保证安全的情况下,在统一的综合信息处理平台上交换信息。综合调度系统、自动售检票等核心系统,遵循自成系统、安全运行的原则进行设计。其他系统按照内外网分离的原则进行设计。

10.2.3 系统设备及网络构成

信息系统的设备由中心设备、车站、动车段(所)、综合维修段(工区)等基层站段设备、通信网络等组成,如图 10-3 所示。

中心设备由综合调度中心设备、客票售检中心设备、其他客运营销及企业经营管理中心(以下简称信息中心)设备、综合检测中心、综合维修管理中心设备等组成。各中心系统之间在确保系统信息安全的基础上,实现系统间信息共享及交换。综合调度中心系统与铁道部调度指挥中心系统联网,客票售检中心系统与全路计算机售票系统联网,信息中心设备与全路共享数据信息库联网,实现与铁道部的高速信息交换共享。

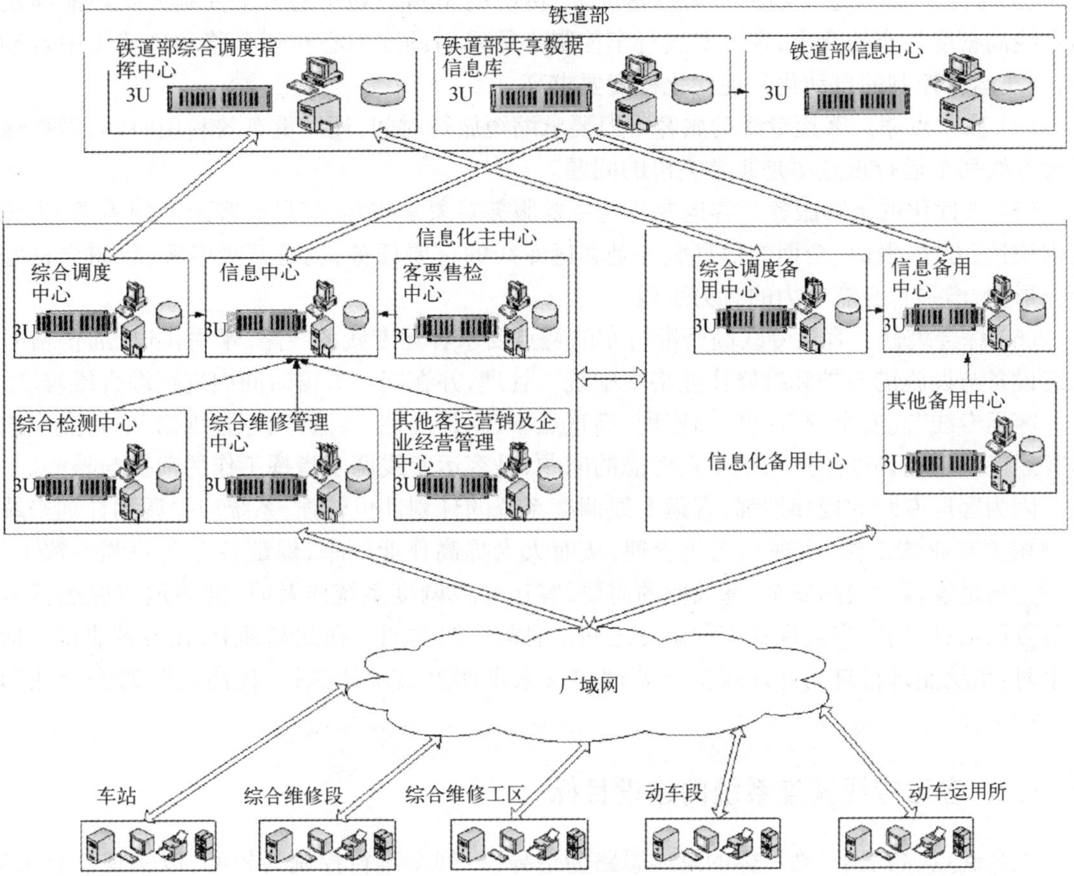

图 10-3　信息化总体设备构成

在中心、车站、动车段(所)、综合维修段(工区)等地分别建立局域网,根据业务及系统要求设置应用服务器、通信服务器、数据库服务器、工作站、打印机、绘图仪和其他外设,集中处理各专业有关信息。各级局域网通过专线或数据网构成广域网,实现中心、基层站段之间的信息交换和传输。

10.3　综合调度系统

综合调度系统包括系统结构、功能、网络构成及与其他系统之间的关系。

10.3.1　客运专线综合调度系统的特点

(1) 作业简单、规律性强、有利于集中控制。客运专线主要开行的是高速旅客列车,旅客列车运行的规律性很强,计划变化较小,其业务要比客、货混跑的既有铁路简单,有利于集中控制。

(2) 高安全、高速度。客运专线列车运行速度高,一旦发生行车事故都将是毁灭性的,因而对安全的要求特别严格。

(3) 高密度。客运专线列车运行密度大,传统的车站对列车的人工控制方式不能满足客运专线高密度行车的要求,客运专线行车控制必须采用调度中心对列车移动体的集中自动控制,列车运行控制的自动化和现代化程度要求高。

(4) 高正点率。客运专线的旅客不但要求缩短旅行时间,还注重有效利用时间,因而保证客运专线列车运行正点率是非常突出的问题。

(5) 人性化的旅客服务。客运专线的主要服务对象是旅客,满足旅客的不同需求,为旅客提供快速、方便、及时、全面的信息服务是客运专线的首要任务,也是其吸引客流、树立良好的企业形象、增强自身竞争力的有力手段。

(6) 综合维修。客运专线高密度行车的特点要求客运专线的线路、牵引供电、通信信号等固定设备与设施的养护和维修作业将集中统一管理,并在同一天窗时间内进行综合维修。

客运专线"高安全、高速度、高密度、高正点率、高计划性、高服务、综合维修"的特点应该成为客运专线运输调度指挥系统重点考虑的问题,是客运专线调度指挥工作的前提与核心。

因为客运专线的规律性强,客运专线调度系统的计划性也较强,系统应强调用计划来统一协调相关专业的工作,实现一元化管理,从而大大提高作业效率,保证各专业协调一致工作。同时为满足客运专线高安全、高效率的需要,客运专线调度系统应及时、准确地掌握运营有关的各方面信息,同时应实现各工种调度之间信息的实时沟通。在此基础上,在各种非正常情况发生时,系统能进行自动处理或提出处理建议来供调度员确认执行,提高运营的安全性和效率。

10.3.2 客运专线调度系统的建设目标

以高起点、高水平、高目标的总体思路为指导,以列车运行控制为核心,以实现信息采集、传输、处理和共享为基础,适应我国客运专线网和既有路网的特殊要求,通过高效利用与客运专线相关的所有移动、固定、空间、时间和人力资源,实现管理方式、运营组织和服务标准的现代化,以较低的成本建设保障安全、提高运输效率和提高服务质量的新一代客运专线综合调度体系。

10.3.3 客运专线综合调度系统的建设原则

(1) 先进性原则。采用国内和国际上先进、成熟的技术,使系统能够适应今后技术及业务发展变化的需要。

(2) 实用性原则。最大限度地满足各层次用户实际工作要求,并保证系统具有可扩充性和可维护性。

(3) 自主开发与技术引进并重的原则。建议采用自主开发为主,引进关键技术(主要指设备)为辅的原则。自主开发有利于系统的升级、改造,可以极大方便运营单位的维护、升级等工作。

(4) 基础研究与工程实施并举的原则。尽快研究具有中国特色的客运专线调度系统的基本问题,为工程建设提供理论依据和指导,同时注重工程建设的规划、实施和质量监控。

(5) 兼容性原则。系统的建设要兼顾既有线,以利于客运专线与既有线调度指挥工作的协调。

（6）系统性原则。从客运专线网整体运营和管理的角度考虑综合调度系统建设和调度中心的设置，保证综合调度中心布局与客运中心、动车组综合维修基地布局的协调，保证各专线之间在客运衔接枢纽的工作协调与动车组跨线运营和管理的协调。

10.3.4 综合调度系统体系框架

1. 系统结构模型

根据客运专线综合调度系统的用户需求和系统的功能需求，客运专线综合调度系统的系统模型如图 10-4 所示。

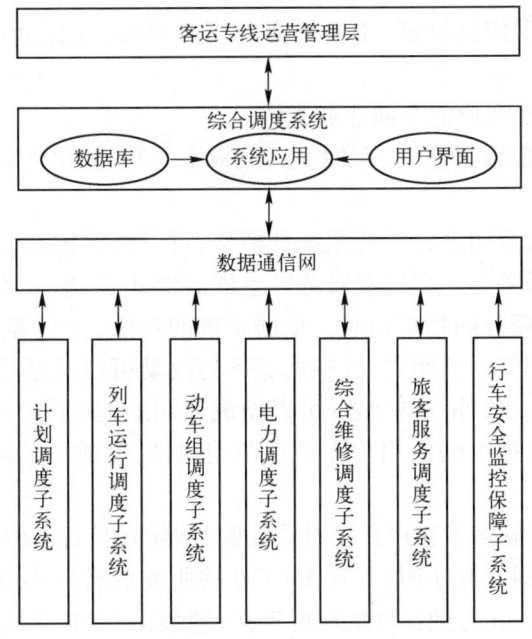

图 10-4 综合调度系统模型

图 10-4 所示的系统结构模型给出了系统的组成及各部分之间的相互关系。综合调度系统以计划调度和列车调度为核心，计划调度根据客运专线运营管理计划制定列车运行计划，并将制定的列车运行计划交与列车调度系统执行；列车调度系统根据动车、信号、电力、线路、灾害等现场情况对运行计划进行实时调整，将生成的可执行的列车运行计划提供给其他调度子系统，以便各调度子系统制定各自的调度策略，同时将列车调度计划传送到各车站，各车站信号系统根据列车调度计划制定信号控制策略；其他调度子系统根据计划调度和列车调度所制定的可执行列车运行计划指挥、控制相应的现场设备，并将现场设备的工作状态、控制指令执行情况等反馈给列车调度和计划调度系统，从而形成一个闭环的实时监控系统。

2. 系统逻辑结构

在以往的铁路信息系统建设中常采用传统的客户－服务器结构模式，通常一台个人计算机做客户机使用（运行客户端程序），另外一台服务器用于存放后台的数据库系统，应用程序与客户端直接相连，中间没有其他的逻辑。系统的业务逻辑一般在前台客户机中运行，或者业务逻辑也在后台数据库中,通过触发器的方式实现。这种方式的缺点就是一旦客户的业务逻辑有所改变的话,将引起应用程序的修改及后台触发器的修改,所有程序模块都将重新修改、编译、连接,工作量相当大。另外,由于这种结构将用户界面和业务逻辑及数据源绑定在一起,会消耗客户机的大量资源,每个 Client 都要直接连到数据库服务器,使服务器为每个 Client 建立连接而消耗大量本就紧张的服务器资源;大量的数据直接 Client/Server 传送,在业务高峰期容易造成网络流量暴增,网络阻塞,对客户机、网络和数据库端均带来很大的负担。

在传统的客户机-服务器模式中,由于客户端与服务器直接连接,安全性低。非法用户可以比较容易地通过客户端进入中心数据库,造成数据损失,对系统的安全性带来极大的威胁。

为了克服由于传统客户-服务器模型的这些缺陷给系统应用带来的影响,客运专线综合调度系统应采用 3 层(或多层)客户-服务器结构模型。将系统分为如下 3 个基本层。

(1) 用户服务层:提供信息浏览,主要是实现用户界面,并保证用户界面的友好性、统一性。

(2) 应用处理层:实现客户的全部业务逻辑。

(3) 数据服务层:实现数据定义、存储、备份、检索等功能,主要包括数据库管理系统及数据存储。

这 3 个层次共同组成应用系统。使用这种模型,可以将系统需求划分成可以明确定义的服务,如事务服务、名字服务等。将这些服务以组件的形式实现,一个组件可以实现系统中的一种或多种服务,是这些服务的物理封装。根据系统的功能、性能等各方面的需求,系统管理员可以在网络上灵活地部署这些组件,并根据业务的改动可以灵活地对这些服务组件进行修改,而不影响其他的组件。另外,这些组件可以做成通用的,基于某一标准接口,可以被重用,其他应用程序可以使用其提供的应用程序接口调用组件,完成所需的操作。3 层体系结构具有以下技术优点。

(1) 安全性。中间层隔离了客户直接对数据服务器的访问,保护了数据库的安全。

(2) 稳定性。对于要求 24(小时)×7(天)工作的业务系统,多层分布式体系提供了更可靠的稳定性:中间层缓冲 Client 与数据库的实际连接,使数据库的实际连接数量远小于 Client 应用数量。当然,连接数越少,数据库系统就越稳定。Fail/Recover 机制能够在一台服务器当机的情况下,透明地把客户端工作转移到其他具有同样业务功能的服务器上。

(3) 易维护。由于业务逻辑在中间服务器,当业务规则变化后,客户端程序基本不做改动。

(4) 快速响应。通过负载均衡及中间层缓存数据能力,可以提高对客户端的响应速度。

(5) 系统扩展灵活。基于多层分布体系,当业务增大时,可以在中间层部署更多的应用服务器,提高对客户端的响应,而所有变化对客户端透明。

上述技术特征可以保证客运专线综合调度对各专业调度子系统综合时的安全性、可靠性和可用性。

采用 3 层体系结构构成的客运专线综合调度系统的层次如下。

(1) 用户服务层。

该层为所有用户提供人机交互界面,所有数据、控制命令、计划调整的输入和操作结果的显示均在此完成。用户的数据操作申请不像传统的 2 层结构方式下直接访问数据库服务器,而是通过应用层提供的服务接口进行访问,这样保证了后台数据的安全性。客运专线综合调

度系统的所有用户终端均属于表示层。由于现代计算机图形处理技术、多媒体技术的发展比较成熟,编程语言和开发工具的支持比较丰富;因此表示层相对比较简单。

(2) 应用服务层。

应用服务层是客运专线综合调度各调度子系统的应用层,它对表示层的输入/输出数据按照业务逻辑进行加工处理,并实现对数据库服务器的访问。客运专线综合调度系统的 8 个调度子系统的应用服务器属于应用服务层,应用服务层实现与数据存储层、表示层及各专业调度子系统应用层间的数据交换,同时分别负责实现与各子系统基层设备(或系统)间的数据交换),在应用服务层加入中间件可以实现各调度子系统间的数据交换,解决传统铁路信息系统间信息交换和系统集成时所遇到的各种问题。应用服务层是各调度子系统应用逻辑处理核心,因此容错技术、集群技术等高可靠技术是本层的重点,同时为了保证系统的安全,多层交换、虚拟局域网技术、网络冗余等高可靠网络技术也是构成应用服务层的关键。中间件技术是各应用层间实现数据交换的关键,采用中间件技术可以充分利用经过实践验证的成熟的系统软件,采用软件重构技术实现系统的快速集成,减少系统的开发周期,较少因重新开发引起软件错误,提高系统的安全性和可靠性。采用中间件技术和软件重构技术是现有管理体制下实现系统综合的技术关键。

(3) 数据服务层。

客运专线综合调度系统完成对所有数据的统一存储与管理,构建真正意义上的客运专线统一数据管理,系统内所有用户可通过各自的应用服务器完成对系统统一数据库的访问。现代计算机存储技术,尤其是网络区域化存储技术(SAN)是实现统一数据库的关键技术,网络区域化存储技术可以保证各调度子系统的应用服务器层共用一套高可靠、大容量并具有数据备份与灾害恢复功能的数据存储及数据库管理系统,可以避免各子系统单独设立数据库而引起的复杂性,降低系统成本,实现客运专线数据的共享和集中管理。

除上述 3 层外,为实现系统间的互联,需要定义其他几个辅助层。

(4) 基础设备层。

主要指各子系统的现场设备,如信号联锁系统、电力监控系统等。

(5) 通信传输层。

主要实现各调度子系统应用服务层与基层设备间的数据通信,由于不同的业务对数据通信的流量、实时性、可靠性及安全性的要求不同,远程通信的构成方式也不尽相同。尽管可以为综合调度系统提供统一的基于 IP 的广域网,但是由于不同专业的基层设备的组成、标准存在差别,在目前的体制下很难实现在此层次上的统一。但随着技术的发展和管理体制的改革,系统最终可以实现综合调度系统的统一通信。

3. 系统总体设计

客运专线综合调度系统的设计与实施需要高度的组织协调能力、严密的系统设计能力和系统集成能力,系统设计不仅能满足各业务的功能需求,保证系统可靠工作,同时也应充分考虑系统的建设投资、系统的运营维护等信息系统生命周期的各方面因素。只有这样才能确保所设计的综合调度系统符合客运专线建设的需要。但是由于管理体制和专业设置等问题,客运专线综合调度系统的设计被分散到各相关专业进行,造成客运专线综合调度系统的设计缺乏宏观控制和总体协调,在计算机设备、网络设备、系统软件及传输通道等方面的设计千差万别,这种方法违背了信息系统设计的科学规律,不仅造成了系统体系结构的混乱、投资的浪费、设计水平不高,更为严重的后果可能造成系统无法实现可靠的运行。

因此,需要加强对客运专线综合调度系统总体设计的领导,确保综合调度系统在统一的技术标准和严格的科学框架下进行。建议由各专业负责提出详细的系统功能设计,由统一的部门负责综合调度系统的总体设计,使得系统的硬件、软件、网络资源得到合理的配置。

4. 系统体系结构

为保证客运专线高效、安全地运行,综合调度系统为独立的系统,其体系结构如图10-5所示。由铁道部指挥中心、综合调度中心和基层站段3级组成。与其相关的还包括客运专线公司机关、现场设备、其他信息化系统及既有线调度系统。

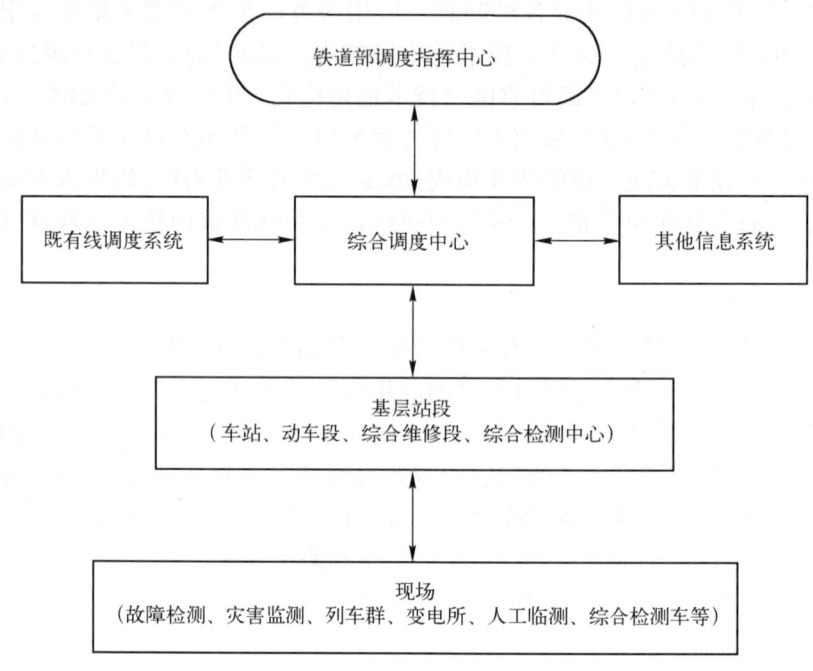

图10-5 客运专线综合调度系统体系结构图

(1) 铁道部调度指挥中心。铁道部调度指挥中心是全路调度指挥管理的中心,负责管理、协调各路局及主要干线的列车运行,客运专线作为全路路网的一部分,其运营管理同样也要受铁道部统一指挥及协调。

(2) 综合调度中心。综合调度中心负责客运专线全线旅客列车的运行,统一编制计划,统一调度指挥。它以行车控制为核心,围绕安全、正点,通过各专业调度台,直接指挥日常运输生产,向基层站段发布控制和调度命令。

(3) 基层站段。基层站段系统主要包括全线每站设的一套车站综合信息系统,在若干主要车站设立动车运用所、综合维修段、综合维修管理中心、综合检测中心及综合维修工区等。

(4) 相关部门及系统。上层管理机构可以向综合调度中心各业务部门发送相关指示。

铁路沿线现场设备主要有两类:一是受控系统,如联锁、列控、供电被控站等;二是信息源系统,包括地面监测系统、灾害监测系统、人工监测系统等。

5. 综合调度系统的集成

对于客运专线综合调度系统,应充分重视系统的集成与整合,这里涉及系统的集成度问题,从成熟的角度来看,系统设计常常采用以往成功应用的系统进行硬件、软件和功能上的堆砌,造成系统集成度很低,在信息共享和企业信息整合等方面难以实现。

因此,在应用软件系统集成方案方面,建议采用面向服务的体系结构(SOA)构建客运专线综合调度的体系结构。面向服务的体系结构是一个组件模型,它将客运专线综合调度的各项业务应用(称为服务)通过服务之间定义良好的接口和契约联系起来,而接口是采用中立的方式进行定义的,它独立于实现服务的硬件平台、操作系统和编程语言。面向服务的体系结构具有以下优点。

(1) 效率。将业务流程从"烟囱"状的、重复的流程向维护成本较低的高度利用、共享服务应用转变。

(2) 响应。迅速适应和传送关键业务服务来满足运输的需求,为路内外及客运专线公司内的公司、综合调度中心、综合维修、检测、动车中心(段)和车站(工区)等所有用户提供与其职能相适应的高水平服务。

(3) 适应性。大幅度降低整个系统的复杂性和难度,达到节约时间和资金的目的。

(4) 复杂性降低。基于标准的兼容性,与点到点的集成相比降低了复杂性。

(5) 重用增加。通过重用以前开发和部署的共享服务,实现更有效的应用程序/项目开发和交付。

这使构建在这样的系统中的所有服务可以以一种统一和通用的方式进行交互,从而完成客运专线综合调度系统所要求的所有功能。在面向服务的体系结构中,集成点是规范而不是实现。通过利用现有的组件和服务,可以减少完成软件开发生命周期(包括收集需求、进行设计、开发和测试)所需的时间,提供灵活性和响应能力,这对于客运专线的设计、运营和发展来说是至关重要的。

10.3.5 系统总体功能要求及功能构成

1. 功能介绍

针对我国客运专线的特点,客运专线综合调度中心以集中式为推荐方案,该方案的系统功能逻辑结构图见图 10-6。

客运专线综合调度系统自底层开始,分为信息采集层、信息融合层、决策支持层和综合服务层。其中,信息采集层包括行车设备、联锁设备、线路检测设备、供电和电力系统检测设备、动车组状态检测设备、通信信号检测设备和环境、气象检测设备等从铁路现场各处采集到的信息。该信息向上传输到各相关的基层业务单位,进行初步处理和融合,通过专用的通信网络和接口上传到中央数据库。客运专线综合调度中心则是在中央数据库的支持下,进行调度决策,指挥客运专线日常的生产作业。同时,该层的信息向下传送到中央数据库和基层单位指挥生产,向上则传到综合服务层。综合服务层对内服务于铁道部运营管理中心,对外服务于社会及其他相关机构。备用中心主要包括两种,一种是数据备用中心,一种是功能备份中心。备用中心建设方式为按网建立统一的主调度中心,按各条线建立核心功能的备用中心。

客运专线综合调度中心是核心部分,按功能划分为列车运行计划调度、列车运行调度、动车组调度、电力调度、综合维修调度、旅客服务调度和安全监控调度 7 个子系统。

综合调度中心功能结构图见图 10-7。

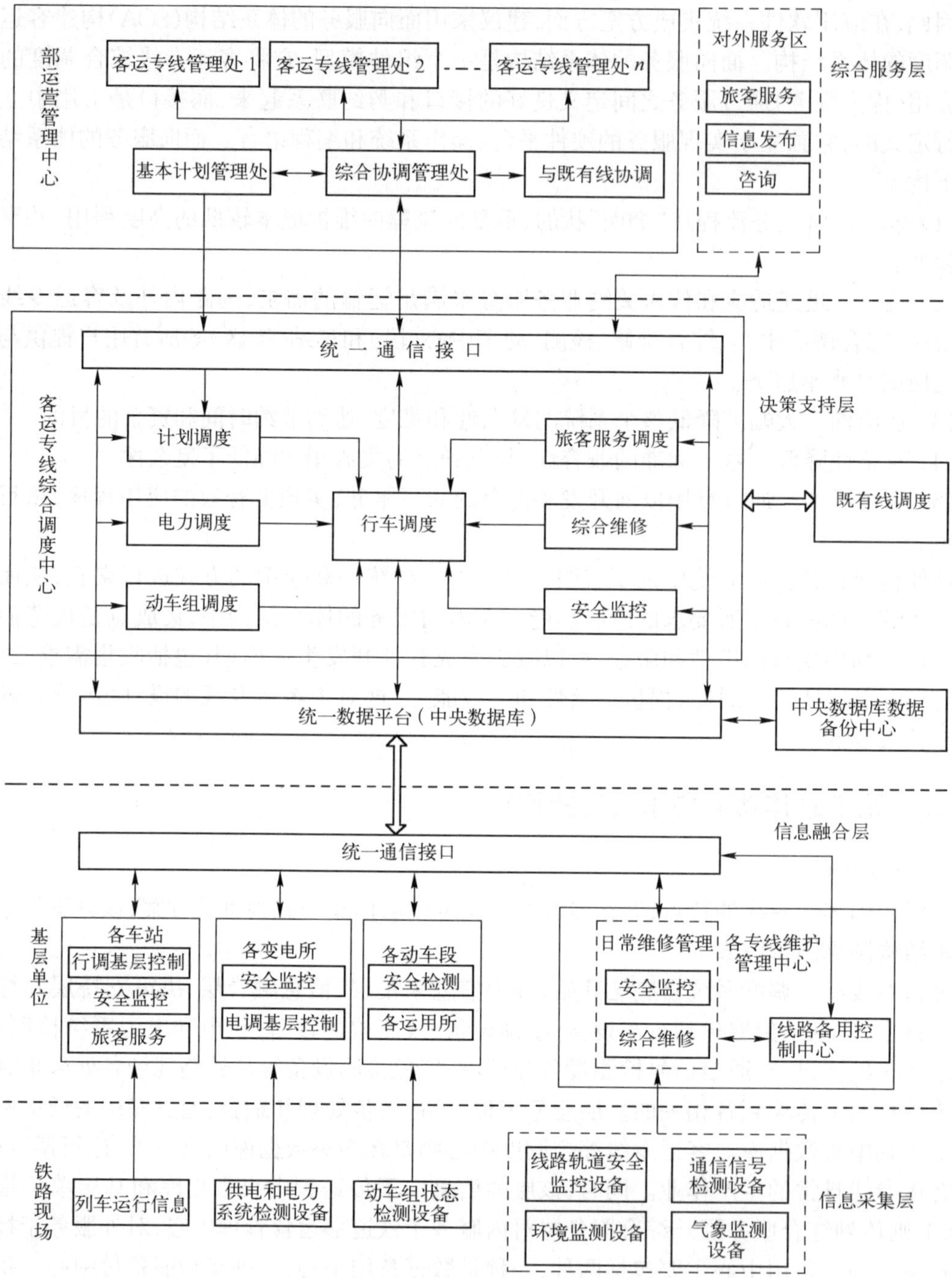

图 10-6 系统功能逻辑结构图

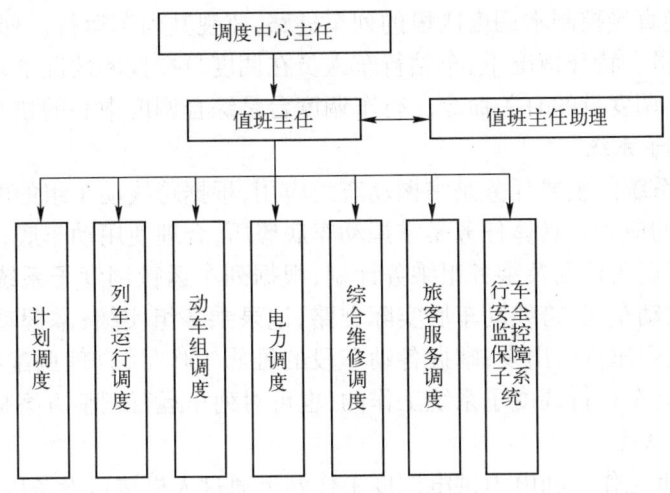

图 10-7　客运专线调度中心功能结构图

各子系统的功能如下。

1) 计划调度子系统

计划调度子系统列车运行计划的编制工作由于没有货运各项作业及车流组织作业的干扰,列车类型比较单一;因此列车日常运行基本上是按图行车,调度日(班)计划的编制多为一种确认程序。同时,与列车运行计划有关的动车组运用计划(交路及检修计划)、乘务组乘务计划等都可由计划台一并编制。这样计划调度子系统就是一个综合性的调度子系统,是综合调度中心的先导。

随着国民经济的发展,旅客出行越来越多,加之各类长假的影响,旅客流量的变化越来越频繁,且其客流组成及方向等也经常发生变化,这就要求客运工作能随时对这些变化做出响应。以往铁路客运部门通常是预先编制分号运行图并进行调整,但由于客流情况在不断变化,预先编制好的分号图经常无法适应新的客流情况及一些突发事件。因此,客运专线的运营部门必须改变以往主要根据基本图进行调整的组织模式,参考国外调整铁路运营的经验,在尽可能保证基本图不变的前提下,随时根据客流预测情况编制相应列车运行图,以最大限度地适应客流实时变化的需要。

因此,计划调度子系统作为综合调度系统的核心组成部分之一,是保证调度中心正常、有序运行的基础,也是确保客运专线日常运输工作正常、有序、高效的根本。其基本任务如下:

(1) 接收编制计划所需的相关信息;

(2) 编制次日和第三日客运专线列车运行计划(包括编制列车运行图、生成列车时刻表和生成列车运行的计划进路);

(3) 编制次日动车底运用计划;

(4) 编制次日乘务人员乘务计划;

(5) 向相关业务部门和调度台发送次日列车运行计划指令;

(6) 进行列车运行计划和运行实绩的指标统计、分析。

2) 列车运行调度子系统

列车运行调度子系统也叫行车调度台。其基本任务是根据列车运行计划组织本调度区段的列车安全、正点运行。在列车运行紊乱情况下,编制调整计划并下达调整命令。正常情况下,行车调度台应能直接控制本调度区段的列车进路,监视其列车运行。列车的运行只受命于本区段的当值调度员。特殊情况下,车站行车人员在调度员授权的情况下,也可办理车站的行车进路,或转达列车调度员的有关命令。行车调度台是综合调度中心的核心。

3) 动车组调度子系统

动车组调度子系统的主要任务是掌握动车组应用,根据跨线动车组的配属情况,还要掌握跨线机车及动车组的应用。具体任务是掌握动车底履历,合理使用动车底;掌握动车底乘务组的运用;跨线动车组运用计划及乘务组乘务计划;根据列车运行调度子系统的调整计划,相应调整上述计划;绘制动车底、跨线动车底实际交路,记录乘务组实绩;掌握动车底、跨线动车底技术状态;通知救援列车待命出发;掌握各动车段的维修工作量,合理调配检修工作。动车组调度子系统是围绕列车运行调度子系统工作的,也可对列车运行调整方案提出建议。

4) 电力调度子系统

在牵引供电调度工作站和电力供电调度工作站上通过人机接口设备以图形、图表、文本方式对全线牵引供电系统和电力供电系统主要设备进行实时监控及后台数据处理。主要任务是根据列车运行计划及其调整计划组织供电;对超过供电臂负荷的列车调整计划提出修正要求;掌握供电系统的技术状态及运行情况,控制相关设备。电力调度子系统必须与列车运行调度子系统紧密联系,为列车运行提供牵引动力,为沿线的通信、信号、机械等设备提供电能。

5) 综合维修调度子系统

所谓综合维修是指统一安排线路、供电系统和通信信号系统等固定设施维修计划及维修作业。综合维修段根据人工监测、综合检测车(或检测中心)提供的设备技术状态信息及段内的监测信息,由各专业提出维修计划,经综合协调后制订出综合维修计划。综合维修调度子系统对各综合维修段上报的综合维修计划进行审核,并与列车运行调度子系统进行协商安排,将安排结果纳入日(班)计划,并以调度命令形式下达;监视维修工作进展情况。综合维修调度子系统,还要随时掌握线路的技术状态,监视通信信号系统的运行情况。对于利用行车间隙进行的小修,要督促施工人员及时复位,以免影响正常行车。

6) 旅客服务调度子系统

客运专线的主要服务对象是旅客,满足旅客的不同需求,为旅客提供快速、方便、及时、全面的服务是客运专线的首要任务,也是其吸引客流、树立良好的企业形象、增强自身竞争力的有力手段。该子系统是针对客运专线而设置的,它不同于现有铁路调度系统中的客运调度子系统,也不是指车站的旅客服务系统。车站旅客服务系统所需的旅客列车运行、到发信息可直接由列车运行调度子系统提供。旅客服务调度子系统是直接为列车上的旅客进行特殊服务的,如急病救治、人身及财产安全、列车晚点的赔付,事故情况下的旅客疏运与安置等。

7) 行车安全监控保障子系统

为保证高速行车的安全,客运专线铁路上装备了完善的、高度信息化的安全监控系统,对动车组、供电系统、通信信号系统、线路等与行车有关设备及设施的技术状态进行监控,对各种自然灾害进行预报预警。本子系统的主要任务是,对各类危及行车安全的原始信息和经过该系统初步处理后的信息,进行确认及筛选后连同处理意见(控制标准)分送有关调度子系统;对安全监控系统的各组成部分的工作状况进行监视。遇需要紧急停车情况,该系统可直接切断牵引供电电源或通过列控系统迫使列车紧急停车,并将该信息传输给列车运行调度和供电调度子系统。

根据上述分析,综合调度系统的各功能之间关系如图10-8所示。

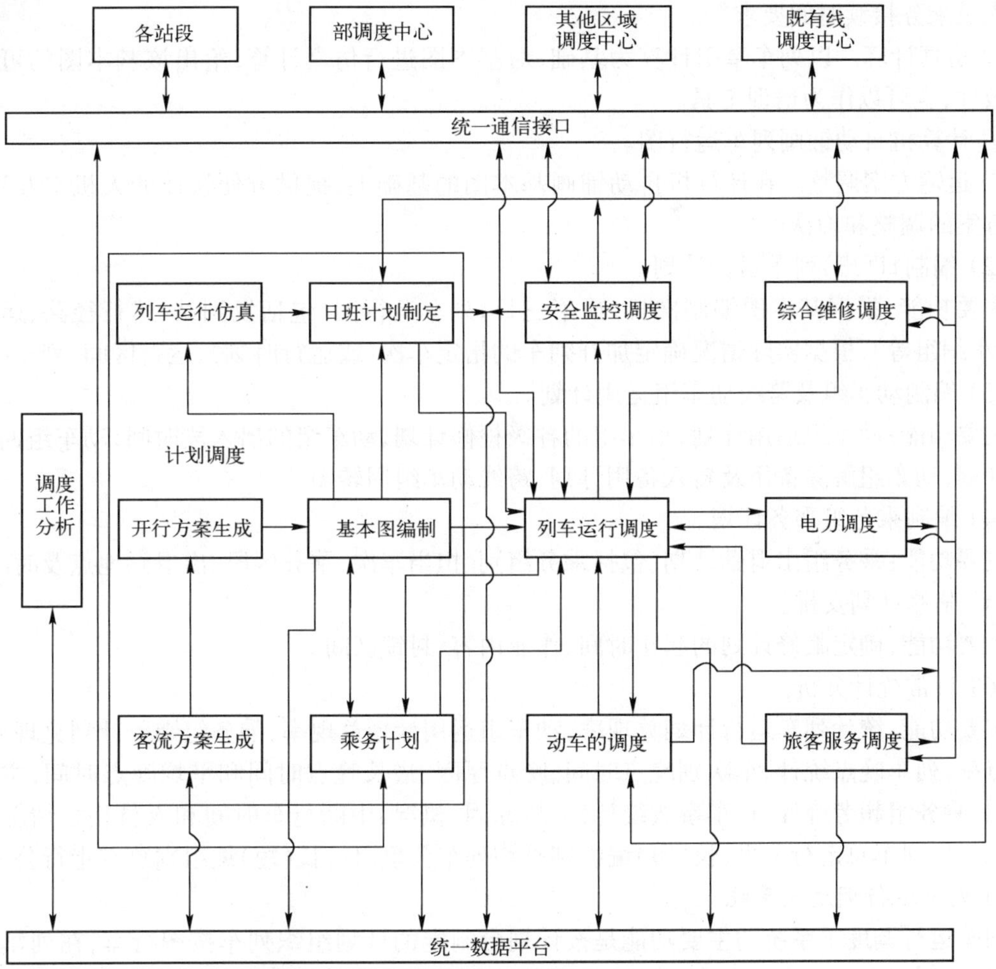

第 10 章 客运专线信息系统

图 10-8 综合调度系统各功能之间的关系图

2. 模块划分

根据前面的论述,将每一个子系统所包含的功能划分为若干个模块,详细情况如下。

1) 计划调度子系统

计划调度子系统主要是综合考虑相关因素,编制列车运行计划。它主要分为以下几个功能模块。

(1) 编制基本运行图

客运专线基本图的编制相当复杂,而客运专线的基本图又具有周期性、模式化的特点,采用计算机自动编制合理的客运专线基本运行图是调度指挥系统的基础。主要功能如下。

① 基础数据管理。包括正线线路基础资料和数据(线路的平纵断面数据、线路限速地点及其具体限速要求、区间渡线布置情况及其限速要求、信号布置数据)及车站基础资料和数据(车站平纵断面数据,股道数量、有效长度和衔接方式,车站道岔布置情况及其限速要求)。

② 技术资料管理。编制列车运行图、动车底运用计划及其乘务计划所需的各种参数,包括不同种类列车区间运行时分、各站不同种类列车起停车附加时间、各种列车组合方式下的列车运行间隔时间(区间和车站)、固定维修天窗设置方式和具体设置时间及各种动车底运用和

乘务人员乘务接续时间要求等。

③仿真计算。以列车牵引计算为基础,对基本图进行仿真计算,给出该基本图的可靠性和有效性,也可以作为培训工具。

④计算机自动铺画列车运行图。

⑤运输方案调整。在计算机自动铺画基本图的基础上,提供方便快捷的人机交互手段,进行方案的调整和确认。

(2)编制日(班)列车运行计划。

主要功能:根据基本图编制次日(或第三日)列车运行图(包括发到站、运行径路、运行时刻、列车编组等),根据实际情况确定加开列车的指定车次(或运行时刻)、运行区间、列车编组。

(3)编制动车组及跨线动车组运用计划。

主要功能:动车组运用计划,动车组的各级检修计划,动车组的出入段时间,动车组回送及接运计划,动车组解除备用及转入备用计划,跨线动车组周转图。

(4)编制乘务组乘务计划。

主要功能:乘务组出退勤计划(包括乘务组别、担当车次、乘务区段、出退勤地点及时间)。

(5)临修计划安排。

主要功能:确定临修计划的起止时间、作业内容、封锁区间。

(6)日常统计分析。

主要功能:统计列车运行计划兑现率,动车组运用计划兑现率,乘务组乘务计划兑现率,列车正点率,列车晚点统计,车次别晚点时间、晚点原因、最长晚点时间和平均晚点时间,主要晚点原因,乘务组超劳统计,行车事故统计(事故原因、概况、中断行车时间和人员伤亡情况),长(短)编组别列车总走行公里,长(短)编组别平均列车公里/日,长(短)编组别总空走行公里。

2)列车运行调度子系统

列车运行调度子系统的主要功能是按计划台制定的计划组织列车按图行车;在列车运行紊乱时,编制列车运行调整计划,尽快恢复列车正常运行,缩短列车晚点时间;向车站传送列车运行信息。它主要分为以下几个功能模块。

(1)列车运行监视与追踪。

主要功能:在综合调度中心及车站以图形、图像、图表的方式,实时监视全线(或各行车调度台管辖范围内)的信号设备工作情况,追踪列车运行,调度员借此掌握实时而准确的列车运行信息。

监视内容:联锁和列控等信号设备工作状态;列车在区间和车站的位置;列车运行速度;列车计划运行图与实际运行图的差别;晚点列车的速度及位置;其他图像、图片资料。

追踪内容:从列车运行计划中获取车次信息,根据现场采集的信息自动跟踪列车运行;实时采集列车在各车站的到发或通过时间,生成列车运行实绩图。

(2)列车运行控制。

主要功能:主要是控制列车进路。对客运专线而言,不同等级或车次的列车进路一般都是固定的,只有在特殊情况下才需要进行调整。

当列车到达规定位置时控制系统开始核对车次号,办理列车进路,保证在进路形成前列车不会降速。客运专线应按不同速度,在充分考虑信息处理、传输、进路办理等时间内列车走行的距离的条件下分别确定列车到达的规定位置。通过车地信息传输,确定系统允许发送控制命令的信号时机。当进路控制命令发送以后,监视器上所排进路应显示闪烁状态,直至该进路上的道岔锁闭、信号开放时显示稳定状态。如没有办理好进路或办理的进路与计划不一致,则语音报警。

(3) 列车运行计划的实时调整。

主要功能:由于列车运行要受天、地、人、车等各种因素的影响,列车运行时间的偏离、停站时间的延长以致打乱正常运行秩序的情况时有发生,这就要求实时地调整列车运行计划。因此,编制列车运行调整计划是列车运行调度子系统的主要功能,也是体现行车调度工作质量的关键。列车运行计划的实时调整包括以下两个步骤。

① 调整计划的编制。列车运行计划实时调整可采用人工调整、人机交互调整、自动调整然后人工确认等几种方法,通过不断编制滚动的调整计划,来实现其调整措施。调整计划有两重意义,一是使计划更接近实际,二是使偏离计划运行线的列车(晚点列车)逐步靠近以致符合计划运行线。

② 调整计划的下达。每做一次调整计划,与前一计划有变化的部分都要以调度命令的形式,下达给有关车站及乘务组,并通知动车组调度子系统、供电调度子系统及其他有关调度子系统,如涉及列车交接时间变化,还应及时通知相邻行车调度台(包括既有线行车调度台)。

(4) 列车运行信息交换。

列车运行调度子系统定时向调度区段管内各站传送列车运行信息,预报 3 h 内各次列车运行信息,包括晚点列车车次、预计晚点时间,正点运行列车车次。各站列车出发(或通过)后在向调度中心传报发车(通过)点的同时,也传送给前方邻站。车站收到上述信息后,车站服务系统经过编排,定时或实时向旅客解释与广播。内容包括 3 h 内正点运行的列车车次、到达时间及发车时间、停靠站台、晚点列车车次、预计晚点时间及到达车站时间、停靠站台等。

3) 动车组调度子系统

动车组调度子系统的主要功能是管理动车组信息,确定车底运用方案、乘务组的运用方案和调整方案,掌握各动车段的维修工作,合理调配检修工作。它主要分为以下几个功能模块。

(1) 动态车质与维修信息管理。

全程跟踪动车组的运用,随时可查寻动车组上次各种级别检修后的累计走行公里数,运行途中的位置,或入检时间、检修级别、检修单位(段、所名),或列入备用时间,下次入检的级别,入检前可担当的公里数等。为各动车段建立台账,掌握各动车段的检修能力、检修台位、段内在检列数、待检列车及检毕待出段列数等,为掌握各动车段的维修工作量,合理调配检修工作提供可靠的信息来源。通过各种车载监测设备和地面监测设备实时跟踪监测动车组的车质,并将车质信息反馈到列车运行调度子系统,并将需要紧急处理的情况提交行车调度台。

(2) 动车组乘务组运用方案管理。

组织实施动车组乘务组乘务计划,包括乘务组的名牌管理、出退勤管理、待班计划、出乘计划,在途乘务组的信息管理和计划乘务组派班安排等。

(3) 跨线动车组的运用方案管理。

组织实施跨线动车组、列车乘务组运用计划。跨线动车组采用固定交路,列车乘务组采用包乘制。因灾害、事故及列车严重晚点等原因,某跨线动车组交路接不上时,启用备用车底。

(4) 动车组运用方案调整。

根据列车运行调度子系统制定的列车运行调整计划,编制动车组运用调整计划,并下达给有关动车段。动车组乘务组乘务计划随动车组一起调整。

根据灾害及事故情况,事先通知并督促救援列车所在段做好准备,待命出发。与行车调度台联系,将具体出发时间、运行径路、到达地点以调度命令的形式下达。

(5) 车组状态自动诊断和预警。

分为车载诊断系统和地面固定诊断系统,实时掌握途中动车组、跨线动车组的技术状态;判断其运行的安全性,提出相应对策;将预警信息重点提示,经与列车运行调度子系统商定后,由列车运行调度子系统下达调整(减速、前方站停车、就地停车等待救援等)命令。

(6) 实绩记录和统计。

根据列车运行实绩图,实时勾画动车组及跨线动车组周转图,通知相关动车段(所)动车组预计出入段时间。记录乘务组担当车次、区段及出退勤时间等实际信息,并作相关的统计汇总。

4) 电力调度子系统

电力调度子系统的主要功能是进行牵引供电系统和电力系统的监视、控制、监测及管理,根据列车开行计划为之提供电力,根据计划安排供电的维修管理。实时监视供电系统主要供变电设备的工作状况,必要时对供电系统运行情况进行调整,以保证列车正常运行所需的稳定电力供应;当出现供电设备异常情况和灾害事故情况时,提出适当的指示和迅速恢复供电的安排;对供电线路、设备、设施、接触网的日常检查进行安排和管理,保证全线供电的安全可靠。它主要分为以下功能模块。

(1) 实时远程监控。

主要功能包括:

① 对供电系统中的断路器和电动隔离开关、负荷开关等进行远程控制,完成对供电系统的停电、送电操作;

② 对牵引网电压水平和牵引变电所无功功率(功率因素)进行调节;

③ 对供电系统的运行状态进行实时监视;

④ 对供电系统的重要运行参数进行实时采集,实现对现场参数的实时监视;

⑤ 利用车载设备对供电受流状态进行动态监测。

(2) 电力设备信息管理。

① 对牵引供电和电力供电系统进行数据处理,包括报警提示、确认处理,各种信息的记录与打印,完成与本系统有关的用电量、参数极值的统计报表。

② 建立牵引供电和电力供电系统主要设备的运行、维修台账,为评估供电系统的运行状态提供可靠的信息来源。

③ 对牵引供电和电力供电系统的检修计划及检修作业进行管理,确认与调整基层(综合维修段)提出的检修计划,并将其传送给综合维修调度子系统。待综合维修调度子系统统筹安排后,编制设备检修操作票,并下达给检修机构。

(3) 电力设备状态检测。

采用固定或者移动的设备,对供电系统的主要供变电设备进行状态检测,实时掌握各类设备的技术状态;判断其运行的安全性,提出相应对策;将预警信息重点提示,必要时需要与行车调度台联系,由行车调度台下达运行调整命令。

(4) 安全管理和事故处理。

① 对牵引供电和电力供电系统进行安全闭锁,包括断路器与隔离开关安全闭锁操作、安

全接地与控制操作闭锁、故障设备投运闭锁等。

② 对牵引供电和电力供电系统的故障点进行标定,给出故障点的位置,以缩短抢修人员查找故障的时间。

③ 根据列车运行调度子系统提供的列车运行调整计划、灾害与事故抢修的行车计划组织送电;根据夜间单线行车进路,接通牵引电源,组织送电。

5) 综合维修调度子系统

综合维修调度子系统的主要功能是对全线线路状况进行监测和管理,管理线路的日常维护和保养,安排施工,工务设施检修,故障履历管理,维护计划管理。集中对全线的信号及相关控制设备的状态进行监测,建立通信网管监视系统,各专业机房环境监测系统,及时掌握电务设备及其工作环境的状态,合理安排维修,保证系统正常运转,一旦出现故障,及时采取有效措施,使危害降至最低程度。在发生事故灾害时,提供紧急救援方案。负责线路维修计划、慢行区段指定及灾害情况修复作业安排,在轨检车定期检测数据的基础上,对测试数据及线路巡视人员的检查报告等进行管理。主要分为以下几个功能模块。

(1) 综合维修计划管理。

① 制定、管理和记录线桥隧站和通路信号系统的维修计划及牵引供电和电力供电系统的维修计划。

② 将各种维修计划进行综合安排并与列车运行调度子系统进行协商,提出综合维修计划的次日实施计划。实施计划要纳入次日日(班)计划,并以命令形式下达给综合维修段,同时将供电系统部分反馈给电力调度子系统。

(2) 日常维修工作管理。

① 监视维修工作现场,督促现场按计划进行维修工作及注意施工安全。

② 根据施工进度,经常保持与行车调度台和相关车站的联系,解决维修工作中的有关事宜。

③ 决定并组织指挥必须及时修理的临时维修工作。根据沿线人工及各监测点的监测信息,决定并组织指挥临时维修工作。如险情严重,需要封闭线路,须立即通报行车调度台,并共同制定排险方案,责令相应综合维修段及综合工区予以实施;监视临修现场,促其加快进度,以缩短临时封闭线路时间;确认险情排除后,通知列车调度员开通线路。

④ 参与灾害、事故救援与检修的调度指挥工作。

(3) 设备状态综合检测。

采用先进技术集中对全线的线路、桥梁、信号及相关的控制设备的状态进行综合检测,包括周期性检测、实时检测。监视系统运行是否正常,各监测点及车站信息处理中心是否正常工作,确认各种主要设备的技术状态是否完好。建立通信网管监视系统、各专业机房环境监测系统,及时掌握工务、电务设备及其工作环境的状态,合理安排维修,保证系统正常运转,防事故于未然。主要包括以下几方面。

① 轨道检测。

② 电务集中监测,包括实时图形记录功能、实时监测功能、存储信息功能、打印报表功能和监测信息优先等级处理功能。

③ 信号监测:信号传输参数,列车速度控制信标参数,轨道上的点式应答。

④ 供电设备监测。

⑤ 通信检测：车地通信的无线覆盖，GSM 和 GSM-R 的无线覆盖。

(4) 综合维修信息管理。

掌握设备的技术状态，建立维修台账。根据综合检测中心及车站信息处理中心传送的沿线各监测点的检测和监测信息，分析设备的技术状态；记录维修日志。

6) 旅客服务调度子系统

旅客服务调度系统的主要功能是处理与旅客服务相关的事件。其主要任务包括 4 大部分：一是信息采集；二是向客运站通报旅客列车运行信息，尤其是晚点较多的列车信息；三是处理日常事件；四是进行统计分析。旅客服务调度子系统主要分为以下几个功能模块。

(1) 信息采集。

从其他调度子系统采集与旅客服务相关的信息，如列车运行实绩信息，列车晚点或停运信息，列车上意外事件、事故信息等。

(2) 信息通报与广播。

与其他系统进行信息交换，对管内车站进行信息广播，更好地服务旅客。

(3) 日常事务处理。

主要包括：

① 列车上旅客意见与投诉的处理；

② 列车上发生在旅客中的突发事件的处理，列车上旅客突发急病、贵重财物失窃及其他重大刑事案件等，应首先与行车调度台选定前方停车的车站，并立即通知车站与地方急救中心或公安部门联系，作好接车准备，并通知车上作好相应准备；

③ 滞留旅客的疏运与安置；

④ 晚点旅客列车的赔偿安排与管理。

(4) 统计分析。

客调需记录各类数据，并对其进行汇总、统计、比较和分析，形成多种报表上报（如客流速报，客车报告，旅客列车正、晚点分析报告，列车实绩运行图，临客开行报告等），为管理层提供决策依据。

7) 行车安全监控保障子系统

行车安全监控保障子系统的主要功能是利用现场安装的各种监测设备，监视危及行车安全的主要自然灾害（地震、风、雪、降水、洪水）、突发事故、侵入物、长大隧道及固定设施（轨温、路堤滑移沉降、牵引供电）的状态，形成对各种灾害的预警和规避系统，并通过综合调度中心下达行车、救援及维修管理等命令。

行车安全监控保障子系统是一个逻辑相对独立的功能子系统，它在实际构成和运作方式上，同客运专线其他作业和管理系统具有不同程度的依存和依赖关系。作为一个较为特殊的子系统，将在后面章节做详细介绍。它主要分为以下几个功能模块。

(1) 环境、气象监控。

主要监视危及行车安全的自然灾害、气象灾害等，及时与行车调度取得联系，做好预防、救援及维修工作。

(2) 灾害、事故现场监视。

在发生自然灾害及事故的情况下，通过安全监控系统可在综合调度中心的大屏幕及本台的屏幕上显示现场图像。本台应监视其现场的变化，并结合相关信息，为灾害和事故的抢险、救援、抢修提供依据。

(3) 安全预警管理。

① 将各监测点及通过车站信息处理中心传上来的信息进行实时处理,并分门别类按有关限值进行标定,然后分别传送给列车运行调度子系统、电力调度子系统、综合维修调度子系统等,并提醒相关调度台采取相应措施。

② 对各种自然灾害信息,按日、月、季、年进行统计分析,制定相关报表,绘制必要的图像,并作为历史资料长期保存。

③ 在安全信息管理模块所搜集信息的基础上,进行分析、统计和预测,对常见事故提出预警等级,并传送到行车的各个部门,对防止相同事故的发生起到一定的抑制作用。对自然灾害的抵御和预防要经常与沿线地方气象台站及地震台站保持联系,获取其近、远期预报信息,并上报公司管理部门,形成初步的安全预警功能。

3. 功能模块层次结构图

客运专线综合调度的功能模块层次结构图如图10-9所示。

10.3.6 综合调度系统设备总体构成

综合调度系统设备由综合调度中心设备、车站、动车段(所)、综合维修段(工区)、综合维修管理中心、综合检测中心等基层站段及各种现场信息采集与执行设备、通信网络等组成。

在综合调度中心、车站、动车段(所)、综合维修段(工区)、综合维修管理中心、综合检测中心等地分别建立局域网,根据业务及系统要求设置应用服务器、通信服务器、数据库服务器、工作站、打印机、绘图仪和其他设备,集中处理各专业有关信息。各级局域网通过2 M的DDN专线或数据交换网构成广域网,实现综合调度中心对现场的控制、监视及调度命令的信息传输。

1. 系统局域网(LAN)

根据综合调度中心系统整体结构和各专业子系统应用的特点,综合调度中心局域网、车站综合信息系统局域网、动车段及综合维修段局域网采用双局域网结构,系统具有较高的可靠性和可用性。

动车运用所、综合工区的局域网系统采用单局域网结构。

在综合调度中心及各个车站、段(所)系统中,全部采用交换以太网,提供足够数量的端口,采用 TCP/IP 协议,网络拓扑结构采用星形网络结构,以保证单个用户的故障不会影响整个网络的运行,便于网络的建立与重新配置,便于控制与管理。

网络接口采用 RJ-45 标准,传输介质采用5类双绞线,线长超过100 m 时安装中继器。

2. 系统广域网(WAN)

综合调度中心系统与各个站、段系统之间采用广域网进行连接。采用 TCP/IP 网络协议和 OSPF、RIP 路由协议。

网络拓扑结构采用环形、星形网络结构。

各车站系统至综合调度中心系统采用环形网络拓扑结构,以保证某一节点或通道在单点故障时,不影响环形网络中其他节点的工作。

动车段、综合维修段、综合维修管理中心、综合检测中心系统至综合调度中心系统采用星形网络拓扑结构。

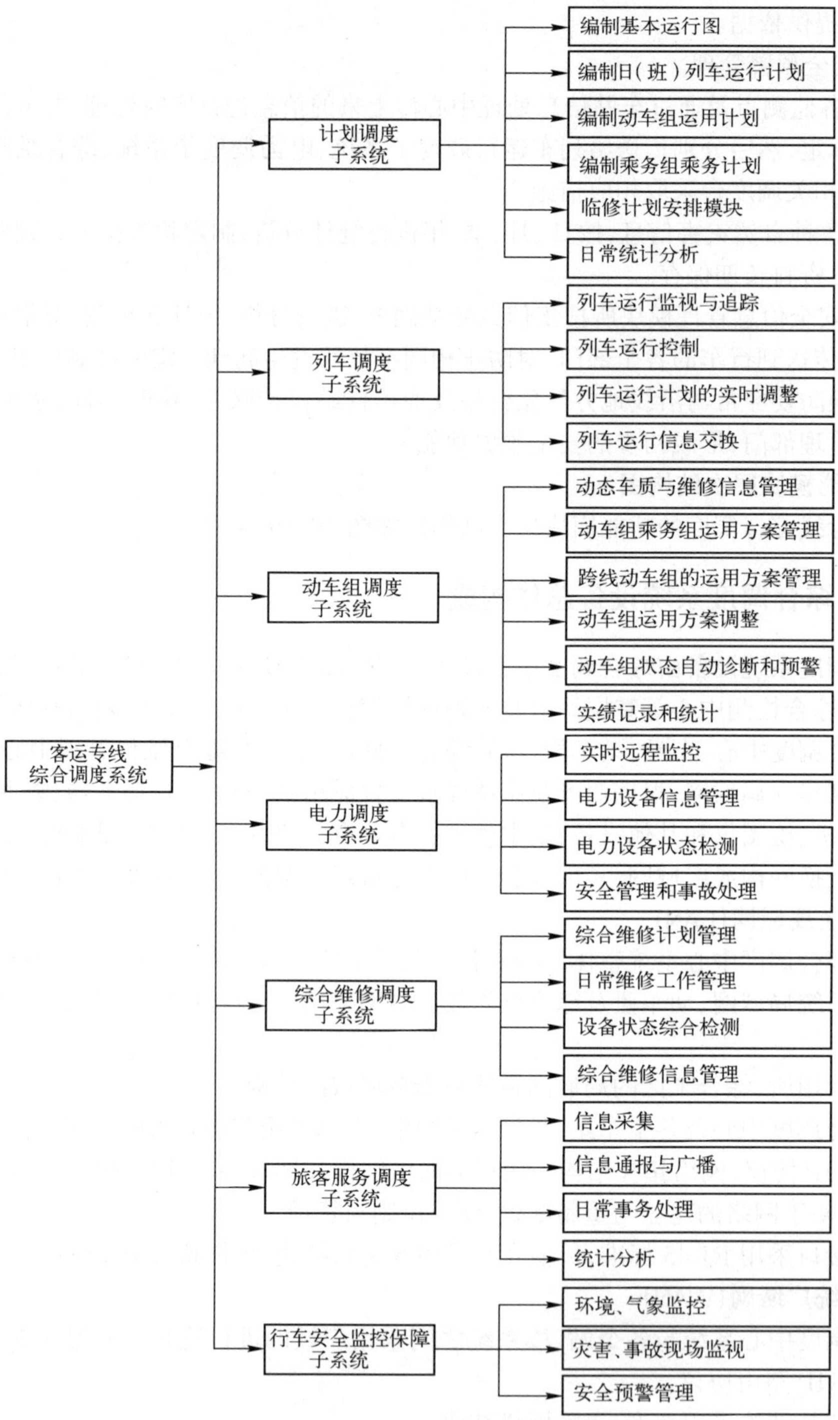

```
                              ┌─ 编制基本运行图
                              ├─ 编制日(班)列车运行计划
                    计划调度   ├─ 编制动车组运用计划
                    子系统    ─┼─ 编制乘务组乘务计划
                              ├─ 临修计划安排模块
                              └─ 日常统计分析

                              ┌─ 列车运行监视与追踪
                    列车调度   ├─ 列车运行控制
                    子系统    ─┼─ 列车运行计划的实时调整
                              └─ 列车运行信息交换

                              ┌─ 动态车质与维修信息管理
                              ├─ 动车组乘务组运用方案管理
                    动车组调度 ├─ 跨线动车组的运用方案管理
                    子系统    ─┼─ 动车组运用方案调整
                              ├─ 动车组状态自动诊断和预警
                              └─ 实绩记录和统计

  客运专线                    ┌─ 实时远程监控
  综合调度系统 ──┤ 电力调度    ├─ 电力设备信息管理
                    子系统    ─┼─ 电力设备状态检测
                              └─ 安全管理和事故处理

                              ┌─ 综合维修计划管理
                    综合维修   ├─ 日常维修工作管理
                    调度子系统 ┼─ 设备状态综合检测
                              └─ 综合维修信息管理

                              ┌─ 信息采集
                    旅客服务   ├─ 信息通报与广播
                    调度子系统 ┼─ 日常事务处理
                              └─ 统计分析

                              ┌─ 环境、气象监控
                    行车安全   ├─ 灾害、事故现场监视
                    监控保障   └─ 安全预警管理
                    子系统
```

图 10-9 综合调度系统功能模块层次结构图

动车运用所系统至动车段系统采用星形网络拓扑结构。

综合工区至综合维修段系统采用星形网络拓扑结构。

所有的入网通道都采用主备方式,以保证整个系统的可靠性。

所有干线通道为 2 M 数字线路，接口采用 G.703 标准。

在综合调度中心，各站段设立高精度 GPS 时钟同步系统，校准、统一整个系统的时钟。

10.3.7 与既有调度系统的结合

客运专线作为全国铁路网的组成部分之一，其运营与既有线有着密切的联系，与既有调度结合的设备构成包括相关既有站信息交换及监视设备、相关铁路局信息交换及监视设备、铁道部调度指挥中心信息交换及监视设备。

10.4 客票售检系统

全路计算机售票系统采用 3 级存储、3 级管理的模式，即铁道部、铁路局和客运站段 3 级管理，在数据存储上按照铁道部、地区中心和车站售票处 3 级存放，数据的存储采用了分布与集中相结合的方式。

客运专线从管理体制上有其特殊性，分 3 级管理，即铁道部、客运专线公司、客运站，客运专线公司管理相对较独立。在数据存储上按铁道部、地区中心和车站售票处 3 级存放。

客票售检系统采用中心与车站两级组网。在铁道部中心和区域中心与现有全路计算机客票预售系统联网，实现坐席数据库间信息交换。

中心自动售票系统由网络设备、中央主机设备、运营维护管理终端、中央发票机、车票制作系统及打印机等设备组成。

车站客票售检系统包括网络设备、车站主机设备、车站监视管理终端、自动售票机、窗口售票终端、自动检票机及打印机等设备。该系统设备均接入自动售检票系统局域网，直接完成全线各站有关客票的发售及自动识别检票。

10.5 客运专线客运营销及企业经营管理信息系统

10.5.1 体系结构

根据客运专线拟采用的管理体制，客运专线客运营销及企业经营管理信息系统由铁道部、信息中心和基层站段 3 层结构组成。

信息中心覆盖客运专线综合调度部门及客运专线上层管理部门，一方面，它是整个客运营销及企业经营管理系统的信息集中处理和存储的中心；另一方面，它为客运专线内部管理人员及社会用户或旅客提供信息浏览、查询及发布服务。

基层站段覆盖全线的车站、动车段、综合维修段、动车运用维修所、综合检测中心和大机段的各部门。一方面完成信息的采集，另一方面为基层站段人员提供信息查询、浏览、处理及发布服务。

同时，客运专线客运营销及企业经营管理系统接受铁道部的统一管理，并与客运专线综合调度系统及既有线信息化系统进行信息交换，一方面完成客运专线的信息业务服务，另一方面将客运专线客运营销及企业经营管理系统纳入铁道部及国家的信息化系统之内。

10.5.2 系统总体功能构成

客运营销及企业经营管理系统建立在基础信息平台之上,以信息为核心。系统的功能结构如图 10-10 所示。

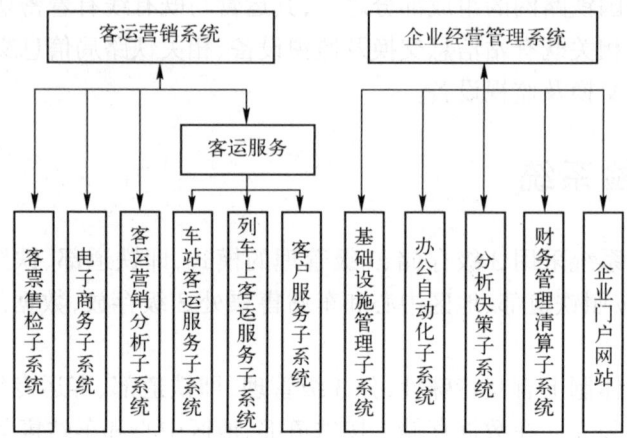

图 10-10　客运专线客运营销及企业经营管理信息系统功能结构图

10.5.3 系统设备总体构成

客运营销及企业经营管理系统由基础信息平台和架构于其上的各业务子系统组成。其设备如图 10-11 所示,由信息中心设备、基层站段设备及连接信息中心、基层站段的 IP 承载网构成。

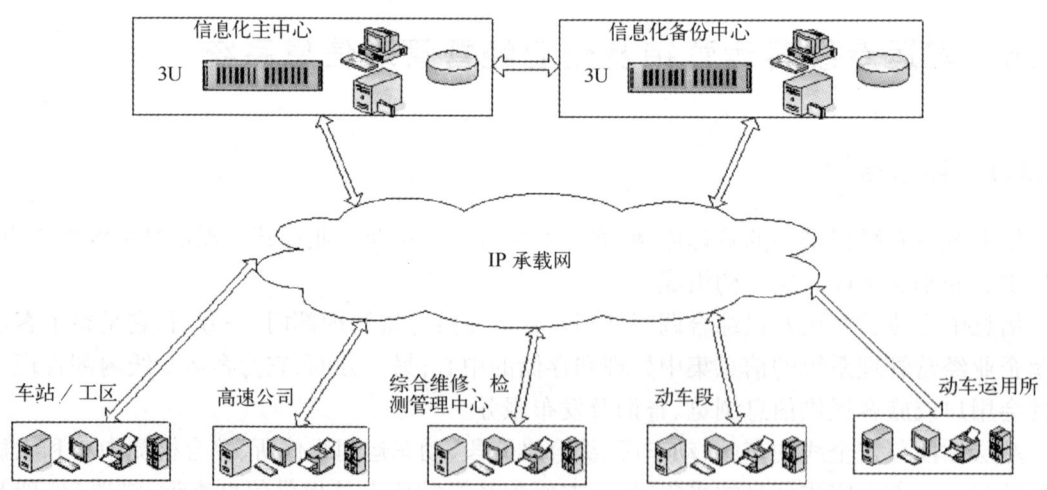

图 10-11　客运专线客运营销及企业经营管理信息系统总体设备构成图

1. 基层站段

基层站段包括车站、动车段(所)、综合维修段、综合检测中心、综合维修管理中心等。

基层站段设备包括办公自动化终端系统、身份识别(指纹/IC 卡)、手写/语音输入、多维条码采集器、数码成像设备、地理环境信息终端系统,分析决策终端系统,财务清算终端系统,财务专用打印机,门户网站维护终端系统及客户服务触摸查询系统。

网络接口采用 RJ-45 标准,传输介质采用 5 类双绞线,线长超过 100 m 时安装中继器,保证基层站段计算机实现 100 兆带宽连接。

根据站段规模和业务数量,分别确定站段设备配置。

2. 信息中心

其中客票售检、旅客服务及基础设备设施管理中心服务器由客票售检中心、综合调度中心统一设立。另外,在主中心设置多台应用服务器,提供办公自动化、地理环境信息、门户网站、分析决策、客户服务等综合应用服务。对于财务管理清算、电子商务系统分别设立服务器若干台。设立呼叫接入系统及呼叫坐席。设置 Web 服务器若干台。设立数据库服务器若干个,同时应实现 $N+1$ 保护。按照安全等级要求,分别为对外服务、财务、办公及其他应用提供数据服务,设置多套磁盘阵列及网络存储系统,保证各个应用系统的数据存储及备份。

根据需要,设置多套网管系统和网管工作站,对全网设备进行统一监控、配置和管理提高设备运行效率,降低设备故障,节约维护成本。

信息中心以 TCP/IP 方式组网,传输介质采用光纤,实现 1 000 M 连接。对于部分无法实现 1 000 M 连接的设备,提供 100 M 连接,传输介质采用 5 类双绞线。中心各种设备由线缆经过交换机连接到路由器,进入不同的网络,包括高速数据网、公众信息网,并提供与铁道部的连接通道,保证客运营销及企业经管理系统的互通互联。

容灾备份中心实现信息中心的数据备份和主要功能备份,故在结构上和信息中心类似,数量和性能上有所降低。

3. IP 承载网

信息中心与各个基层站段网之间采用广域网连接,采用 TCP/IP 网络协议和 OSPF、RIP 路由协议。使用环行网络拓扑结构;所有的网络通道均为主备方式,并形成自愈环。

10.6 行车安全监控保障子系统

10.6.1 行车安全监控保障子系统设计原则

行车安全监控保障子系统是综合调度的一个子系统,负责安全信息的综合处理,并通过综合调度系统下达行车管制、救援和维修管理等命令。

防灾系统设计满足高效适用、安全可靠、技术先进、经济合理的要求,系统本身不发生误报和漏报,不对其他系统正常生产产生不良的影响。

铁路沿线选用的室外型防灾设备应能防雨、防水、抗锈蚀、坚固耐用,重要的设备还应具有防盗性能。

行车安全监控保障子系统是针对超越客运专线各类固定和移动设备自身安全限度的灾害进行监测,其监测对象主要包括自然灾害、固定设施、移动设备和侵入限界等方面。

10.6.2 行车安全监控保障子系统的构成

行车安全监控保障子系统由事故救援和减灾系统、环境监测与灾害预测报警系统、列车运行控制与指挥系统、设施装备检测与诊断系统、设施装备维修与养护系统、行车安全基础管理系统 6 部分组成。由现场监测系统、车站级系统、综合调度中心系统及相应的信息传输网络构成，并且作为一个子系统接入综合调度系统。

行车安全监控保障子系统是构架在客运专线通信传输网基础之上的安全信息采集和监控系统。系统的逻辑结构如图 10-12 所示。

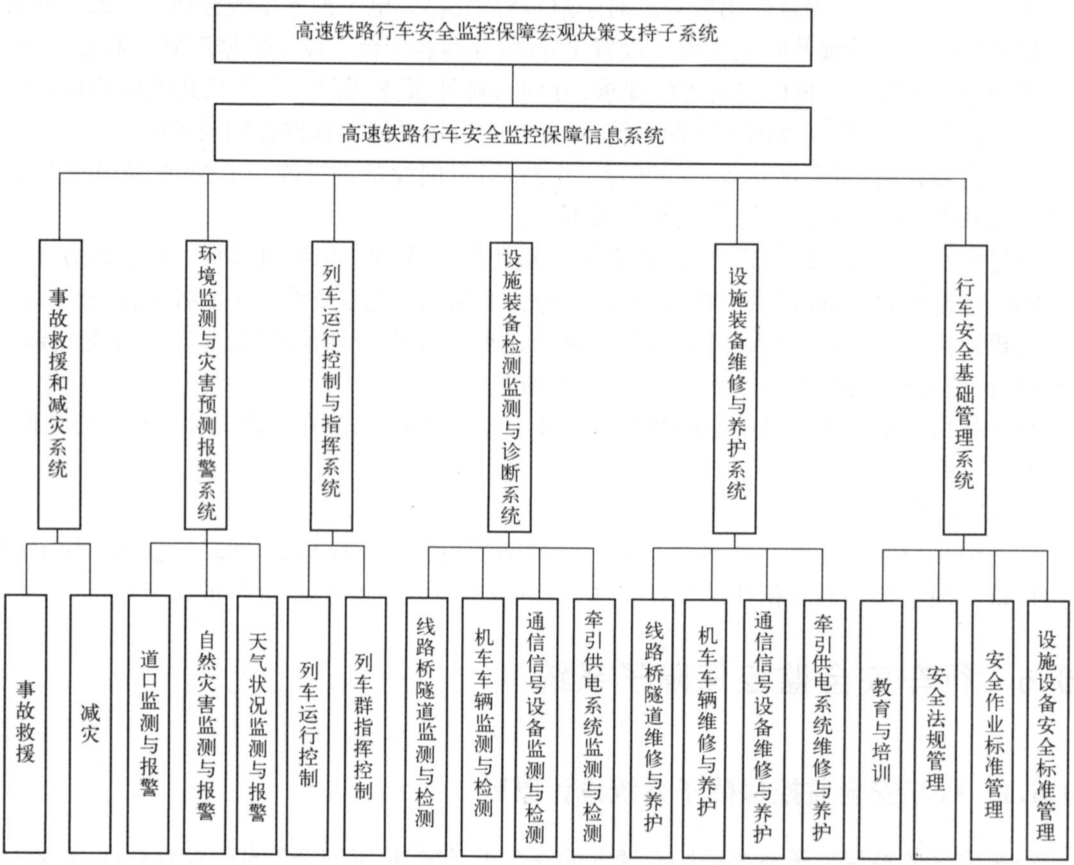

图 10-12 行车安全监控保障子系统功能结构层次图

由图 10-12 可见，客运专线行车安全监控保障子系统总体上可分为 3 个层次。第一层为执行决策层，这一层按任务性质可分为 6 大子系统，各子系统又可进一步划分成任务面更具体的几个方面。该层的基本任务是处理日常业务，维持客运专线运输系统每天在安全行车状态下正常运转（达到系统安全目标值），并收集原始的行车安全信息，这一层是最终完成客运专线安全保障任务的执行层。第二层为战术决策层，这一层所搜集到的丰富的原始资料，经过综合加工，为日常行车安全保障工作的综合管理提供决策支持。第三层为战略决策层，依据战术决策层提供的各类能反映客运专线行车安全概貌的主题信息，从宏观上掌握和控制全局的安全状况,用以支持客运专线发展的战略决策。这 3 个层次互为依存,构成了客运专线完整的行车安全监控保障子系统。

10.6.3 系统功能

1. 列车运行控制系统

功能:列车安全运行的实时控制。

在系统中的主要作用:依据子系统自身及其他子系统提供的信息,直接控制列车。

执行功能所需的信息:列车运行前方线路对列车通过速度的限制;运行列车自身的安全状态;列车运行区间前方线路的安全状态,前行列车距离等。

2. 行车指挥系统

功能:实时指挥调度列车群按运行图安全运行。

在系统中的主要作用:依据子系统自身及其他子系统提供的信息,直接控制和指挥列车群。

执行功能所需的信息:所有在线列车运行情况,包括运行列车的种类、位置、当前速度、列车安全状态(列车各部件工况)等,全线设施装备的安全状态,全线列车运行环境的安全状态,上层对行车调度的指令等。

3. 环境监测与灾害预测报警系统

功能:列车运行环境安全状态的监测,对异常状况和已经发生的灾害进行报警,或对可能发生的危及行车安全的灾害做出预测。

在系统中的主要作用:环境状态数据的实时采集,必要时对来自环境的不安全状态进行警告。

需要采集的信息:铁路沿线天气状况,包括一般天气状况和灾害性天气状况(强风、大雨、大雪等);自然灾害多发地段线路完整状况,线路塌方、泥石流等的灾情;道口等外部环境敏感点的安全状态等。

4. 设施装备的监测检测与诊断系统

功能:实时监测或定期检测设施装备的工作状况,在发现异常状态时,进行故障诊断,以查明原因;对直接影响当时列车运行的情况,必要时还需报警。

在系统中的主要作用:设施装备工况状态数据的采集和检测诊断分析。

需要采集的信息:实时监测设施设备的当前工况,定期检测设备的工况记录,设施装备的故障原因及可能的后果分析等。

5. 设施装备的维修及养护系统

功能:根据设施装备当前的运转状态进行相应的养护和维修,保证客运专线的所有设施装备随时都处于安全工作状态。

在系统中的主要作用:减少设施装备的故障发生串,排除发生的故障,维持设施装备的正常工作状态。

需要的信息:全线设施装备当前的工况和磨耗程度,出现故障的设施设备的型号和地点,设施装备的故障分析记录等。

6. 事故救援和减灾系统

功能:当系统中出现未能避免的重大事故,或发生危及行车安全的严重灾害时,迅速组织全面的救援减灾工作。

在系统中的主要作用：减低由事故和灾害带来的损失。

需要的信息：事故或灾害发生的时间、地点等，事故或灾害的规模、严重程度及即将进一步恶化的危害程度，事故或灾害地点附近的应急救援资源情况等。

7. 行车安全基础管理系统

功能：路内外人员的教育与培训，安全法令法规的管理（包括条例的制定、修改和执行监督等），安全作业标准管理，设施设备安全技术标准管理等几个方面，以保证系统日常良好的秩序和环境。

在系统中的主要作用：对人、机、环境及管理制度进行强制性的规范化管理。

需要的信息：员工素质状况；行车环境的有序情况；法令法规和规范标准的执行情况；目前的法令法规和规范标准在执行过程中存在的问题，需要进一步修正补充的有关内容。

8. 行车安全保障综合信息系统

功能：对行车安全保障工作基层执行情况的相关信息进行综合加工和处理，以提供保障行车安全的战术决策支持；为下级执行层提供综合查询信息。

在系统中的主要作用：行车安全保障工作基础信息的综合处理和加工，提供综合查询信息。

需要的信息：由下层各功能子系统定期或实时提供的、描述系统某一时间段内各区间站段行车安全状态的信息。

9. 行车安全保障宏观决策支持系统

功能：对系统行车安全保障工作执行情况的长期相关信息进行综合加工和处理，全局性行车安全状态的评估和预测，以提供保障行车安全的战略性决策支持。

在系统中的主要作用：行车安全保障工作综合信息的进一步综合处理和深加工。

需要的信息：系统行车安全历史状况长期的归档信息，多主题的、关于系统长期的年、月、季行车安全状况的统计分析结果信息。

10.6.4　行车安全监控保障子系统网络结构

综合调度中心防灾安全中心处理子系统设置在综合调度中心，由防灾安全监控主服务器、数据库服务器（含磁盘阵列）、防灾调度台、操作维护终端及网络交换机构成。监控主服务器采用双机热备方式，处理沿线报警系统传至中心的各类实时和非实时信息，并通过接口及协议转换器向综合调度系统发送信息。

沿线车站内设置车站接收记录分析装置及车站报警主机，将沿线信息点采集的报警信息汇集分析记录，并将处理后的信息传送至综合调度中心防灾报警主机。

沿线各信息采集点采用低频电缆连接至附近通信传输系统接入点，经过通信网将信息传送至临近车站。

行车安全监控保障子系统网络结构如图 10-13 所示。

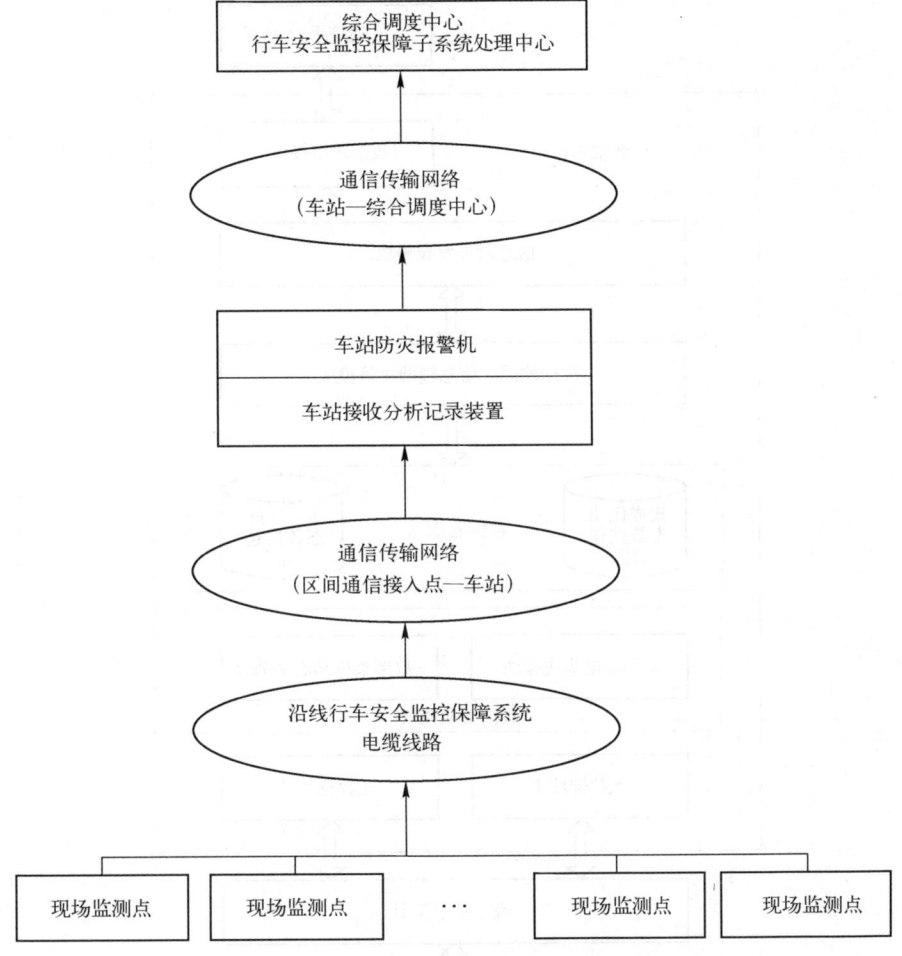

图 10-13 行车安全监控保障子系统网络结构示意图

10.7 综合信息共享与处理平台系统

在客运专线信息系统中，各个系统在整个系统中的重要程度不同，信息共享平台作为各系统信息传输的枢纽，必须充分考虑各个调度子系统接入特性、支持异构异域、多用户并发访问和海量数据的共享及能在满足各种功能需求条件下数据冗余最低的体系结构。

从信息流的角度出发可将信息共享平台分为数据接入层、内部结构层、应用服务层 3 个层次，并将信息共享平台分解为应用服务平台、安全管理平台、数据共享平台、网络通信平台 4 个平台来进行展开和深入研究。信息共享平台既包括各调度子系统中的静态数据，又包括上述各系统的实时动态数据，涉及的模块有数据融合模块、数据传输模块、各类静态数据库、各类动态数据库、共享数据库、数据智能分析挖掘模块、数据接入和智能分层组态模块、安全管理和控制模块、应用服务模块、业务数据重组模块、平台管理模块。图 10-14 为客运专线综合信息系统综合信息共享平台逻辑结构图。

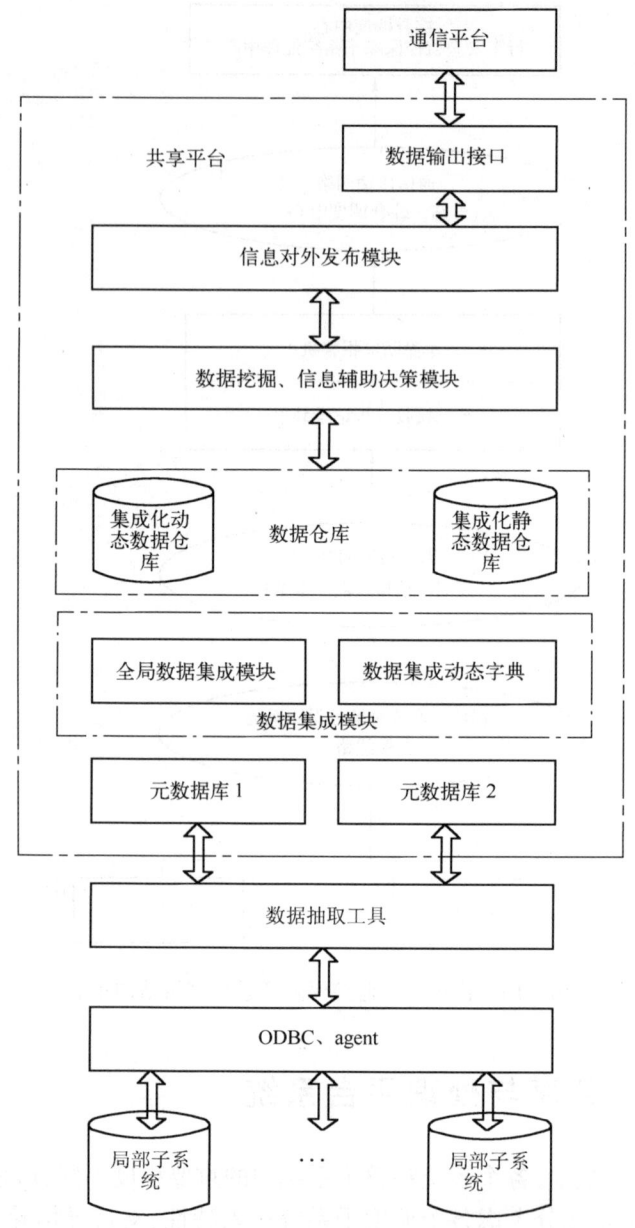

图 10-14 客运专线综合信息共享平台系统逻辑结构图

同时,针对各系统环境的多样性、对象行为的多变性,必须从系统科学的角度,研究系统结构分析、优化设计的理论和方法。

综合信息共享平台系统对处理的信息流程包括信息采集、信息传输、信息提供和信息发布4个过程。这些过程将各个子系统贯穿起来,实现从静态管理到智能动态管理。详言之,就是将来源各异、类型不同的专业信息或调度管理信息提取后,按照预定的规范和标准实现共享,以适应和满足各个系统功能、日常运营管理的要求,同时向公众提供全面的信息服务,提高各个生产环节的生产效率,并提升整个运输系统的竞争力。

10.8 信息系统网络安全管理措施

10.8.1 网络及信息安全

根据系统网络构成特点和安全防范体系的需要,采用下列安全防范措施。

除系统权限设计外,系统对安全、保密等方面有严格的要求,系统的安全保密设计主要从数据的安全保密方面考虑。进入应用程序时采用权限控制,每个系统根据权限和密码进入相应的软件模块和设定读取数据权限。综合调度系统、客票售检系统与高速客运营销及企业经营管理系统的接口采用安全接口设备和协议交换信息,确保生产网络与办公网络的隔离。同时,设置防火墙,将数据库、应用服务器按照安全等级进行隔离,保证系统安全;设置入侵检测、主页防篡改、安全认证服务器、防病毒服务器。

从系统设计方面考虑,在系统内部采用系统访问控制、资源访问控制、网络入侵检测、病毒防范与消除和网络系统冗余设计等手段进行防护,支持验证、访问控制、加密、审核等4个主要的安全特性。通过用户身份验证、IP地址访问限制、Web服务器权限访问控制和NTFS权限控制等方式来实现完整的访问控制。具体过程如下。

(1) 客户端向Web服务器提出请求。

(2) 如果服务器需要进行身份验证,则向客户端提出身份验证请求信息。浏览器既可以提示用户输入用户名和密码,也可以自动提供这些信息。

(3) 服务器将接收的客户IP地址与限制访问的IP地址进行比较。如果IP地址是禁止访问的,则请求失败,并且用户会收到"403禁止访问"消息,否则继续下面的审查。

(4) IIS检查用户是否拥有有效的Windows用户有效账户。如果用户没有,则请求失败,而且用户也将收到"403禁止访问"消息。

(5) IIS检查用户是否具有请求资源的Web权限。如果用户没有,则请求失败,并且用户会收到"403禁止访问"消息。

(6) IIS检查资源的NTFS权限。如果用户不具备资源的NTFS权限,则请求失败,而且用户将收到"401访问被拒绝"的消息。如果用户具有NTFS权限,则可完成该请求。

具体流程如图10-15所示。

10.8.2 其他措施

(1) 接地装置:采用综合接地体,接地电阻小于1 Ω。

(2) 雷电防护:采取机房屏蔽、合理布线、规范接地及装置相应的防雷保安器等,实行综合防护;雷电区室外计算机通信电缆设防雷保安器;防雷保安器接入不应影响系统的性能和信息传输。

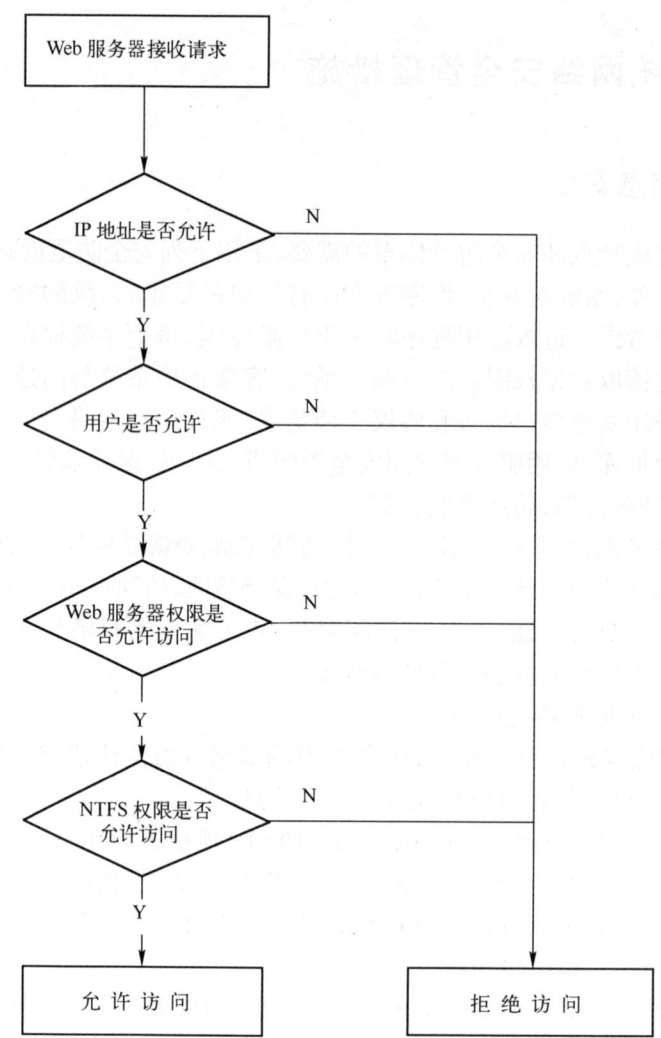

图 10-15 安全访问控制流程图

第 11 章 轮轨技术与磁浮技术的比较

20 世纪有轨交通领域最重大的新成果有两项,其一是 60 年代从日本首先兴起的高速轮轨列车。高速轮轨列车省时、安全、舒适、无污染、比飞机明显节能等优点已为世界所公认。继日、法、德之后,已有 10 多个国家和地区高速轮轨正在建设之中,其线路总长度已超过 5 000 多公里。其二是 70 年代由欧、美和日本相继开始研究和试制的磁悬浮。英国早在 20 世纪 80 年代中已建成从伯明翰机场到市区的低速常导磁悬浮列车实用线路。在取得一系列研究和实验成果后,1990 年日本开始建造速度为 500 km/h、长 48.2 km 的超导磁悬浮列车线路,并于 2003 年在山梨实验线路创下了磁悬浮载人 581 km/h 的世界最高记录。高速轮轨和磁悬浮已经成为新世纪交通领域最耀眼的技术,它们正把铁路推向了一个发展的新时代。

11.1 磁悬浮技术概述

磁悬浮技术的研究源于德国,早在 1922 年 Hermann Kemper 先生就提出了电磁悬浮原理,并于 1934 年申请了磁浮列车的专利。20 世纪 70 年代以后,为提高交通运输能力以适应其经济发展的需要,德国、日本、美国、加拿大、法国、英国等发达国家相继开始筹划进行磁悬浮运输系统的开发。

11.1.1 磁悬浮列车原理及分类

磁悬浮列车是依靠电磁吸力或电动斥力将列车悬浮于空中并进行导向,实现列车与地面轨道间的无机械接触,再利用线性电机驱动列车运行。磁悬浮列车分为常导型和超导型两大类,常导型也称常导电磁铁吸型(Electro-Magnetic System, EMS),以德国高速常导磁浮列车 TRANSRAPID 为代表,它是利用普通直流电磁铁电磁吸力的原理将列车悬起,悬浮的气隙较小,一般为 10 mm 左右,速度可达每小时 400~500 公里。而超导型磁悬浮列车也称超导磁斥型(Electro-Dynamics System, EDS),以日本 MAGLEV 为代表。它是利用超导磁体产生的强磁场,列车运行时与布置在地面上的线圈相互作用,产生电动斥力将列车悬起,悬浮气隙较大,一般为 100 mm 左右,速度可达每小时 500 公里以上。磁浮铁路也相应地分为常导电磁铁吸引式磁浮铁路和超导电磁铁相斥式磁浮铁路。

常导型磁悬浮列车也称常导磁吸型,以德国高速常导磁浮列车 TRANSRAPID 为代表,它是在车体两侧倒转向上的底部安装电磁铁,利用普通直流电磁铁电磁吸力的原理将列车悬起,与位于上方的导向轨相互吸引,使车辆浮起 1 015 mm,用感应线性电动机来驱动。这种方式悬浮的气隙较小,一般为 10 mm 左右,速度可达每小时 400~500 公里。

超导型磁悬浮也称超导磁斥型磁悬浮,以日本 MAGLEV 为代表。它是利用超导磁体产生的强磁场,列车运行时与布置在地面上的线圈相互作用,产生电动斥力将列车悬起,悬浮气隙较大,一般为 100 mm 左右,速度可达每小时 500 公里以上。

11.1.2 磁悬浮列车的特点

磁悬浮列车属于陆上有轨交通运输系统,保留了轨道、道岔和车辆转向架及悬挂系统等许多传统机车车辆的特点,同时消除了轮轨之间的摩擦,线路的垂直负荷小,适合于高速运行;由于磁悬浮采用了导轨结构,不会发生脱轨和颠覆现象,提高了列车的安全性和可靠性;磁悬浮列车没有钢轨、车轮、接触导线等部件,省去了大量的维修工作和费用;机械振动和噪声小,无废气排出和污染,有利于环境保护;能充分利用能源获得较高的运输效率;列车运行平稳,旅客的舒适度高;磁悬浮列车可以实现全盘的自动化控制。因此,磁悬浮将会成为未来最有竞争力的交通工具。

11.1.3 磁悬浮列车的发展与现状

德国于1971年造出第一辆常导磁悬浮原理车TR01,日本于1972年造出第一辆超导磁悬浮原理车ML100以来,得益于电子、计算机控制技术的发展和30多年的改进、研制和开发,磁悬浮列车逐步向实用化方向迈进。目前,德国和日本分别发展了不同类型的高速磁悬浮系统,德国发展了常导型(TR系列);日本发展了超导型(ML、MLU、MLX系列),由于它们的悬浮原理和系统技术完全不同,因此不能兼容并存。

目前,中国对磁悬浮铁路技术的研究还处于初级阶段。经过铁科院、西南交大、国防科大、中科院电工所等单位对常导低速磁悬浮列车的悬浮、导向、推进等关键技术的基础性研究,已对低速常导磁悬浮技术有了一定认识,初步掌握了常导低速磁悬浮稳定悬浮的控制技术。6吨单转向架磁悬浮试验车的研制成功,为低速常导磁悬浮列车的研究提供了技术基础,填补了我国在磁悬浮列车技术领域的空白。特别是2003年世界第一条商业运行的磁悬浮线路在上海通车,标志着我国磁悬浮的应用进入了一个新的时代。

11.2 轮轨技术和磁浮技术适应性比较分析

客运交通的发展,应当结合本国国情和经济实力。日、法等国着眼于高速铁路和城郊快速铁路,缓解了城市的交通弊端,给我国的交通发展以很大启示。我国交通发展起步不久,宜着重发展能耗低、污染轻、适应我国经济力量及人们承受能力的交通工具,使各种交通工具协调发展、互相促进、互为补充。

11.2.1 与既有铁路技术的兼容性

从磁悬浮和高速轮轨列车的运行原理来看,磁浮线路不具备与轮轨列车共线运行的兼容性。虽然德国在理论上研究认为轮轨列车与磁浮列车可以共线运行,但仅仅停留在理论上,即使可能也只有考虑在进站很短距离内的共线。

在德国,有一种观点认为,如两头换乘时间之和等于或大于中间运行时间时,这种中间段的高速交通工具将无人乘坐。因此,如果建设磁浮列车线路,必然造成大量旅客换乘。德国科隆—法兰克福和柏林—汉诺威采用轮轨高速铁路不采用磁悬浮的原因就在此。我国所有路网中干线不宜采用磁浮线路,同样有这方面的原因。以京沪线为例,如果采用轮轨式高速铁路,由于可与普通铁路兼容,从西安到上海的旅客,乘普通列车到达徐州后,可以很方便地随车转上京沪高速铁路直达上海。如果建设的是磁浮式,由于与普通铁路不兼容,旅客到达徐州后,必须下车到磁浮高速车站,换乘磁浮高速列车到上海。虽然在磁浮高速列车上节省了一些时间,但在徐州需要换乘。

这种情况决定了磁浮线不能利用可能吸引的客流来增大自己的运量。因此,磁浮线的运量将大大低于轮轨式高速铁路。只有磁浮线路成网后,可消除换乘。然而传统铁路已达一百多万公里,磁浮列车网要达到一定规模,且不论资金的可能性,其所需时间也不可能太短。

与之相比,轮轨高速铁路轨距、限界与普通铁路相同,荷载也接近。因而在有条件时,高速线上的高速列车可以驶离本线至普通铁路继续运行。在普通铁路尚未具备电气化等基本条件且高速车底又不多时,可以让普通客车进入高速线运行,能很好地解决跨线旅客运输,使旅客在高速线上节省旅行时间而无需换乘直至普通线的到站。反之,也能充分发挥高速线大运能的优势,尽可能多运送旅客,从而提高高速铁路的经济效益。

11.2.2 与既有运输设备的衔接

磁悬浮与既有的运输设备的衔接不是很理想,由于磁浮铁路与常规铁路在原理、技术等方面完全不同,因而无法利用既有线,难以在原有设备的基础上进行利用和改造,必须全部重新建设。高速轮轨则不同,可以通过加强路基、改善线路结构、减少弯度和坡度等方面的改造,使既有线路或某些区段达到高速铁路的行车标准。日本 1964 年投入运营并大受欢迎的东京至大阪的新干线,在没有对机车做重大改进的情况下,仅通过修建曲线半径较大、没有急转弯和陡坡较小的铁路等方法,使列车速度大大提高。再如德国的汉堡至柏林既有铁路线,经过技术改造后,某些区段的最高速度可达 230 km/h。此外,欧洲一些国家,如德国、瑞典、意大利等国的设计人员,还采用摆式车体,在无须对既有线路进行改造和更新的情况下,使列车行驶速度提高到 220 km/h。在对既有线路进行高速铁路改造的过程中,还可以实现高、中速混跑,列车根据不同区段的最高限速以不同的速度行驶。与磁浮铁路的全部重新建设相比,高速轮轨的线路和运行成本大大降低。

因此,磁悬浮列车的兼容性是一个严重的问题,磁悬浮铁路不具备交通运输的"通用性"、"网络性"、"兼容性",使得磁悬浮的快速的特点无法充分体现。

11.2.3 对地质、地形、天气的要求

运行原理的差异使高速轮轨的爬坡能力远小于磁悬浮列车,常速下其爬坡能力一般限于 35‰ 的坡道,在高速情况下大约限于 15‰ 的坡道。磁悬浮列车运行的坡道可达 60‰~100‰,即达到高速列车的 5~6 倍。

由于选线因素的灵活性,磁悬浮的线路可以高度适应地形情况,即使在丘陵地区和山地,磁悬浮线路需要建造的隧道也要比传统铁路少得多。以英国为例,丘陵起伏的地形是建设磁悬浮列车的理想地形,可明显缩短线路的长度,灵活选择理想的线路。这意味着在建设桥梁和隧道方面不必进行太大投入,周围山脉目前未被使用的隧道也可用于该路线,从而减少线路投资。汉诺威与维尔茨堡之间新建的 ICE 城际高速铁路,有三分之一以上的路段要穿过隧道,如果选用磁悬浮高速线路,只有 10% 的路段需要建造隧道。

磁悬浮的高架线路或地面线路,都对水文地质没有影响,这是磁悬浮高速铁道线路的另一个重大优点。与传统的建筑方式相比,磁悬浮线路支架基础对地层的侵扰很小。正常情况下,采用的是平面基础,甚至还到不了一般住宅地下室的深度。

同时,天气对于磁悬浮的影响也比高速轮轨小。在传统的轨道系统中,架空线路结冰的话,会迫使运营停止。但在磁悬浮高速铁道上不会发生这种情况,磁悬浮高速列车的驱动部分安装在线路支撑梁的底下,受到很好的保护,那里既不会积雪也不会结冰。另外,高架线路由于磁悬浮列车的运行不易形成积雪。磁悬浮的这些优点使它具有更大的天气适应性。

11.3 轮轨技术和磁浮技术的技术经济特征比较分析

11.3.1 速度

轮轨高速列车与磁悬浮列车两者所创的最高速度,前者为法国 TGV 列车所创的 574.8 km/h,后者为日本磁悬浮列车 2003 年在山梨实验线路所创载人 581 km/h。

就技术潜力而言,高速轮轨要在 500 km/h 的超高速下安全载客运营是很困难的,因为它的黏着系数随着速度上升而急剧下降。例如,日本高速动车在速度 500 km/h 下黏着系数只为常速的 1/10,即总动轴轴重相等的列车,在超高速下的最大牵引力只有常速下的 10%。同时,高速列车的轴重比常速列车小得多,因此在超高速下动力集中模式的高速轮轨除了牵引自重外,用于牵引旅客的牵引力很少。

磁悬浮列车则不然,它的牵引力与黏着无关;因此并不因高速而限制牵引力,它的速度即为直线电动机的行波磁场速度。理论上,常导磁悬浮列车可达 400~500 km/h,超导磁悬浮列车可达 500~600 km/h。它的高速度使其在 1 000~1 500 公里的旅行距离比乘坐飞机更优越。因此,对于磁悬浮列车来说只要选择适当的参数就可以达到 500 km/h 或更高的速度,而高速轮轨列车只有在 200~400 km/h 的速度范围才能发挥应有的作用。

11.3.2 节能性

高速轮轨的能耗主要由空气阻力和摩擦力产生,这部分能耗与列车运行速度的三次方成正比。高速轮轨与磁悬浮列车的能耗中,由空气阻力产生的损耗与列车的头形、车下结构的平滑程度等关系密切。两种高速列车在这方面都采取了不少新措施,其空气阻力损耗本质相同,但在其他方面还是有区别的。

首先,轮轨高速有电机传动齿轮、轮轨和轴承各相对运动部件之间的摩擦损耗及振动、冲击等产生的能耗。磁悬浮列车没有这些损耗,但直线电动机为建立行波磁场需消耗比旋转电机更多的电能。为了节省直线电动机中的能耗,在日本山梨线上超导磁悬浮列车的长定子同步机推进系统中,作为定子的整条轨道采用不完全带电的办法,只有在列车通过时的那段定子线圈才有变频电流。随着列车的前进,通电段随之前移,通电线圈的长度大为缩短,从而达到节电的目的。据称这种超导磁悬浮列车所需的能量是同运量飞机的 50%。

其次,磁悬浮列车的节能得益于列车截面积的大幅度减少。就日本来说,与新干线 0 系高速列车相比,磁悬浮列车截面积缩小了 35%,这在一定程度上会影响载客量或舒适性,但可明显节能和节省隧道投资。磁悬浮列车上高强度轻质材料和薄壳结构等类似飞机上减轻自重措施的采用,使能耗量进一步下降。

磁悬浮列车与高速轮轨(ICE)耗电量在相同速度和相同的座位宽敞程度下的对比,折算到每人(座)公里,如表 11-1 所示,括号中的数字是磁悬浮列车在增加座位密度后的耗电量。

表 11-1 磁悬浮与 ICE 耗电量对比   单位:W·h/座公里

v_{max}/(km/h)	轮轨高速列车	磁悬浮列车	对 比 值
100	27	27(19.5)	1(0.72)
150	28	28(20)	1(0.71)
200	31	31(22)	1(0.71)
250	45	38(28)	0.84(0.62)
300	70	46(34)	0.66(0.49)
400	—	63(48)	—

在速度相同和座位宽敞程度也相同的情况下,磁悬浮列车的座公里耗电量是高速列车的 66%(高速)～100%(较低速),节电量随速度升高而增加;但其增幅有所下降,400 km/h 运行的磁悬浮列车人均能耗与 270 km/h 的高速列车大致相同。在相同速度下,如果磁悬浮列车座位密度尽可能增加,其耗电量只是高速列车的 49%(高速)～70%(较低速)。

11.3.3 最初投资及成本计算

磁浮铁路的造价与高速铁路相比,费用昂贵。根据日本方面的估计,磁浮铁路的造价每公里约需 60 亿日元,比新干线高 20%。根据德国在 20 世纪 80 年代初的一项估算,修建一条复线磁浮铁路,其造价每公里约为 659 万美元,而法国的巴黎至里昂和意大利的罗马至佛罗伦萨的高速铁路每公里的造价只分别为 226 万和 236 万美元。现在,若把德国规划中的汉堡至柏林 292 公里长的铁路建造成为磁浮铁路,其初步预算就达 59 亿美元,约合每公里 2 000 万美元。磁浮铁路所需的投入较大,利润回收期较长,投资的风险系数也较高,从而也在一定程度上影响了投资者的信心,制约了磁浮铁路的发展。

表 11-2 是日本田中寿等及德国弗尔斯特等专家在技术交流会上介绍的资料和已建成的轮轨高速资料对比。

表 11-2 磁浮铁路和轮轨高速资料对比

国 别		线 名	总长/km	总造价	每公里造价
日本	磁浮	山梨	18.4	2 000 亿日元	108.7 亿日元
	轮轨	东北新干线	492.9		49 亿日元
	轮轨	东海道新干线	515.4		37 亿日元
德国	磁浮	汉堡—柏林	284	89 亿马克	0.313 亿马克
	轮轨	汉诺威—维尔茨堡	327	11 亿马克	0.34 亿马克
	轮轨	曼海姆—斯图加特	99	36 亿马克	0.364 亿马克

磁浮高速线路的下部工程与轮轨系统无异,都是桥或路堤,造价相当;但由于前者土木工程精度要求高,路基或桥基本上要求无下沉量,特别是德国的常导起浮高度仅 10 mm,要求几

何位置基本上无位移,因此增加了基础处理费用。桥面或路基以上部分,轮轨为道碴、轨枕、钢轨等(或整体道床),磁浮则为德国的长定子支承梁及导轨等,或日本超导的钢筋混凝土U型槽、线圈及导轨等。这些设备均比轮轨的上部建筑造价高,据资料显示,日本为轮轨上部建筑的1.2倍,德国为1.1倍。牵引供变电站的造价,磁浮由于容量大,逆变设备(GTO)多而比轮轨高得多,估计约贵5倍左右,且变电站数量要比轮轨多。

综上分析,磁浮铁路的总造价约为轮轨高速的1.5~2.0倍。

据估计,我国轮轨高速列车的最初投资可能在0.72亿人民币/公里左右。如果在沪杭之间建造磁悬浮列车线路,借用上表中德国的经验数据,除去必要的研究费,包括昂贵的磁悬浮列车在内,最初投资估计约在1.2~1.4亿人民币/公里。故沪杭线磁悬浮列车若采用双线,其土地的费用按传统的低值考虑,则总投资约为200亿人民币。

11.3.4 土地使用量

土地是最重要的环境资源。磁浮铁路作为大容量公共交通工具,与轮轨铁路一样,对土地的占用量少于高速公路。同时,由于磁浮铁路在同等速度下容许的曲线半径比轮轨铁路小($v_{max}=300$ km/h 时,轮轨铁路 $R_{min}=4\,000\sim5\,000$ m;磁浮铁路 $R_{min}=1\,590$ m)、坡度比轮轨铁路大(轮轨铁路 $i_{max}=40‰$,磁浮铁路 $i_{max}=100‰$),线路能够更好地适应地形,减少填挖工程数量,从而使土地被占用和地表被破坏的数量比轮轨铁路更少。

德国通过实际研究,得到同一地形条件下磁悬浮铁路与轮轨铁路的用地数量和土石方数量比较,见表11-3。

表 11-3 磁悬浮铁路与轮轨铁路的用地和土石方数量比较

指标	线路长度/km	磁悬浮铁路		轮轨铁路	
		平原	中等山区	平原	中等山区
平均用地 /(m²/m)	100	22.0		24.8	
	200	23.2	24.4	26.2	43.5
平均石方 /(m³/m)	100	11.6		72.7	
	200	11.8	42.0	77.1	184.6

在平原地区,磁浮铁路与高速轮轨铁路的用地数量和土石方数量比较接近。由于在平原地区磁悬浮铁路采用高架方式,与地面方式的造价相差不大,而平原地区一般人口居住密集,各种道路密度大,为减少对交通、行人的干扰,磁浮铁路更多地采用高架方式。因此,线路的平均占地比轮轨铁路略低。在山区,磁浮铁路在选线参数上的灵活性得到充分体现,填挖高度将显著低于轮轨铁路,从而使路基开挖宽度和开挖断面面积大为减少,占地面积和土石方数量分别约只有轮轨铁路的1/2和1/4。而这些结果建立在磁浮铁路行车速度高于轮轨铁路的基础之上,更拓展了其发展空间。

11.4 轮轨技术和磁浮技术控制模式比较分析

磁悬浮列车和高速轮轨的运行原理不尽相同,但磁悬浮运行控制系统的基本任务和传统

轮轨列车类似,即要根据运行计划,办理列车运行进路,保证进路正确安全;实时控制和监督列车运行速度,防止列车超速;调整列车追踪间隔,保证运行安全,提高运输效率;提供旅客服务信息,提高服务质量。这些要求在磁悬浮交通中由地面的运行控制系统自动完成,在轮轨交通中这些功能主要起辅助司机驾驶的作用。

高速轮轨自动控制系统(ATC)由列车自动驾驶系统(ATO)、列车自动防护系统(ATP)、列车自动监控系统(ATS)3部分组成,磁悬浮控制系统(OCS)的基本功能和ATC相似,也可以分为这几个部分。由于磁悬浮列车特殊的运行原理,对它的运行控制系统提出了特殊的要求,比如由同步控制产生的测速定位的精度要求、自动控制产生的大容量信息传输等。下面将从这几个方面对两个系统进行比较。

11.4.1 列车定位和测速

准确实时的定位测速对高速轮轨铁路或磁悬浮运行安全都至关重要。对磁悬浮而言它还是列车驱动的需要,这与磁悬浮列车的运行机理有关。要控制磁悬浮列车运行并保证最大的驱动和制动力,必须保证定位精确并且连续,定位误差要求小于 12 mm。另外,由于变电所仅向列车经过的区段供电,其供电区段的开关控制也要求高精度连续的位置检测。

传统轮轨列车测量列车速度和位置的方法有两类,第一类是利用各种轨道电路进行测速,第二类为非轨道电路列车检测法。非轨道电路法包括雷达收发机、卫星定位法、多普勒雷达测速等。轨道电路法目前使用的极为广泛,但它的信息处理能力远不如非轨道电路法,无法满足高速列车运行对测速和定位的要求,需要对位置参考点进行位置校正。

由于磁悬浮列车与轨道完全无机械接触,它的定位测速可以采用非轨道电路法及根据磁悬浮特点研究的新的方法。在德国 ICE 试验线上,采用了定子组齿槽定位和车辆位置增量数据采集系统进行定位。它们的原理是:定子组齿槽定位充分利用了磁悬浮运行机理所具有的特点进行列车定位。列车驱动利用长定子同步直线电机原理,电机的励磁磁铁安装在列车上,而嵌有三相线圈的定子排列在导轨上。电机的极距用 t_p 来表示(德国 TR 列车为 258 mm,定子周期长度为 516 mm)。另外,为利用车辆运行给车辆电池充电,在每个励磁磁极中还集成了直线发电机的感应线圈。只要励磁线圈有励磁电流,列车悬浮状态运行,在直线电机感应线圈中感应出与周期长度为定子周期长度($2t_p = 516$ mm)的交流电信号,这样只要测定电流的频率 f,则可得列车运行速度为 $v = 2 \times f \times t_p \times 3.6 = 1.857\ 6$ km/h。这样累加经过的极距数,就可以确定列车的位置。

日本高速磁悬浮的测速定位由测速定位系统完成,该系统由车载设备和地面设备组成,采用无线感应环线方式。其原理为:车载设备中的位置信号振荡器产生高频振荡信号,列车运行中通过车上的矩形线圈向地面矩形感应线圈发送信号,在列车经过的地面矩形感应线圈中感应出高频信号,由与地面感应线圈相连的定位器接收处理后测定列车的位置和速度,然后传给路边的控制中心,而不需要从车上将位置速度信息传到地面。这种方式可以实现位置的连续测量,其测量精度很高,误差仅在几个毫米。

11.4.2 车地间的信息传输

列车和地面传输的信息大致可分为两类:安全信息和非安全信息。安全信息直接关系列车的运行安全,主要包括列车的位置和速度信息、速度限制信息、运行权限等,它的确定和传输一般采用冗余通道来保证安全;非安全信息包括旅客服务信息等。一般来说,系统的自动化程度越高,对信息传输的要求也就越高。

在高速轮轨交通中,对信息传输的要求有一个发展的过程。在固定闭塞的情况下,编码的轨道电路是列车行进中车上与地面信息传输的主要通道,轨道查询应答器、轨间电缆等作为列车位置参考点为列车提供绝对位置信息。列车的运行权限在列车通过定点位置时由地面以机车信号的形式发送给列车。在这种情况下,信息传输量相对较小,属点式传输。而在基于无线通信的移动闭塞情况下,需要列车将位置和速度信息连续地传给无线闭塞中心(RBC),RBC再将运行权限和限速等信息发送给列车。为了满足信息传输需求并减少路边设备和设备成本,采用了无线传输(如 GPS)为主,查询应答器为绝对位置参考点的信息传输方式。

对于磁悬浮列车,它的运行控制主要在地面,要求控制中心、地面设备和列车之间进行实时的双向通信,要求信息具有很高的实时性。列车的安全高速运行控制、大量设备的监控、优质的旅客服务信息等要求信息传输安全,可靠,高速和高容量。日本山梨试验线列车与地面设备之间的通信采用多通道冗余方式来保证传输的可靠性,用于定位测速的轨间电缆作为主要的传输通道。地面向列车传输监控信息及遥感命令,列车的实时速度及位置监测在地面完成,由地面传输给车上的信息只是起监督的作用,用于紧急情况下控制列车紧急刹车。另外使用漏泄同轴电缆作为冗余通道可以实现车地双向通信。

11.4.3 列车追踪间隔控制及速度防护

在传统轮轨铁路中,闭塞的出现完全是为了保证列车安全运行间隔,防止发生列车碰撞。闭塞可分为固定闭塞和移动闭塞两种。固定闭塞就是将线路分成固定的区段,每个区段为一个闭塞分区,当分区内有列车占用时,其他列车不能进入,以避免发生列车碰撞。移动闭塞则是基于无线通信的一种技术,它的出现主要是为了在保证列车安全的情况下提高线路行车密度。在移动闭塞情况下,后行列车的位置不受固定区段的限制,只与前行列车的位置有关,保证了列车最小运行间隔。

在磁悬浮交通中,列车运行间隔等于一个供电区段的长度,这是由一个变电所只能控制一辆列车决定的。其供电区段为一个闭塞分区,当供电区段有列车占用时,后行列车不允许进入。分区开放条件不同,磁悬浮闭塞分区开放条件为:①线路被清空;②闭塞区间中没有列车占用;③完成了分区间的电源切换。由于列车的驱动由列车经过的区段供电进行控制,在供电区段开关控制正常的情况下,后行列车是无法进入被占用区段的,这就在很大程度上避免了列车碰撞事件的发生。无论 ATC 还是 OCS 都会对列车的最大速度进行监督,一旦发生超速将启动制动装置。传统列车的速度防护采用分级控制或速度模式曲线控制方式,模式曲线控制方式最符合列车制动过程,能进一步缩短列车运行间隔距离,是各国系统发展的共同趋势。模式曲线控制方式在不同的闭塞方式下有不同的距离-速度控制曲线。在移动闭塞情况下,控制的目标距离在于前行列车所在位置,因此这种情况能获得列车最小运行间隔。磁悬浮列车采用前行车所在闭塞分区的入口为目标点的速度距离模式控制方式,被称为准移动闭塞方式。

由于德国 TR 列车轨道采用高架结构,考虑到危险情况下旅客的疏散、速度防护要求,对最小速度进行监控。限制最小速度是为了保证出现故障(如断电、火灾)时,列车有足够的动能

第 11 章 轮轨技术与磁浮技术的比较

或势能运行到停车点(设在车站与车站之间)或车站停下,以便乘客疏散。

在中国,高速磁悬浮运行控制系统的研究还刚刚起步,有很多可以研究的领域,如精确的测速定位技术、高速大容量信息传输系统、运行控制仿真建模技术等。上海磁悬浮列车的技术和运营给磁悬浮技术在中国的发展带来了很好的契机。同时,由于磁悬浮 OCS 与传统列车 ATC 具有很多相似之处,可以相互借鉴、相互促进。

11.5 轮轨技术和磁浮技术动力系统比较分析

11.5.1 轮轨技术的动力系统

1. 牵引动力概述

列车要达到高速运行,必须具有大功率的牵引系统。目前普通旅客列车所需牵引功率大约为 2 000~3 000 kW,如果列车行车速度要达到 300 km/h 以上,牵引功率大约需要 10 000 kW。这样大的高速列车功率,通常只有电力牵引才能获得。随着近代大功率电力电子半导体元件及电子计算机控制技术的发展,出现了大功率交—直—交变流技术。

高速列车所需要的牵引调速性能,不是简单的机械变速传动方式,而是电传动方式。即机车从电网获得电能,然后通过交流器调节该电能的电压、频率等实现电动机调速,带动列车轮对旋转使列车前进。电传动系统一般分为交—直和交—直—交等类型。

交—直电传动是将机车从供给电能的接触网经受电弓获得的交流电,再经整流器将其变成电压可调的直流电,供给直流电机牵引列车,通过改变电压实现变速。但由于直流牵引电动机结构复杂,电刷易磨耗,维修量大,单位重量比功率小等原因,不适合高速列车。

交—直—交电传动是将获得的单相交流电,经交流器变成直流电,再经逆变器将直流电变成电压和频率都可调的三相交流电,供给三相交流电动机,驱动列车。当今高速列车都采用交—直—交电传动方式,它具有可实现大功率、交流电机重量轻、少维修、利于轮轨黏着、易实现再生制动等一系列优点,这些都符合高速轮轨列车的需求。

2. 牵引模式

目前,高速列车的动力系统都是采用电力牵引,国际上常用的有动力集中式和动力分散式两种。

当前高速牵引的主要方式是采用动车牵引。它能将高度集中的牵引动力配置方式变得较为分散,克服了传统列车牵引方式总功率受限制的缺点,从而使运行速度进一步提高,这种牵引方式多用于新建的客运专线。

11.5.2 磁浮技术的动力系统

磁悬浮列车主要由悬浮系统、推进系统、导向系统、牵引供电系统 4 大部分组成。尽管可以使用与磁力无关的推进系统,但在目前的绝大部分设计中,这 4 部分的功能均由磁力来完成。

1. 悬浮系统

目前悬浮系统的设计,可以分为两个方向,分别是德国所采用的常导型和日本所采用的超

导型。从悬浮技术上讲就是电磁悬浮系统(EMS)和电力悬浮系统(EDS)。

电磁悬浮系统(EMS)是一种吸力悬浮系统，是结合在机车上的电磁铁和导轨上的铁磁轨道相互吸引产生悬浮。车辆下部的导向电磁铁与轨道磁铁的反作用使车轮与轨道保持一定的侧向距离，实现轮轨在水平方向和垂直方向的无接触支撑和无接触导向。此时悬浮和导向实际上与列车运行速度无关，在停车状态下列车仍然可以进入悬浮状态。

电力悬浮系统(EDS)将磁铁使用在运动的机车上以在导轨上产生电流。由于机车和导轨的缝隙减少时电磁斥力会增大，从而产生的电磁斥力提供了稳定的机车的支撑和导向。机车速度过低无法保证悬浮，必须安装类似车轮一样的装置对机车在启动和停止时进行有效支撑。

超导磁悬浮列车的车辆上装有车载超导磁体并构成感应动力集成设备，而列车的驱动绕组和悬浮导向绕组均安装在地面导轨两侧，车辆上的感应动力集成设备由动力集成绕组、感应动力集成超导磁铁和悬浮导向超导磁铁3部分组成。当向轨道两侧的驱动绕组提供与车辆速度频率相一致的三相交流电时，就会产生一个移动的电磁场；因而在列车导轨上产生磁波，这时列车上的车载超导磁体就会受到一个与移动磁场相同步的推力，正是这种推力推动列车前进。其原理就像冲浪运动一样，冲浪者是站在波浪的顶峰并由波浪推动他快速前进的。与冲浪者所面对的难题相同，超导磁悬浮列车要处理的也是如何才能准确地驾驭在移动电磁波的顶峰运动的问题。为此，在地面导轨上安装有探测车辆位置的高精度仪器，根据探测仪传来的信息调整三相交流电的供流方式，精确地控制电磁波形以使列车能良好地运行。

2．推进系统

磁悬浮列车的驱动运用与同步直线电动机的原理相同。车辆下部支撑电磁铁线圈的作用就像是同步直线电动机的励磁线圈，地面轨道内侧的三相移动磁场驱动绕组起到电枢的作用，它就像同步直线电动机的长定子绕组。从电动机的工作原理可以知道，当作为定子的电枢线圈有电时，由于电磁感应而推动电机的转子转动。同样，当沿线布置的变电所向轨道内侧的驱动绕组提供三相调频调幅电力时，由于电磁感应作用承载系统连同列车一起就像电机的"转子"一样被推动做直线运动。从而在悬浮状态下，列车可以完全实现非接触的牵引和制动。

通俗地讲就是，在位于轨道两侧的线圈里流动的交流电，能将线圈变为电磁体。由于它与列车上的超导电磁体的相互作用，就使列车开动起来。推进系统可以分为两种，"长固定片"推进系统使用缠绕在导轨上的线性电动机作为高速磁悬浮列车的动力部分。由于较高的导轨花费而成本昂贵。"短固定片"推进系统使用缠绕在被动的轨道上的线性感应电动机。由于线性感应电动机过于沉重而减少了列车的有效负载能力。

3．导向系统

导向系统是一种产生测向力来保证悬浮的机车能够沿着导轨的方向运动的设备。必要的推力与悬浮力相类似，也可以分为引力和斥力。在机车底板上的同一块电磁铁可以同时为导向系统和悬浮系统提供动力，也可以采用独立的导向系统电磁铁。

4．磁悬浮列车牵引供电系统

磁浮列车按照动力源(直线电动机)定子的长短相应可分为短定子直线电动机驱动的磁浮列车和长定子直线电动机驱动的磁浮列车。

短定子直线电动机是将定子绕组安装在车体的底部，通过向磁浮列车提供变压变频的电源，由车上的短定子产生行波磁场，而在轨道上安置结构较为简单的长转子。这种结构多用于直线异步牵引电动机的驱动系统。由于列车通过受流器供电，而高速受流困难使列车运行速度、异步电机的功率因数及效率均受到限制;因此该系统仅用于低速、小功率短距离的电力牵引。

长定子直线同步电动机驱动的磁浮列车的底部安置有直线电机的转子,整条轨道上安装同步电机的长定子绕组,磁浮列车内部对转子的供电简单,没有高速受流的困难。采用这种直线同步电动机驱动,适合于高速、大功率、长距离的电力牵引。德国和日本均采用这种系统。德国研制的常导型磁悬浮列车是由车上常导电流产生的电磁吸引力吸引轨道下方的导磁体,使列车浮起。常导电流比较容易获得,通常由蓄电池或感应式发电线圈等设备产生电流,供给同步直线电动机的转子。但常导系统电磁吸引力相对较小,列车悬浮高度约 10 mm;故对控制精度的要求很高。日本研制的超导型磁浮列车是由车上强大的超导电流产生极强的电磁场,该电磁场相对线路侧墙上的 8 字形导电环高速移动,使导电环感应出强大的环流,在 8 字形下半环中形成推斥磁场,而上半环中则形成吸力磁场,使列车悬浮。该悬浮系统是一个无需反馈控制的稳定系统,而且悬浮高度可在 10 cm 左右,从而使控制相对简单。

11.6 轮轨技术和磁浮技术制动系统比较分析

安全和速度是评价一种运输模式的重要因素,制动装置是列车高速化的安全保证和关键技术,制动系统和制动系统的性能则是关系交通运输安全性的重要指标,影响交通运输模式的发展。磁悬浮和高速轮轨的高速度要求相应的高性能的制动系统,以此来保证行车安全。

11.6.1 轮轨技术的制动系统

随着列车的高速、扩编及重载发展,在保证高速列车运行安全的诸多要素中,列车制动方式的选择是极为重要的一方面。不同的制动方式其制动力、制动距离及动能消耗方式均有所不同,而这些又与线路、站场及机车车辆紧密相关;因此选择安全而合理的制动方式对于高速轮轨具有重要意义。目前世界上高速轮轨列车使用的制动技术参见 9.2.4 节。

11.6.2 磁浮技术的制动系统

磁悬浮列车的制动基本上可以不考虑黏着问题,这是磁悬浮列车的一个显著优点。磁悬浮列车采用 3 种制动方式:再生制动或电阻制动,一般采用电阻制动;机械制动;涡流制动。电阻制动和涡流制动高速时用于制动全程;机械制动是一种滑块制动,仅仅在低速制停时使用。

在磁悬浮列车高速运行时,可以采用反向直线同步电机或异步电机的推力来制动,另外附加涡流制动。涡流制动的基本原理比较简单,利用励磁电磁铁与钢轨或钢圆盘(简称感应体)的相对运动,在感应体中产生感应电势,产生涡流,使列车的动能变成感应体中的热能,并通过感应体把热量发散出去;也可解释为由于感应体中的涡流产生的磁场与励磁电磁体产生的磁场相互作用,气隙中的磁场发生变化,形成垂直分量与水平分量的作用力,水平分量的作用力与列车的前进方向相反,即制动力。低速时,由于涡流制动产生的制动力比较小,磁悬浮列车要采取其他措施,把涡流制动改变成异步发电机工作状态及配合滑块摩擦制动来解决,常用的就是机械制动。机械制动系统采用压力式制动,即把制动闸瓦压在轨道上产生摩擦阻力而达到制动的目的,它和轮轨列车的磁轨制动方式类似,不存在传统轮轨列车中的空气制动和盘形制动的轮轨间打滑现象,因而这种制动方式的可控性能比较好,对提高制动系统的性能是有利的。

以德国 TR 07 为例,TR 07 含 2 套相互独立的电制动系统。第 1 套为直线同步电动机制动,第 2 套为涡流制动器制动。第 1 套电制动系统是由中心控制台操作,通过反向直线同步电动机推力来进行制动。TR 07 采用电阻制动,制动时产生的电能一部分消耗在制动电阻上,另一部分消耗在控制元件上。第 2 套涡流制动器利用在车上、延车体前进方向分布的电磁铁通电时在非叠片导向轨(在轨道上)中感应的涡流来工作,它只有在车体运动情况下才能制动。

11.6.3 制动效果比较

从紧急制动距离比较,在同样制动初速度下磁悬浮列车的紧急制动距离较短,但需要提高列车减速度而使紧急制动的最大减速度超过通常舒适性要求的 $12 \ m/s^2$ 的标准。另一方面虽然传统轮轨方式的制动减速度和制动距离受到有制动黏着系数的限制,但对于高速轮轨列车而言,随着制动技术的发展已突破了传统方式的黏着限制,在同样原理的磁轨制动和涡流制动下,轮轨方式的紧急制动距离也可能达到和磁悬浮方式相同的水平。

因此,从制动效果方面而言,两种方式制动能力的差别主要是采用标准的不同。但轮轨方式的制动技术已久经考验,更为成熟,磁悬浮的制动安全性则尚需接受实际运用的长期考验。

11.6.4 制动与舒适性

磁悬浮和轮轨高速都是高速的客运运载工具;因此它们的制动系统不仅仅要保证列车运行的安全,还应该保证乘客的舒适。

从旅客舒适性考虑,制动时减速度值通常大于起动加速度,其变化率也较加速度变化率大;因此制动性能是影响纵向舒适性的主要因素。磁悬浮与轮轨方式的有关指标如表 11 - 4 所示。

表 11-4 磁悬浮与轮轨方式的有关制动性能指标 单位:m/s^2

指标	TB/T 2370—93	高速轮轨	磁悬浮
紧急制动最大减速度	<1.4	<1.4	<2.7
常用制动减速度	<1.2	<1.2	<1.5

注:TB/T 2370—93 为高速试验列车的制动系统技术条件。

由此可见磁悬浮列车的最大减速度已超过轮轨方式的舒适性标准,有可能使旅客产生不舒适的感觉。

11.7 轮轨技术和磁浮技术运行组织模式比较分析

11.7.1 运营管理经验及技术成熟度

对磁悬浮列车的研究在全世界已有了七八十年的历史,磁浮铁路凭借速度快、噪声低、振动小、无磨耗、不受气候条件影响、不污染环境、安全、舒适、节能等优点,极大地引起了许多国

家的兴趣,日本和德国更是走在世界的前列。但是迄今为止,日本和德国仅建设了供观光的磁悬浮列车线,除了2003年元旦通车的世界上首条投入商业运行的上海磁悬浮列车示范线外,很少有国家投巨资去建设商用的磁悬浮列车线。美国和前苏联的研究计划在七八十年代就已经放弃。德国甚至在2000年2月5日宣布放弃筹备已久的柏林—汉堡的悬浮列车线项目。

究其原因,主要有以下两条。首先是造价太高。以德国的柏林—汉堡磁悬浮列车项目为例,原计划由政府承担的61亿马克基础设施建设费,在1999年重新核算时又增加约30亿马克。其次是经营风险太大,没有成熟的可以借鉴的经验,投资的回收周期长。

相比之下,虽然高速轮轨和磁悬浮技术的研究开发几乎是在同一时期起步的,自1964年日本东海道新干线首列时速210 km的高速列车投入商业运行以来,40多年,高速轮轨技术发展迅速。不少国家从原有高速线向其他干线延伸,逐步形成高速路网。全世界正在立项准备的新线有30条,总长近8 000 km。40多年的建设和运营,给高速轮轨积累了大量的现成经验。因此,就风险而言,高速轮轨比磁悬浮要小得多。

11.7.2 高速轮轨运输组织模式

1. 高速轮轨运输组织模式

归纳起来,当今世界上建设高速轮轨有以下几种模式。

(1) 日本的新干线模式:全部修建新线,旅客列车专用。

(2) 法国TGV模式:部分修建新线,部分旧线改造,旅客列车专用。

(3) 德国ICE模式:全部修建新线,旅客列车及货物列车混用。

(4) 英国APT模式:不修建新线,也不对既有线改造,主要采用由摆式车体的车辆组成动车组,旅客列车及货物列车混用。

2. 京沪线高速铁路运输组织模式

京沪高速铁路邻接干线多、跨线客流量大,磁悬浮与轮轨的争论已经持续多年。经路内外专家多年研究论证,若采用轮轨高速,建议采用高、中速混跑模式。远期高速铁路网形成后,逐步过渡到全高速客运专线的运输组织模式。

高、中速混跑的运输组织模式,除了在高速沿线发到的高速列车外,尚有大量的中速列车在高速线上运行。京沪线采用这种组织模式,有以下原因。

(1) 牵引类型不统一。在欧洲发达国家,既有线路网干线已基本实现电气化,高速线与既有线牵引类型统一,已具备了上、下高速线运行的基本条件。京沪高速铁路的邻接干线目前几乎全部是内燃机车牵引列车。中速列车进入既有线运行涉及一系列接口问题,在接轨站必然发生牵引类型的复核等问题。

(2) 硬件设备不兼容。发达国家既有线运行、行车指挥已普遍实现现代化,如自动控制、机车信号、调度集中、信息处理等,有的与高速铁路已没有本质上的差别,有条件实现高速与普速运营管理的一体化。而京沪高速铁路的相关既有线技术装备大多数比较落后,高速与普速运营管理差别甚大,不具备一体化的条件。

此外,京沪高速铁路建成之初的客运密度,约相当于欧洲客运密度最大的法国高速铁路运营12年以后的两倍多,轴重较大的中速列车必须与高速列车在同一时段内共线运行。在这种条件下,需解决的基础设施适应性的硬件问题国外尚无先例。高、中速列车对数的合理匹配问题也有待进一步研究。

京沪高速引入各枢纽大型客运站的列车开行方案,普遍涉及高、中、普速列车的合理运行径路问题,合理利用设备与分工问题,有的还需要解决客货分线等问题。

11.7.3 磁悬浮高速铁路运输组织模式

与轮轨式高速铁路比较而言,磁悬浮高速铁路的运输组织工作相对要简单许多。由于磁悬浮铁路的线路与列车是紧密结合的综合体,列车运行速度是由列车类型决定的,所以一旦列车类型决定下来,其运行速度也就固定了。所以,磁悬浮铁路的运输组织模式采用的是全高速客运专线的运输组织模式,线路上运行的列车速度相同且相对恒定。

磁悬浮列车的运输组织以列车开行方案为指导,影响其运输组织工作的因素主要是技术上的,如列车追踪间隔时间、列车沿途停站作业时间即停站组合时间、维修施工天窗时间、列车区间运行时间、列车供应数量及车体周转时间、车站配线数量。

尽管磁悬浮铁路属于高速客运专线类型,但是由于可以有多种属性的列车,因此也可以划分磁悬浮铁路运输组织模式为单一标准模式、不同方式组合模式、干支分离模式。

磁悬浮高速铁路运输组织模式有以下特点。

(1) 单一性质的运输模式。因为磁悬浮铁路自成体系,与既有铁路相比是一个全新的独立系统,这就决定了其运输组织为"磁悬浮列车"的运行模式,采用这种组织模式较高速铁路采用的模式简单。

(2) 存在不同的运输组织方式。由于存在运程、等级不同的列车,针对这些不同性质的列车,其运输组织方式将有不同的组合,形成不同的运输组织方案。

(3) 列车运行干支分离的模式。考虑到尽量保持磁悬浮列车的旅行速度、缩短旅行时间及减少高速磁悬浮列车运行对城市的影响等方面因素,磁悬浮高速交通长大干线进入城市采用干支分离的形式。相应地,列车运行也将采用干支分离的运行方式,在干线上主要开行枢纽站间的直达列车,并结合采用枢纽辐射的方式组织客流,以满足不同的需求。

11.7.4 列车开行方案的确定

1. 确定旅客列车开行方案的原则

(1) 轮轨高速列车开行方案原则上按 OD 流计算确定:

① 沿线大城市点与点之间的客流为高速客流,全部开行高速列车上高速线运行;

② 邻接既有线进入高速线的客流,除考虑部分中转换乘高速列车、部分转入既有线客车外,其余全部作为中速客流开行中速列车进入高速线运行;

③ 在高速线上运行距离较短的跨线客流,继续在既有线上运行;

④ 既有线上短途地方客流,开行普通客车在既有线上运行;

⑤ 少量跨线列车运行的高速线与既有线连接点,因修建联络线投资效益差,故仍开行普通客车在既有线上运行。

(2) 磁悬浮高速列车开行方案确定原则:

① 不同客流区段根据客流量具体情况确定开行列车的等级与数量,列车等级与数量要均衡;

② 长短途列车均衡,便于各类旅客乘车;

③ 保证列车追踪间隔时间;
④ 满足车站站线限制;
⑤ 满足停车时间要求;
⑥ 充分利用通过能力;
⑦ 列车不早于 5 点发车,不晚于 24 点到达。

2. 实例

以京沪高速铁路为例,分别开行高速轮轨列车和磁悬浮列车的开行方案如下。

(1)京沪轮轨高速铁路客车开行方案主要参数。

① 列车编组及定员:高速线高速列车考虑匹配动力集中和动力分散式,两种方式定员每列 1 000 人;高速线中速列车 18 辆,平均定员每列 1 100 人;普通列车编挂 15 辆,平均定员每列 1 500 人。

② 客座利用率:0.9。

③ 客流波动系数:1.10。

(2)京沪磁悬浮高速铁路客车开行方案主要参数的确定。

① 列车编组及定员:一类列车编组 8 辆,定员 802;二类列车编组 10 辆,定员 1 016。

② 客座利用率:0.85。

11.7.5 运行图编制方法

轮轨高速铁路,采用"全高速"运输组织模式时,可以考虑周期性列车运行图结构;采用"高中混行"运输组织模式时,有 4 种运行线分布方式(见 3.4 节)。

建成后的磁悬浮高速线是联系大中城市的纽带,主要服务对象是各大中城市的往返旅客。旅客在一天之中的分布既不是绝对均衡的,也不是绝对集中的,而是既存在早、晚出行相对集中的时段,也存在上、下午出行相对分散的时段。

基于这种认识,可以考虑在适宜密集连发的时间区域组织高速列车集中运行,在其他时间区域内则在满足必要通过能力的前提下,尽可能的组织高、中速列车混合运行,其运行图结构类似于轮轨高速铁路采用的阶段均衡方式铺画的运行图。

11.8 轮轨技术和磁浮技术维护比较分析

11.8.1 高速轮轨的维护

世界各国 200 km/h 及其以上的高速列车牵引动力采用动车组模式,其动力配置可分为集中和分散两种型式。两种动力模式一般检修时均不分解,整列进入维修库进行检修。

1. 列车运用维修设备的设置

高速轮轨运用维修设施按动车段、运用维修所、运用所 3 种类型设置。动车段主要负责高速列车的运转、整备和检修作业,并担当列车的折返停留作业;运用维修所主要负责高速列车的运转、整备和部分检修作业(制动检查,走行部检查),并担当列车的折返停留作业;运用所主要负责列车的折返停留作业。

2. 国外高速列车检修修程和内容

1) 德国 ICE 高速列车的维修体制

德国开行的高速列车采用的是动力集中方式的 ICE 列车，设有维修中心。它专为 ICE 列车设置了各种服务公司和清洁公司，同时完成机车和车辆的保养工作，并负责完成列车内部清洁和旅客信息服务等工作。ICE 制定的修程分为走行部检查、制动系统检查、段修 1、段修 2 和大修 5 级。

2) 法国 TGV 高速列车维修体制

法国开行的高速列车，采用设置动车段，负责列车日常运行，在专门的检修库内完成 TGV 列车的各级修理作业，列车的大（厂）修到指定的修理厂完成。TGV 高速列车的寿命是 25~30 年，其检修周期和修程详见表 11-5。

表 11-5 法国 TGV 高速列车检修周期和修程

修 程	检 修 周 期
厂修	8 年
一般性大修	18 个月
一般性检修	6 个月
限制性检修	3 个月
运转部件检修	2 周
舒适度检查	9 日
行车检查	1 500 km 或 2 500 km

3) 日本高速列车的维修体制

日本开行的高速列车采用相对固定的车组，进入车辆维修基地。高速列车的修程分为双日检、月检、年修和大修 4 级。检修周期见表 4-2。

3. 国外高速列车维修体制

1) 高速列车的维修思想和维修制度

(1) 维修思想：高速列车推行"以可靠性为中心"的维修思想，普通列车则采取"以预防为主"的维修思想。"以预防为主"的维修思想是以机件的磨损规律为基础的。"以可靠性为中心"维修思想的形成是建立在可靠性理论基础上的，围绕着"可靠性为中心"来开展各自的工作。世界各国公认的维修方式有定期维修、视情维修（状态修）和事后维修 3 种。

(2) 维修制度：分为两大体系，一是"以预防为主"，称为"计划预防维修制度"；二是"以可靠性为中心"，称为"以可靠性为中心的维修制度"。

综上所述，国外高速动车组的检修制度是以可靠性、舒适性为中心实行计划定期检查和整备与监控预报状态修理相结合，单元部件换件修和寿命管理、主要元部件实行高度的专业化集中修理相结合的维修制度。

2) 高速列车维修模式

(1) 高速动车组采取全密封、不摘钩、整列进段检修，这是一种全新的维修模式。

(2) 高速动车组连续且全面采用车上检测与控制系统。诊断技术和通信信息系统应用于状态监控维修模式。

(3) 对列车设备和装置进行寿命管理，建立备品供应管理、作业准备和生产管理信息系

(4) 单元部件以状态修为主,实行高度专业化集中修理的模式。

(5) 以可靠性为中心进行计划性预防定期检查和完美的维护、保养和检修。

(6) 在动车段内进行不影响运用的检修工作模式,并完成日常检查和计划维修及整备作业,以使列车获得最佳的利用率。

(7) 高速列车的大修一般是在大修厂进行的,高速列车的编组一般也在大修厂进行。

11.8.2 磁浮技术的维护

1. 维修基地

磁悬浮列车的车辆、牵引供电系统,运行控制系统,基础通信系统和轨道结构之间相互联系、相互影响、相互制约。车辆的运行、轨道的工作状况通过列车配置的检测设备自动检测并自动传送至维护管理系统。牵引供电系统、运行控制系统的运行及工作状况通过自身的诊断子系统进行记录,同样传送至维护管理系统。因此,磁悬浮设备检测的自动化程度高,维护工作相对较少,采用定期检修和日常运用维护相结合的方法进行。

车辆、牵引供电系统、运行控制系统的维修对象主要是器件,依靠更换模块的方式进行,不需要大规模的专用检修设施。线路结构(道岔、锭子铁芯、锭子线圈、供电轨)的维护主要包括日常的检查、清扫及必要的调整,配置的检修,设备应该简易、便捷。

车辆的维修可以根据运营要求,集中或分散地设在线路范围或某个车站之内,各车站都应配备所需要的仪器设备,以便及时更换。磁悬浮技术因为采用了无接触和无磨损技术,所以轨道和轨道设备的养护维修工作大大减少,主要侧重于传统的建筑设备和因估计不到的外部影响而造成的设备损坏。

2. 维护费用

常导磁悬浮列车的悬浮、驱动、导向系统都没有摩擦,超导磁悬浮列车仅冷却系统中的压缩机有少量摩擦,因此相对于轮轨高速列车它的维修费用明显减少。此外,磁悬浮列车的轨道加载均匀,延长了线路使用寿命,也使磁悬浮列车的维修费用降低。

11.9 安全性、舒适性及对环境的影响比较分析

11.9.1 安全性

安全是人们选择交通运输方式的首要因素,且随着经济的发展、人民生活水平的提高,旅客越来越重视出行的安全性。也就是说,某一种交通系统的安全性将在很大程度上决定这一系统能吸引客流量的多少,影响着这一系统的市场占有率。

由于各种交通工具的技术特点和运营条件不同,其安全程度也有差异。现在的有关研究中用单位旅客周转量的伤亡人数指标来定量地描述安全性。根据多年的统计资料,高速轮轨铁路的事故死伤率为 0.018 人/亿人公里,低于高速公路的 19.200 人/亿人公里和航空的 0.140 人/亿人公里;而对于高速磁浮铁路,由于至今在世界范围内仍缺乏长大干线的商业运营经验,故暂时没有这方面的统计资料。

几十年来轮轨高速安全地运营,是其高技术和高管理水平的结果。高速轮轨所采用的先进的列车运行控制系统能保证前后两列车必要的安全距离,防止列车追尾及正面冲撞事故。几乎与行车有关的固定设施与移动设备都有信息化程度很高的诊断与监测设备,并有科学的养护维修制度。对一些有可能危及行车安全的自然灾害,设有预报、预警装置。所有这些构成了高速轮轨现代化的、完善的安全保障系统。该系统可以防止人为过失、设备故障及自然灾害等突发事件引起的事故,所以高速铁路安全程度是任何交通工具无法比拟的。

磁悬浮列车虽然没有如此长的运行经验,但由于它的高科技和运行在 U 形或 T 形截面线路中,环抱着线路,因而几乎不可能脱轨,同时驱动部分是安装在线路上的,线路分段供电,在同一供电线段上只有一列列车行驶,不会发生任何交叉,因而排除了列车翻车、出轨、相撞的可能性。

11.9.2 舒适性

舒适性主要指噪声状况、列车的平稳性、车内空间的宽敞度和设施水平,其中噪声状况尤为重要。

磁悬浮的噪声主要来自空气摩擦,以高频声为主,它近似速度的六次方函数。还有线圈通电时产生的噪声和列车与磁场摩擦所产生的噪声;轮轨高速列车主要是车轮与轨道接触摩擦而产生的噪声和接触导线与受电弓摩擦产生的噪声,以中、低频声为主,且由于轮轨高速是无缝线路,轨面平顺性高,因而此种噪声远比普通轮轨铁路小。

两种列车总的噪声级比较,如表 11-6 所示。

表 11-6 磁悬浮和轮轨列车总的噪声级比较   单位:dB(A)

列车类型	速度/(km/h)					
	200	250	300	350	400	500
TR 07	79	82.5	86.5		93.5	98*
MLU 002			80		87.5*	93.3*
ICE	84~86	88~91	93~95			
TGV	86~88	90~92	94~96	98~100		
东海道新干线	85~90					

*—推算值

在速度为 200~300 km/h 之间,TR 07 噪声级比轮轨低 8%~9%;在 300 km/h 时,MLU 002 比轮轨低 15%。而磁浮列车 400 km/h 时的噪声相当于轮轨 250~300 km/h 的噪声级。

11.9.3 对环境的影响

1. 磁影响

磁浮列车产生的磁场大小及对人体健康有无影响是磁悬浮列车环境与安全研究的一项关键内容。磁悬浮列车产生变化磁场和恒定磁场,前者为列车运行时的车载超磁铁、地面线圈和推进线圈产生的磁场,后者为停车时车厢及车上各部分产生的磁场。超导型产生的磁场强度大于常导型。两种类型磁浮列车的磁场强度如表 11-7 所示。

表 11-7 超导和常导磁浮列车的磁场强度

国 别	车厢地板	椅 座	椅 背	列车旁恒定磁场	列车旁低频磁场
日本(超导)	20 mT	10 mT	5 mT	30 mT	2 mT
德国(常导)	0.1 mT	3 μT	2 μT	35 μT	10 μ

从表 11-8 中可以得出：德国常导磁场强度接近地磁，小于许多家用电器产生的磁场强度，其静磁场和交变磁场均未超过标准，对人体不会产生有害影响，无需采取防护措施。日本超导型产生的磁场大于德国的常导型产生的磁场。在采取一定的防护措施后，目前超导磁浮列车产生的磁场不会对人体健康产生有害影响。

2．土地利用

土地的价值随人口增加和经济发展而不断增值，它在国外的投资中占有相当大的比例。

高速轮轨的双线路基较常速铁路宽，其原因在于两列高速轮轨在交会时，两列车的内侧空气急剧流动，形成较大负压力，可能导致车窗玻璃的破裂及其他意外事故。磁悬浮列车由于线路的多重功能，原则上采用全高架结构，因此土地利用情况有所改善。

磁悬浮系统占地为轮轨系统占地的 57%～86%，从土地利用效率的角度看，磁悬浮系统明显高于轮轨系统。另外，由于磁悬浮列车具有较强的爬坡能力，可减小对地形地貌的扰动，减少对自然生态环境的不利影响。若其他运输条件不变，采用磁悬浮方式承担新增运量，对保护和节约土地资源具有积极的战略意义。

3．噪声影响

（1）在运量相同的条件下，磁悬浮铁路速度为 400 km/h 的噪声影响范围和轮轨高速铁路速度为 250 km/h 的噪声影响范围相当；在城市区域限速时，磁悬浮铁路的噪声影响范围将显著小于轮轨高速铁路。

（2）正常运营速度条件下，磁悬浮铁路噪声污染治理费用约为轮轨高速铁路的 85%，且不需要采取振动方面的防治措施。

（3）正常运营速度条件下，无论城市区域限速与否，两种方式在采取声屏障措施后，线路边界噪声均可达到国家限值标准。

总之，这两种高速列车都属于污染少、无公害、舒适性高和安全性好的现代化列车；但从保护环境的角度考虑，磁悬浮系统在节约土地、减少排污、减小噪声影响等方面优于轮轨系统，环境效益显著。

11.10 轮轨技术和磁浮技术发展前景比较分析

任何一项成果，要真正发挥作用，走入人们的生活，必须要经历理论、技术、实用及是否经济 4 个阶段的检验。高速轮轨和磁悬浮从研究到实际应用已经经历了一个较长的时期，这两项 20 世纪的重大成果在新的世纪将具有更广阔的发展前景。

自 1825 年世界上第一条铁路诞生，一百多年来，世界各国始终在为提高列车的行车速度作不懈的努力。从 1903 年德国用电力机车牵引，试验速度已达到 210 km/h 开始，到 2007 年法国以 574.8 km/h 的试验速度将世界记录刷新，高速轮轨铁路经历了快速发展的过程。它凭借着运输的安全、送达速度的快捷、运价水平的低廉、运输的舒适、占地少、运能高、对环境影响小等方面的优势,在资源匮乏,生态环境恶化,道路交通堵塞的情况下成为解决城市之间运输问题的一种有利的方案。

同时,高速铁路对国家的经济发展将产生巨大的推动作用。以日本为例,在新干线通车运营后的10年中,东海道和山阳新干线的旅客周转量增长了12.7倍,单向客流量由日均500人增加至67 916人。在新干线运营5年后的1970年,东海道沿线的国民经济总产值与不修新干线相比增加了2 200亿日元(7.3亿美元)。工业总产值与不修新干线相比高2倍。同时,新干线的运营在旅游、土地开发、城市经济结构调整方面均产生了显著的有利影响。

因此,许多经济发达国家均制定并实施相应的高速铁路计划。日本计划修建总长达7 000 km的高速铁路网,并把速度提高到350 km/h以上;法国计划将高速铁路网,扩大到4 500 km,并结合既有线改建形成12 000 km的高速铁路网,最高速度为300 km/h;铁路技术力量雄厚的德国,虽然目前高速线长度不足1 000 km,但其在机车车辆设计与制造、线路设计与构造、轮轨关系研究等方面的巨大投入和精湛技术均预示了其高速铁路发展的宏伟前景。

与之相对应的磁悬浮铁路从技术上看,在修建上已基本不存在问题,并且也开始进入到实用性阶段。但就目前来看,磁浮铁路要实现成为一种大众化交通工具的目标,尚有一段距离要走。从经济效益角度来分析,磁浮铁路当前只在旅游等一些特殊行业项目上具有商业价值,还不具备大规模兴建的经济可行性。然而,随着超导材料和超低温技术的发展,修建磁浮铁路的成本有可能会大大降低。

首先,它克服了传统轮轨铁路提高速度的主要障碍,发展前景广阔。铁路提高速度的代价是很高的,300 km/h的高速铁路的造价比200 km/h的准高速铁路高近两倍,比120 km/h的普通铁路高3~8倍,继续提高速度,其造价还将急剧上升。与之相比世界上第一个磁悬浮列车的小型模型是1969年在德国出现的,日本是1972年造出的。可仅仅10年后的1979年,磁悬浮列车技术就创造了517 km/h的速度纪录。目前技术已经成熟,可进入500 km/h实用运营的建造阶段。

第二,磁悬浮列车速度高,常导磁悬浮可达400~500 km/h,超导磁悬浮可达500~600 km/h。对于客运来说,提高速度的主要目的在于缩短乘客的旅行时间,因此运行速度的要求与旅行距离的长短紧密相关。各种交通工具根据其自身速度、安全、舒适与经济的特点,分别在不同的旅行距离中起骨干作用。专家们对各种运输工具的总旅行时间和旅行距离的分析表明,按总旅行时间考虑,300 km/h的高速轮轨与飞机相比在旅行距离小于700 km时才优越。而500 km/h的高速磁悬浮,则比飞机优越的旅行距离将达1 500 km以上。

第三,磁悬浮列车能耗低。据日本研究与实际试验的结果,在同为500 km/h速度下,磁悬浮列车每座位公里的能耗仅为飞机的1/3。据德国试验,当TR磁悬浮列车时速达到400 km时,其每座位公里能耗与时速300 km的高速轮轨列车持平;而当磁悬浮列车时速降到300 km时,它的每座位公里能耗可比轮轨铁路低33%。

磁悬浮高速铁路虽然有上述的优点,然而也存在一些悬而未决的问题,如磁悬浮列车不能形成一个通用的运输系统,磁悬浮线路道岔结构庞大而复杂,完全的可靠性尚不能保证,尤其是造价很高,经营风险较大。但是无论如何,磁悬浮列车是集现代科学技术的新型交通工具,它发展的前景广阔、前途远大。

我国是一个发展中国家,目前还处于经济大发展阶段,作为国民经济大动脉的传统铁路,承担着全国总运输量的 60%～70%。从速度来看,我国铁路旅客列车的平均运行速度只有 40～50 km。铁路不仅数量少,分布也很不合理,在一定程度上制约了国民经济的发展。特别是改革开放以来,生产飞速发展,客流量猛增,我国交通运输系统,无论是全国运输网,还是大城市交通系统,已远远不能适应国民经济发展的要求。其主要原因有运输能力不足,运输结构不合理,运输方式单一,运行速度太低,能耗高,环境污染严重等。为改变这种状况,除对现有铁路进行改造,提高速度以外,发展高速轮轨和磁悬浮铁路是一项可供选择的途径。这两项 20 世纪的技术一定会在新世纪的今天大放异彩。

11.11 上海磁悬浮示范线概况

上海磁悬浮列车示范线是"十五"期间上海市交通发展的重大项目,2002 年 12 月 31 日建成通车后已成为世界上第一条投入商业化运营的线路,具有交通、展示、旅游观光等多重功能,为上海营造了一条亮丽的风景线。

11.11.1 立项背景

1999 年国家在进行京沪高速铁路可行性研究论证的过程中,部分专家提出:鉴于高速磁浮交通系统具有无接触运行、速度高、启动快、能耗低、环境影响小等诸多优点,同时考虑到德国高速常导磁浮实验线已经经历了十余年的运行,技术条件已经成熟等情况,建议国家在京沪线上采用磁悬浮技术。

与此同时,大部分铁路专家提出了相反的意见,认为高速轮轨经过几十年的实践已经完全成熟,我国国内对高速轮轨系统技术的开发已经取得重大进展,磁悬浮缺乏商业的运行实践,相对高速轮轨系统,在技术上、经济上存在很大风险。

在论证的过程中,两种意见相持不下。经过激烈的争论,专家们最终形成共识:建议先建设一段商业化运行示范线,以验证高速磁浮交通系统的成熟性、可用性、经济性和安全性。于是国务院经比选北京、上海、深圳 3 城市后,于 2000 年 6 月确定在上海建设一条磁悬浮示范线。

11.11.2 工程简介

上海磁悬浮列车示范线结合上海经济和社会发展的需要,与地铁二号线平行向东。线路西起浦东新区规划的地铁枢纽龙阳路车站,东至浦东国际机场,主要解决浦东国际机场和市区的大运量高速交通需要。正线全长 30 km,并附有 3.5 km 的辅助线路,双线上下行折返运行,设两个车站、两个牵引变电站、一个运行控制中心和一个维修中心。初期配置 3 套车体,共 15 节车厢,设计最高运行速度为 430 km/h,单向运行时间约为 8 min,发车间隔时间 10 min。磁悬浮线路及轨道梁的设计、制造是德国的专有技术,轨道梁既是承载列车的承重结构,又是列车运行的导向结构,其制造的精度要求极高,为生产、加工磁悬浮道梁,特在浦东新区建立了磁悬浮道梁的生产基地。

由于磁浮线路及轨道梁的设计、制造技术(线路设计理论与计算软件、混凝土钢复合梁设计计算理论与软件)是德方多年研究的专有技术,德国政府为帮助中方掌握磁浮线路的选线和轨道梁建造技术,先后两次提供赠款,用于技术转让费的支付。

11.11.3 速度目标值

一条线路速度目标值的选择,应考虑技术上可行、经济上合理;应与世界先进水平相适应,也与经济发展水平相适应;应考虑在综合交通运输体系中的竞争能力等诸多因素。磁浮列车的最大特点就是消除了传统的轮轨摩擦,因而能体现高速度、起动快、爬坡能力大等优点,它的速度取决于列车牵引能力、阻力和线路参数。修建上海磁悬浮列车示范线的目的是为中国客运交通的模式选择提供可借鉴的经验,因此,它的速度应该具有较高的目标值,即列车商业网运行的最高速度 430 km/h,列车示范运行的最高速度 505 km/h。

11.11.4 运输能力

磁浮列车的运输能力与每辆车的定员、列车编组、发车间隔及每天可以发送列车的时间有关。轨道交通系统的运输能力一般受车站分布或闭塞分区控制,即由运行图周期或列车追踪时间决定。同样,磁浮系统的变电站间距、运营速度、列车在车站区的运行方式和停站时间等对磁浮系统的列车最小追踪时间具有决定性的影响。这里所提的车站区运行方式,是指列车进出站时的速度限制,它对列车之间的允许时间间隔和旅行时间具有重要影响。

上海磁悬浮列车示范线按设计水平,9 节车厢可坐乘客 959 人,每小时发车 12 列,按每天运行 18 h 计算,每天客流量为 4 万人左右,年客运量可达 1.5 亿人次。初期将引进德国常导长定子超高速型的最新磁悬浮列车 3 列,其中 2 列运营。不同年度的设计能力见表 11 - 8。

表 11 - 8　上海磁悬浮列车示范线不同年度的设计能力

预测年度	列车编组	高峰每小时单向人次
2003	单线单列 3 节车试运行	
2005	5	1 970
2010	6	2 988
2020	8	4 412

2002 年 12 月 31 日实现单线 1 列 3 节车试运行,2003 年 9 月全线开始双线折返运行。

11.11.5 线路设计

由于磁悬浮列车无接触、无磨损的支承和向导,无接触的牵引和制动特性,对线路的曲线半径和爬坡能力有了很大的改善,为线路的选线提供了较大的灵活性。

上海磁悬浮列车示范线除了浦东国际机场景观水池到机场站一段为地面线路外,其余均为高架线路,全线有高架桥墩 1 554 座,一般地段轨道离地面的高度为 12~13 m。根据市政规划的要求,磁悬浮的走向必须避开张江高科技园,这就意味着磁悬浮列车不能实现直线行驶,线路有三分之二为弯道。经过精密计算,为该磁悬浮制定了一条"正弦"走向的线路,使列车在拐弯处也可以不用降低车速。

如图 11 - 1 所示,上海示范线线路由 3 部分构成:一是正线,即 A、B 线;二是车辆维修基地维修线和进出线,C、D、E;三是渡线,F、H、G,F、H 各有 2 跨 24 m 的标准梁,G 与道岔直接相连。

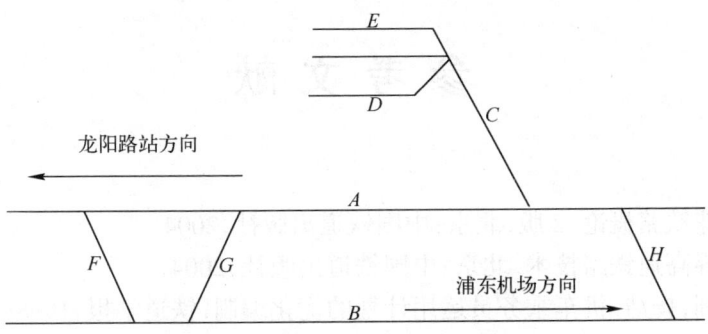

图 11-1　上海磁悬浮示范线线路示意图

11.11.6　安全设施

上海磁悬浮列车示范线沿线都装有 25 m 宽的隔离网,列车上、下均设置了防护设施,避免了各类物体落入轨道影响行驶,也防止车上物品砸向地面。

磁悬浮列车还按照飞机的防火装置配置了消防设施,为了防止列车高速运行时对行驶在高架道路上的机动车产生影响,在高架道路的内侧栏杆处还安装有防眩板。

参 考 文 献

[1] 钱仲侯.高速铁路概论.2版.北京:中国铁道出版社,2004.
[2] 钱立新.世界高速铁路技术.北京:中国铁道出版社,2004.
[3] 赵鹏,胡安洲,杨浩.机车乘务员运用计划的优化编制.铁道学报,1998(4).
[4] 赵鹏,富井规雄.动车组运用计划及其编制算法.铁道学报,2003,25(3):1-7.
[5] 赵鹏.基于概率局域搜索的动车组平日运用计划编制算法.系统科学理论与实践,2004(2).
[6] 赵鹏.综合调度仿真系统中的机车乘务计划编制问题.铁道运输与经济,2005,27(3).
[7] 贾利民,李平.铁路智能运输系统:体系框架预标准体系.北京:中国铁道出版社,2004.
[8] 桑苑秋,贾利民,张锡第.高速铁路行车安全保障系统的构成.中国铁路,1997,12.
[9] 冯敬然.高速铁路安全监控系统.铁路通信信号,2001,37(5).
[10] 苗宇,蒋大明.高速铁路安全保障体系及灾害监测报警子系统.铁路通信信号,1999,35(5).
[11] 丁丕功,闭耀兴,黄问盈.高速铁路的安全及其系统的构成.中国安全科学学报,1995,5(4).
[12] 佘廉,李睿,李红九.铁路交通灾害预警管理.石家庄:河北科学技术出版社,2004.
[13] 魏晓东.城市轨道交通自动化系统与技术.北京:电子工业出版社,2004.
[14] 吴宗之.论重大危险源监控与重大事故隐患治理.中国安全科学学报,2003,13(9).
[15] 肖贵平.铁路行车安全评价研究.中国安全科学学报,1995,5(4).
[16] 颜兆林,唐勇,龚时雨.工程系统的安全分析与风险管理.工业安全与环保,2004,30(11).
[17] 张钏谦,吴重光.安全系统可靠性分析方法.安全与环境学报,2004,2(2).
[18] 张广慧.铁路安全管理的问题与对策.铁路运输与经济,2004,26(7).
[19] 吴宗之,刘茂.重大事故应急预案分级、分类体系及其基本内容.中国安全科学学报,2003,13(1).
[20] 臧其吉,吴玉树,曾树谷,等.高速铁路是运输市场竞争和科学技术进步的产物.中国工程科学,2000,2(5).
[21] 黄崇复.自然灾害风险分析的基本原理:自然灾害风险评价理论与实践.北京:科学出版社,2005.
[22] 杨浩,赵鹏.交通运输的可持续发展.北京:中国铁道出版社,2001.
[23] 朱中彬.外部性理论及其在运输经济中的应用分析.北京:中国铁道出版社,2003.
[24] 麦迪逊.绿色经济的蓝图.北京:北京师范大学出版社,1998.
[25] 李群仁,曾会欣,张力.京沪走廊各种运输方式的社会成本.中国铁路,1999(6).
[26] 李群仁.铁路运输的社会成本及对国民经济的贡献.世界轨道交通,2004(8).

[27] 白昭.高速铁路综合调度系统模式探讨.铁道工程学报,2003(3):121-123,104.

[28] 王壮锋,邢科家,张琦,等.对我国高速铁路综合调度系统的思考.中国铁道科学,2003,24(2):29-33.

[29] 李剑虹.高速铁路动车段管理信息系统.铁道标准设计,2000,20(5):43-441.

[30] 魏庆朝,孔永健.悬浮铁路系统与技术.北京:中国科学技术出版社,2003.

[31] 高速铁路技术研究组.高速铁路技术.北京:中国铁道出版社,2004.

[32] 陈应先.磁悬浮铁路与轮轨高速铁路的综合比较.交通工程科技,2000(4).

[33] 卢乃宽.高速轮轨和磁悬浮技术在世界轨道交通运输体系中的发展.中国铁道科学,2003,24(12).

[34] 肖立新.铁路轮轨与磁悬浮方案对比分析.交通科技,2004(3).

[35] 邵丙衡,陶生桂,庄红元.轮轨系统高速列车与磁悬浮列车的主要技术经济比较.机车电传动,1997(3).

[36] 沈志云.高速磁浮列车对轨道的动力作用及其与轮轨高速铁路的比较.交通运输工程学报,2001,1(3).

[37] 吴丹.高速磁悬浮列车运行控制与传统轮轨列车运行控制的比较.交通运输系统工程与信息,2003,3(12).

[38] 马大炜.高速列车及其速度目标值的探讨.中国铁道科学,2003(10).

[39] 韩钊,沈志军.浅谈高速动车组的制动方式及特点.铁道标准设计,2004(3).

[40] 范钦海.高速铁路的主要技术特征和高速动车组.机车电传动,2003(9).

[41] 高尾忠明,张树民.高速铁路制动系统控制技术.国外铁道车辆,1997(2).

[42] 田保栓.世界高速列车的发展模式与运用前景.世界轨道交通,2004(10).

[43] 蒋金周.磁悬浮技术及其应用与发展分析.机电一体化,2004(1).

[44] 孙煜明.磁悬浮与轮轨铁路.北京电子,2002(11).

[45] 高速列车轮轨式对垒磁悬浮.瞭望新闻周刊,2002(8).

[46] 卢乃宽.轮轨高速铁路发展概况.国际技术贸易市场信息,2000(1).

[47] 沈之介.关于京沪高速铁路是否宜采用磁悬浮技术的几点看法.中国铁路,1999(9).

[48] 金履忠.轮轨技术是京沪高速铁路的必然选择:兼论日、德磁浮系统的现状.中国工程科学,2000(7).

[49] 易思蓉.上海磁悬浮示范运营线线路技术条件.中国铁路,2001(8).

[50] GLEN W G. Flight crew scheduling. Management Science,1993,39(6).

[51] RANGA. Recent advances in crew-pairing optimization at american airlines. Interface,1991,21(1).

[52] JEAN Y B. The HASTUS vehicle and manpower scheduling system at S. T. C. U. M. Interface,1990,20(1).

[53] 彭冬芝,胡建勇.城市重大事故应急救援预案研究.工业安全与环保.2004,2(30).

[54] 王安良.铁路运输业安全管理因素分析及探讨.铁道货运,2002(6).